PARLER AVEC DIEU

Méditation
pour chaque jour de l'année

Tome II
Carême, Semaine Sainte

Le Laurier
16, rue Cortambert
75116 Paris

I.S.B.N. 2-86495-135-5

François Carvajal

Édition française adaptée par
Jean-Paul Savignac

PARLER AVEC DIEU

Méditation pour chaque jour de l'année

Tome II

Carême, Semaine Sainte

Le Laurier
16, rue Cortambert
75116 Paris

CARÊME. MERCREDI DES CENDRES

1. CONVERSION ET PÉNITENCE

Le Carême : ascension vers le mystère pascal.

Entrons dans le Carême comme dans un édifice chargé d'histoire : ces quarante jours évoquent la dure traversée du désert, entre la libération de l'esclavage d'Égypte et l'arrivée vers la Terre promise, pour le peuple hébreux. Cela préfigurait la longue et dure marche de la vie terrestre entre le baptême et le jour de la naissance à la splendeur éternelle.

Quarante journées. Ce n'est pas l'effet du hasard ou d'un arbitraire de la loi liturgique. C'est le temps que Jésus s'est fixé pour sa retraite dans un désert de Palestine, avant de commencer publiquement sa mission parmi les hommes. A la fin de cette période de silence, de prière et de jeûne, le Seigneur affronte le démon qui, pacifiquement, essaie de le détourner de sa mission rédemptrice. De même, pacifiquement, les sirènes du matérialisme, de l'indifférence, de l'égoïsme essaient-elles à chaque génération de détourner l'homme d'une vie digne de sa vocation humaine et chrétienne.

Parcourons ces quarante jours, temps de pénitence et de rénovation intérieure[1], pour parvenir à la semaine sainte, aux trois jours sacrés, à la Passion, à la mort et à la Résurrection du Seigneur avec une âme purifiée.

Parole du Seigneur : Revenez à moi de tout votre cœur, dans le jeûne, les larmes et le deuil ! Déchirez vos cœurs et non pas vos vêtements, et revenez au Seigneur votre Dieu, car il est tendre et miséricordieux...[2]. Voilà ce que proclame la première lecture de la Messe d'aujourd'hui. Au moment de l'imposition des cendres sur la tête des fidèles, le prêtre rappelle également les mots si impressionnants de la Genèse, après le péché originel : *Memento homo, quia pulvis es.* Souviens-toi que tu es poussière, et que tu retourneras en poussière[3].

Memento homo... Souviens-toi... car il arrive souvent d'oublier que sans le Seigneur, « sans Dieu, il ne reste rien de la grandeur de l'homme, si ce n'est un petit tas de poussière dans un plat à une extrémité de l'autel, le mercredi des Cendres. C'est ce avec quoi l'Église nous marque le front comme si c'était avec notre propre substance[4]. »

Si le Seigneur veut que nous nous détachions des choses de la terre, ce n'est pas pour cultiver une indifférence et une insensibilité artificielles ; c'est pour que nous nous tournions vers Lui. Il veut inlassablement que l'homme, tout homme, abandonne le péché qui le vieillit et le tue, et qu'il retourne à la source de la Vie et de la joie : « Jésus-Christ Lui-même est la grâce la plus sublime de tout le Carême. C'est Lui-même qui se présente à nous dans la simplicité admirable de l'Évangile[5] ».

Que signifie tourner son cœur vers Dieu, se convertir ? Ce n'est pas une formule toute faite ; c'est se disposer à mettre en œuvre tous les moyens à sa portée pour vivre comme Il attend que nous vivions. Cela veut donc dire aussi, être sincère avec soi-même, essayer de ne pas *servir deux seigneurs*[6] (Dieu et, en même temps, l'argent, le pouvoir, le bien-être...), aimer Dieu de toute son âme et vouloir éloigner de sa vie tout péché véniel délibéré. Chaque chrétien est invité à le faire quelles que soient ses circonstances de travail, de santé, de famille... car Jésus cherche des cœurs contrits, qui reconnaissent leurs fautes et leurs péchés, et qui soient disposés à les éliminer. *Vous vous souviendrez de vos mauvais chemins, de vos œuvres qui n'étaient pas bonnes...*[7]

Le Seigneur désire découvrir au tréfonds de la conscience non l'autosatisfaction mais la douleur sincère des péchés, qui se manifeste avant tout par la confession sacramentelle et par de petits actes de mortification, de pénitence, faits par amour : « Se convertir signifie chercher de nouveau le pardon et la force de Dieu dans le sacrement de la réconciliation et ainsi toujours recommencer, avancer chaque jour [8]. »

Pour faire naître notre contrition, l'Église nous propose, dans la liturgie d'aujourd'hui, le psaume par lequel le roi David exprime son repentir et avec lequel tant de saints ont demandé pardon. Ne nous aide-t-il pas dans ce moment de prière, à dire aussi à Jésus :

Pitié pour moi, mon Dieu, dans ton amour, selon ta grande miséricorde, efface mon péché.

Lave-moi tout entier de ma faute, purifie-moi de mon offense. Oui, je connais mon péché, ma faute est toujours devant moi. Contre toi, et toi seul, j'ai péché, ce qui est mal à tes yeux, je l'ai fait.

Crée en moi un cœur pur, ô mon Dieu, renouvelle et raffermis au fond de moi mon esprit. Ne me chasse pas loin de ta face, ne me reprends pas ton esprit saint.

Rends-moi la joie d'être sauvé ; que l'esprit généreux

me soutienne. Seigneur, ouvre mes lèvres, et ma bouche annoncera ta louange ? [9]

Aujourd'hui le Seigneur nous écoute plus que jamais, si nous lui répétons de tout cœur, dans une ardente oraison jaculatoire : *Crée en moi un cœur pur, ô mon Dieu, renouvelle et raffermis au fond de moi mon esprit.*

Le but du Carême : favoriser la conversion du cœur.

Une vraie conversion se manifeste dans toute notre conduite ! On montre son désir de s'améliorer par sa façon de mieux travailler ou d'étudier plus intensément ; par la manière de se comporter en famille ; par les petites mortifications offertes au Seigneur, qui rendent plus agréable la vie autour de soi et le travail plus efficace ; par un plus grand soin apporté à la préparation et à la réception de la Confession sacramentelle qui devient, dans la mesure du possible, fréquente...

Par la voix de son Eglise, le Seigneur nous demande aussi aujourd'hui, d'offrir avec joie, une mortification spécifique, un peu plus généreuse que d'habitude. Ainsi, l'abstinence et le jeûne, qui « fortifient l'esprit, en mortifiant la chair et sa sensualité ; élèvent l'âme à Dieu ; suppriment la concupiscence, en donnant des forces pour vaincre et atténuer ses passions ; et disposent le cœur à ne pas chercher autre chose que de plaire à Dieu en tout [10]. »

Pourquoi donc, pendant le Carême, l'Église nous demande-t-elle ces signes de pénitence (l'abstinence à partir de 14 ans, et le jeûne entre 18 et 59 ans révolus) ? Parce qu'ils nous rapprochent du Seigneur et donnent à l'âme une véritable joie libératrice. Cela consiste aussi à pratiquer l'aumône avec un cœur miséricordieux, avec le désir de porter un peu plus de sollicitude et de réconfort à qui se trouve accablé par le besoin ou bien de contribuer, selon ses moyens, à une œuvre apostolique en faveur des corps et des âmes blessés. « Tous les chrétiens peuvent pratiquer l'aumône, non seulement les riches et les puissants, mais aussi ceux de fortune modeste et même les pauvres ; de cette manière ceux qui sont inégaux par leur capacité de faire l'aumône sont semblables dans l'amour et l'affection avec lesquels ils la font [11]. »

Il n'est pas difficile de comprendre combien le détachement des biens matériels, la mortification et l'abstinence, purifient efficacement du péché et aident à trouver le Seigneur dans la vie ordinaire, car « celui qui cherche Dieu en voulant demeurer attaché à ses goûts, le cherche de nuit et, de nuit, il ne le trouvera pas [12]. » Les devoirs quotidiens offrent d'abondantes sources de mortification : quand on veut maintenir l'ordre, la ponctualité pour commencer son travail, l'intensité avec laquelle on le poursuit... Quant aux rapports avec les autres, ils fournissent d'innombrables occasions de mortifier l'égoïsme et de contribuer à créer un climat plus agréable autour de soi, car « la meilleure des mortifications est celle qui, s'appuyant sur de petits détails tout au long de la journée, s'attaque à la concupiscence de la chair, à la concupiscence des yeux et à l'orgueil. Mortifications qui ne mortifient pas les autres, mais qui nous rendent plus délicats, plus compréhensifs, plus ouverts à tous. Tu ne seras pas mortifié si tu es susceptible, si tu n'écoutes que ton égoïsme, si tu t'imposes aux autres, si tu ne sais pas te priver du superflu et parfois même du nécessaire, si tu t'attristes quand les choses ne vont pas comme tu l'avais prévu ; en revanche, tu es mortifié si tu sais te faire *tout à tous, pour les gagner tous* (1 Cor 9, 22) [13]. » Pourquoi ne pas se faire un petit plan précis de mortifications à offrir au Seigneur chaque jour de ce Carême ?

Les œuvres de pénitence : la confession fréquente, l'esprit de mortification et la pratique généreuse de l'aumône.

Qui veut aimer comme il est aimé de Dieu, peut-il laisser passer ce jour sans susciter dans son âme un désir profond et efficace de revenir une nouvelle fois auprès du Père, comme l'enfant prodigue ? Saint Paul nous propose en effet, dans la deuxième lecture de la Messe, de profiter de ce temps d'exception pour une sincère conversion : *Nous vous invitons encore à ne pas laisser sans effet la grâce reçue de Dieu. Car Il dit dans l'Écriture : Au moment favorable, je t'ai exaucé ; au jour du salut, je suis venu à ton secours* [14]. Le Seigneur le redit à chacun, dans l'intimité de son cœur : *Convertissez-vous. Revenez à moi de tout cœur !*

N'en doutons pas : en cette période de l'année liturgique, Dieu nous donne une grâce particulière pour nous renouveler en Jésus-Christ. Voilà pourquoi le Carême est un temps de joie et d'espérance, bien que ce soit un temps de pénitence et de mortifications sérieuses.

« Quand l'un de nous s'aperçoit qu'il est triste, il doit penser : c'est que je ne suis peut-être pas suffisamment près du Christ. Quand l'un de nous reconnaît dans sa vie, par exemple, une certaine inclination à la mauvaise humeur, au mauvais caractère, il doit se poser la même question. Il ne peut pas toujours rejeter la faute sur les choses qui l'entourent. » Il arrive parfois qu'une certaine apathie, la tristesse spirituelle, soient causées par la fatigue, par la maladie…, mais il s'agit bien souvent d'un manque de générosité pour faire ce que le Seigneur demande, d'une trop faible lutte pour veiller sur les sens, d'un manque de compréhension d'autrui ; bref, d'un état plus ou moins avancé de tiédeur.

Mais près de Jésus-Christ, il est toujours possible de trouver un remède à cette tiédeur éventuelle, et la force pour vaincre ces défauts qui sans Lui seraient peut-être insurmontables. « Lorsque quelqu'un pense : “ Je ressens une paresse presque irrémédiable, je ne suis pas suffisamment tenace, je n'arrive pas à terminer les choses que j'entreprends ”, il devrait penser aujourd'hui : “ est-ce-que je suis suffisamment près du Christ ? ”

« Voilà pourquoi ce que chacun reconnaît un jour ou l'autre dans sa vie comme un défaut, une faiblesse ou un excès, devrait faire l'objet de cet examen intime, direct et confiant : « je ne persévère pas ? — c'est que je ne suis pas suffisamment près du Christ ! », « je n'ai pas la joie ? — c'est que je ne suis plus assez près du Christ ! » Non ! Je ne vais plus penser que c'est à cause de mon travail, à cause de ma famille, de mes parents ou des enfants, à cause de mes collègues, de mon environnement… Non ! La vraie faute, c'est que je ne suis pas encore assez près du Christ. Et le Seigneur me dit justement aujourd'hui : Reviens ! *Revenez à Moi de tout cœur*.

« (...) Il est temps que chacun se sente pressé par Jésus-Christ. Que ceux qui sont tentés de différer cette résolution le sachent, le moment est venu ! Que ceux qui sont pessimistes et qui pensent que leurs défauts ou la situation du monde n'ont pas de remède, sachent que le moment est arrivé. C'est le début du Carême. Considérons-le comme un temps précieux de conversion et d'espérance [15]. »

1. Cf. Concile Vatican II, Const. *Sacrosanctum Concilium*, 109.—2. Joël 2, 12.— 3. Gen. 3, 19.— 4. J. Leclercq, *En suivant l'Année liturgique*.—5. Jean Paul II, *Homélie d'un Mercredi des Cendres*, 28 février 1979.—6. Cf. Mat. 6, 24.—7. Ez. 36, 31-32.—8. Jean Paul II, Lettre *Novo incipiente*, 8 avril 1979.— 9. Psaume 50.— 10. Saint François de Sales, *Sermon sur le jeûne*.— 11. Saint Léon le Grand, *Liturgie des Heures. Deuxième lecture du jeudi après les Cendres*.— 12. Saint Jean de la Croix, *Cantique spirituel*, 3, 3.— 13. Bienheureux Josemaría Escrivá, *Quand le Christ passe*, 9.— 14. Deuxième lecture de la Messe : 2 Cor 5, 20 - 6, 2. — 15 . A.-M. García Dorronsoro, *Un temps pour croire*.

CARÊME. JEUDI APRÈS LES CENDRES

2. LA CROIX DE CHAQUE JOUR

Peut-il y avoir un vrai christianisme sans Croix ? La Croix du Seigneur est source de paix et de joie.

Le Carême a commencé hier et l'Évangile de la Messe d'aujourd'hui nous rappelle que, pour suivre le Christ, il faut porter sa propre Croix : *Il dit aussi à l'adresse de tous : Si quelqu'un veut venir à ma suite, qu'il renonce à lui-même, qu'il prenne sa Croix chaque jour et qu'il me suive* [1].

Le Seigneur s'adresse bien *à tous* et parle clairement de la *Croix de chaque jour*. Ces mots de Jésus conservent aujourd'hui leur pleine valeur. Mots adressés à tous les hommes qui veulent le suivre : il n'existe pas de christianisme sans Croix, pour chrétiens paresseux, mous, craignant le sacrifice. Ces mots du Seigneur sont une invitation mais aussi une condition : *qui ne porte pas sa Croix et ne vient pas à ma suite, ne peut pas être mon disciple* [2]. « Un christianisme duquel on prétendrait enlever la Croix (celle de la mortification volontaire et de la pénitence) sous prétexte que ces pratiques sont des restes d'obscurantisme ou des séquelles morbides du Moyen Age, inadaptés à une époque humaniste, ce christianisme insipide n'en aurait plus que le nom. Il ne conserverait plus la doctrine de l'Évangile et ne servirait plus à orienter les pas de l'homme sur les traces du Christ [3]. » Ce serait un christianisme vidé de son plus grand mystère : la Rédemption, clé du Salut de l'humanité.

L'un des symptômes de la tiédeur dont peut souffrir un baptisé est précisément l'abandon de la Croix, le mépris des petites mortifications, de ce qui suppose d'une certaine manière, sacrifice et abnégation pour le bien d'autrui ou pour accomplir sincèrement la Volonté de Dieu.

S'éloigner de la Croix revient donc à s'éloigner de la sainteté et de la joie ; car l'un de ses fruits est justement la capacité de se rapprocher de Dieu et des autres, d'entrer dans une paix profonde, même au milieu des tribulations et des difficultés extérieures. Qui abandonne la mortification court le risque de rester prisonnier des sens et de devenir incapable de penser surnaturellement.

Sans esprit de sacrifice et de mortification, il est bien difficile de progresser dans la vie intérieure. Saint Jean de la Croix le dit : peu nombreux sont ceux qui arrivent à un haut niveau d'union avec Dieu, car beaucoup répugnent « à plus grande affliction et mortification [4] ». Et le même grand saint d'écrire : « Pour arriver à posséder le Christ, il ne faut jamais le chercher sans la Croix [5]. »

N'oublions donc pas ce mystère incompréhensible sans la foi et la grâce divine : la mortification et la joie vont de pair car le cœur qui se purifie devient plus humble devant Dieu et avec les autres. « C'est le grand paradoxe de la mortification chrétienne. Apparemment accepter ou plus encore chercher la souffrance devrait en pratique faire des chrétiens les êtres les plus tristes du monde, les hommes qui vivent le plus mal.

« La réalité est tout à fait différente. La mortification ne mène à la tristesse que lorsqu'il y a de l'égoïsme et un manque de générosité et d'amour de Dieu. Le sacrifice offert par amour apporte la joie au milieu de la douleur et le plaisir de faire la volonté de Dieu. Les chrétiens vivent *quasi tristes, semper autem gaudentes* (1 Cor 8, 10) : comme s'ils devaient être tristes, mais en réalité toujours joyeux [6]. »

La Croix dans les petites choses de chaque jour.

« *La Croix chaque jour. Nulla dies sine cruce !* pas un jour sans la Croix : pas une seule journée sans nous charger de la Croix du Seigneur, sans prendre sur nous son joug. (...) Le chemin de notre sanctification personnelle passe, chaque jour, par la Croix : ce n'est pas un chemin morose, car c'est le Christ Lui-même qui nous aide et avec Lui il n'y a pas de place pour la tristesse. *In laetitia, nulla dies sine cruce !* me plaît-il de répéter avec l'âme débordante de joie, pas un jour sans la Croix [7]. »

Cette Croix du Seigneur, que chaque baptisé est invité à porter chaque jour, n'est certainement pas celle que peuvent engendrer l'égoïsme blessé, les caprices inassouvis, les déboires de la paresse... Elle ne se trouve pas non plus dans les conflits que font surgir le vieil homme et l'amour désordonné de soi-même. Ce genre de situation ne vient pas du Seigneur, et ne sanctifie donc pas.

En revanche, on rencontre la Croix dans une grande difficulté, dans une grave et douloureuse maladie, dans un désastre économique, devant la mort d'un être cher : « (...) n'oubliez pas qu'être avec Jésus c'est certainement rencontrer sa Croix. Lorsque nous nous abandonnons entre les mains de Dieu, Il permet souvent que nous goûtions la douleur, la solitude, la contradiction, la calomnie, la diffamation, la moquerie de la part de nos proches et des autres, parce qu'il veut nous rendre conformes à son image et à sa ressemblance, et qu'il tolère aussi que l'on nous traite de fous et que l'on nous prenne pour des sots.

« C'est alors le moment d'aimer la mortification passive, qui vient cachée ou, au contraire, effrontée et insolente, lorsque nous ne l'attendons pas [8]. » Le Seigneur donne toujours à qui les Lui demande, les forces nécessaires pour porter cette Croix sans rechigner et Il comble de grâces et de fruits inimaginables. Ne nous y trompons pas : Dieu bénit ceux qu'il aime de multiples façons, et Il les bénit fréquemment avec sa Croix pour qu'ils deviennent corédempteurs avec Lui.

Cependant, on rencontre ordinairement la Croix dans les petites contrariétés de chaque jour qui surgissent dans le travail et à l'occasion des rapports avec les autres : ce peut être un imprévu qui contrarie, le caractère difficile d'une personne avec laquelle on vit, des projets qu'il faut changer au dernier moment, des instruments de travail qui s'abîment au moment où l'on en a le plus besoin, le froid ou la chaleur, les odeurs, le bruit, des incompréhensions, des soupçons infondés, une indisposition passagère qui diminue la capacité de travail…

Qu'allons-nous faire de toutes ces contrariétés quotidiennes incontournables ? Penser et bougonner que le monde est mal fichu et que la vie est un enfer ? Non ! nous les offrons dès maintenant au Seigneur avec amour et dans un esprit de réparation, et sans nous plaindre car se serait un signe de refus de la Croix. En effet, si nous les recevons bien, ces mortifications qui arrivent sans qu'on les attendent nous aident beaucoup à croître en esprit de pénitence (nous en avons tant besoin !) et à nous améliorer dans les vertus de patience, de charité, de compréhension : c'est-à-dire en sainteté. Si nous les recevons de mauvaise grâce, elles pourraient nous rendre amers et nous conduire peu à peu à la révolte, à l'impatience ou au découragement. Combien de chrétiens perdent la joie à la fin de la journée, non pas tant en raison de grandes contrariétés mais pour ne pas avoir su sanctifier la fatigue du travail, ni les petites difficultés qui ont surgi au long de la journée ! Si nous acceptons la Croix — petite ou grande —, nous trouverons la paix et la joie au milieu de la douleur sachant que la Croix du Christ est chargée de mérites pour la vie éternelle. Quand elle refuse la Croix, l'âme reste déçue ou révoltée, manifestement accablée de tristesse et de mauvaise humeur. « Prendre sa Croix est une grande chose (...). Cela veut dire affronter la vie avec courage, sans mollesse ni bassesse ; cela veut dire transformer en énergie morale les difficultés qui ne manqueront jamais dans notre vie ; cela veut dire comprendre la douleur humaine et, enfin, savoir aimer vraiment [9]. » Le chrétien qui, dans sa vie, refuse systématiquement le sacrifice peut-il trouver Dieu et être heureux ? Ne refuse-t-il pas de cette manière la sainteté et le bonheur qui découle de son union avec Dieu ?

Ne pas subir mais offrir les contrariétés et de petites mortifications volontaires.

Si quelqu'un veut venir à ma suite, qu'il renonce à lui-même... En plus de l'acceptation de la Croix qui se présente très souvent de façon inattendue, d'autres petites mortifications maintiendront vif l'esprit de pénitence que le Seigneur sollicite. Pour progresser dans la vie intérieure, préparer une liste de petites mortifications quotidiennes peut être d'un grand secours.

Nées de notre amour pour Dieu, elles sont d'une très grande valeur pour vaincre la paresse, l'égoïsme qui affleure si facilement, l'orgueil... Certaines améliorent le travail puisqu'elles consistent à soigner l'exécution des petits détails, la ponctualité, l'ordre, l'intensité, les instruments que l'on utilise ; d'autres affinent la charité, en particulier envers les personnes avec lesquelles nous vivons et nous travaillons constamment : savoir sourire bien que cela coûte, trouver des marques d'estime envers les autres, leur faciliter le travail, s'occuper d'eux aimablement et discrètement, leur rendre service dans les petits détails de la vie courante, leur épargner notre mauvaise humeur...

D'autres mortifications servent à dominer la soif excessive de bien-être et la superficialité, à veiller sur la droiture des sens internes et externes, à maîtriser la vaine curiosité, à rester sobre dans les repas, à toujours bien soigner sa tenue par respect du prochain (toilette, vêtements propres et repassés, souliers cirés...). Il n'est pas nécessaire que ce soient de grandes choses, il s'agit plutôt d'acquérir la bonne habitude de les faire avec constance non par stoïcisme ou perfectionnisme mais par amour de Dieu.

La tendance générale de la nature humaine est, en effet, de fuir tout ce qui suppose un effort. Pourquoi ne pas être précis même en cette matière, pour ne pas en rester à de louables désirs qui ne voient jamais le jour : écrivons donc cette petite liste de mortifications qui aide beaucoup à affiner l'examen de conscience. On choisira d'abord les efforts les plus agréables au Seigneur, ceux qui stimulent la charité, l'esprit apostolique et la fidélité dans l'accomplissement du devoir d'état.

Disons à Jésus, en terminant notre dialogue avec Lui : Seigneur, je suis disposé à te suivre, sans me prendre pour une victime ; sans voir tout en noir, ni des montagnes là où il n'y a que des collines ; en prenant la Croix aujourd'hui et chaque jour.

1. Lc 9, 23.— Lc 14, 27.— 3. J. Orlandis, *Huit béatitudes*, Pampelune 1982.— 4. Saint Jean de la Croix, *Flamme vive d'amour*, II, 7.— 5. *Idem. Lettre au P. Juan de Santa Ana*, 23.— 6. R. M. de Balbin, *Sacrifice et Joie*.— 7. Bienheureux Josemaría Escrivá, *Quand le Christ passe*, 176.— 8. *Idem. Amis de Dieu*, 301.— 9. Paul VI, *Allocution*, 24 mars 1967.

CARÊME. VENDREDI APRÈS LES CENDRES

3. TEMPS DE PÉNITENCE

Le jeûne et les autres signes majeurs de pénitence dans la prédication de Jésus et dans la vie de l'Église.

Dans l'Évangile de la Messe d'aujourd'hui, les disciples de Jean-Baptiste demandent à Jésus : *Pourquoi tes disciples ne jeûnent-ils pas, alors que nous et les pharisiens nous jeûnons ?* [1].

Le jeûne était alors — et il le sera toujours — un signe particulier de l'esprit de pénitence que Dieu demande à l'homme. « Dans l'Ancien Testament on découvre, avec chaque fois plus de richesse, le sens profond de la pénitence, comme un acte religieux, personnel, qui a pour but l'amour et l'abandon en Dieu [2] ». Alimenté par la prière, il manifeste l'humilité devant Dieu [3], puisque celui qui jeûne se tourne vers le Seigneur dans une attitude de dépendance et d'abandon. La sainte Ecriture témoigne que les Hébreux jeûnent et font pénitence avant d'entreprendre une action difficile [4], pour implorer le pardon d'une faute grave [5], pour obtenir la fin d'une calamité [6], pour recevoir la grâce nécessaire à l'accomplissement d'une mission dangereuse [7], pour se préparer à la rencontre avec Dieu [8] ...

C'est la raison pour laquelle Jean-Baptiste, qui connaît bien les fruits du jeûne, enseigne à ses disciples l'importance et le besoin de cette pratique. En cela il est d'accord avec les pieux pharisiens amoureux de la Loi.

Ses disciples s'étonnent donc que Jésus ne l'enseigne pas aux Apôtres ; mais le Seigneur défend les siens : *les invités de la noce pourraient-ils donc faire pénitence pendant le temps où l'Epoux est avec eux* [9] *? L'époux,* selon les prophètes, c'est Dieu lui-même qui manifeste son amour envers les hommes et les appelle à l'union avec Lui [10].

Jésus-Christ affirme donc une fois de plus sa divinité et Il appelle ses disciples les *amis de l'époux*, ses amis : puisqu'ils sont avec Lui, ils n'ont pas à jeûner. *Quand l'époux leur sera enlevé, alors ils jeûneront.* Quand Jésus ne sera plus visiblement présent, la mortification deviendra nécessaire pour parvenir à le voir avec les yeux de l'âme.

Tout le sens pénitentiel de l'Ancien Testament « n'était que l'ombre de ce qui devait venir. La pénitence est une exigence de la vie intérieure confirmée par l'expérience religieuse de l'humanité et fait l'objet d'un précepte spécial de la révélation divine. Elle prend de nouvelles dimensions, infiniment plus vastes et profondes, en Jésus-Christ et dans l'Église [11]. »

L'Église des premiers chrétiens a conservé les pratiques pénitentielles selon l'esprit défini par Jésus. Ainsi les *Actes des Apôtres* mentionnent-ils des célébrations du culte accompagnées de jeûne [12]. Dans son débordant travail apostolique, saint Paul ne se contente pas de souffrir faim et soif lorsque les circonstances le lui imposent, il y ajoute la pratique de jeûnes volontaires [13]. L'Église est toujours restée fidèle à cette tradition et elle détermine, à chaque époque, les jours où les fidèles sont invités à jeûner, tout en renvoyant cette pieuse pratique aux conseils proposés dans la direction spirituelle.

Mais le jeûne n'est qu'une des formes de pénitence parmi d'autres formes de mortification corporelle qui facilitent la conversion et l'union avec Dieu. Demandons-nous aujourd'hui comment nous vivons cet esprit de pénitence que l'Église désire maternellement nous voir pratiquer dans toute notre vie et spécialement en ce temps liturgique de Carême.

Contempler la Très Sainte Humanité du Seigneur dans le *Chemin de Croix*.

Après les prophètes et Jean-Baptiste, le Seigneur annonce au début de sa vie publique : *Faites pénitence* . Ainsi prêchent également les apôtres au début de l'Église, car nous avons besoin de la pénitence pour nous purifier et réparer tant de péchés personnels et d'autrui. Les relations avec Jésus-Christ sont-elles vraiment possibles sans cet esprit de pénitence et de conversion qui éloigne le péché ? Nous ne pouvons pas fuir la pénitence par peur, par manque de vision surnaturelle ou par sentiment qu'elle est inutile. « Tu crains la pénitence ? ... Cette pénitence qui t'aidera à gagner la vie éternelle ? — Ne vois-tu donc pas que, pour conserver cette pauvre vie d'à présent, les hommes se soumettent aux tortures de l'opération chirurgicale ?[14] » La fuir signifierait probablement fuir aussi l'appel à la sainteté et, peut-être, rejeter la santé, la guérison voire le salut de l'âme, pour le présent et pour l'éternité.

Le désir sincère de s'identifier au Christ mène plutôt à accepter son invitation à souffrir avec Lui quand c'est nécessaire. Le Carême prépare justement à la contemplation des événements de la Passion et de la Mort de Jésus. En particulier pendant les vendredis de Carême, les chrétiens, recueillis dans la traditionnelle dévotion du Chemin de Croix, méditent les événements du jour où le Christ a consommé la Rédemption . « Le Chemin de Croix, écrit le bienheureux Josemaría Escrivá, voilà une dévotion forte et féconde ! Puisses-tu t'habituer à refaire, en pensée du moins, ces quatorze stations du Calvaire et de la Mort du Seigneur, le vendredi. — Je t'assure que tu y puiseras de la force pour toute la semaine[15]. »

Dans cette célébration liturgique, la sainte Humanité du Christ se révèle à nous dans la terrible souffrance de sa chair pleinement humaine, sans perdre la majesté de Dieu. Qui accompagne Jésus sur la *Voie Douloureuse*, revit ces moments centraux de la Rédemption du monde, il contemple Jésus condamné à mort qui prend sa Croix (2° station) et entreprend le chemin que nous devons tous suivre. Chaque fois que le Seigneur tombe sur le sol sous le poids de la Croix, nous devrions être profondément affectés, car ce sont nos péchés — les péchés de tous les hommes — qui accablent Jésus. Alors, comme le sang afflue au cœur dans une grande émotion, les désirs de conversion doivent affluer en notre âme : « La Croix entame, déchire de son poids les épaules du Seigneur (…). Le corps exténué de Jésus se met à chanceler sous l'énorme Croix. C'est à peine si de son cœur très aimant parvient un souffle de vie à ses membres blessés (…). Ni toi ni moi ne pouvons rien dire : nous savons maintenant pourquoi la Croix de Jésus pèse tant. Et nous pleurons nos misères, ainsi que la terrible ingratitude du cœur humain. Du fond de notre âme surgit un acte de contrition véritable qui nous tire de la prostration du péché. Jésus est tombé pour que nous nous relevions : une fois et toujours[16]. »

La contemplation de ces souffrances n'est ni dolorisme ni sentimentalisme mais regard de l'âme — intelligence et volonté — sur une réalité qui nous concerne au premier plan. Avec les mortifications supportées ou recherchées pour nous unir au désir rédempteur du Christ, elle augmente aussi l'esprit apostolique de ce Carême puisque Jésus a donné sa Vie pour rapprocher tous les hommes de Dieu.

La mortification dans la vie quotidienne. Les mortifications passives. L'esprit de pénitence dans l'ascèse de l'imagination, de l'intelligence et des souvenirs.

La source de cet esprit jaillit surtout, et d'abord, de la vie quotidienne et elle la rend féconde. L'esprit de mortification naît avec le jour quand on lutte pour se lever exactement à l'heure prévue, surmontant la paresse ou la fatigue dès le premier moment ; il se nourrit de l'effort pour vivre la ponctualité, bien achever son travail et le soigner dans les moindres détails ; il aide à ne pas se plaindre de la chaleur ou du froid ; il suggère un sourire quand on n'en a pas vraiment envie ou que l'on est épuisé ; par la sobriété, il donne un ton élégant, surnaturel et convivial aux repas ; par l'ordre et le soin des choses, il rend plus agréable le climat familial et professionnel ; afin d'apaiser les inévitables conflits de la vie, il amène à ne pas toujours vouloir avoir le dernier mot... Mais pour vivre cet esprit d'humilité il faut s'inspirer de ce conseil :

« Souhaites-tu vraiment devenir une âme pénitente (pénitente et joyeuse) ? Alors défends, par-dessus tout, les moments que tu réserves chaque jour à la prière : une prière intime, généreuse, prolongée ; veille à ce que ces moments n'arrivent pas à l'improviste, mais qu'ils aient une heure fixe, autant que faire se peut. Et ne cède pas là-dessus.

« Fais-toi l'esclave de ce culte quotidien à Dieu et, je te l'assure, tu te sentiras toujours plein de joie [17]. »

Aux mortifications que la tradition chrétienne appelle *passives* depuis ses origines (celles qui se présentent sans que nous les cherchions) s'ajoutent les mortifications que l'âme généreuse se propose librement : ce sont les mortifications *actives*. Parmi celles-ci, la mortification des sens internes a une importance toute particulière pour le progrès de la vie intérieure et la pureté du cœur. Il s'agit, par exemple, de la *mortification de l'imagination.* Personne n'échappe à l'habitude du monologue intérieur dans lequel déborde parfois la fantaisie. Pourquoi ne pas le convertir en dialogue avec Dieu présent dans l'âme en état de grâce ? Pourquoi ne pas faire taire l'imagination quand elle rumine sans trêve tel événement désagréable, ou une petite injure (faite probablement sans mauvaise intention) ? Si l'on n'arrête pas ces pensées à temps, l'amour propre et l'orgueil peuvent présenter les événements sous des jours toujours plus sombres. C'est le meilleur moyen de perdre la paix intérieure et la présence de Dieu ! La *mortification de la mémoire*, elle, contribue à éviter les souvenirs inutiles qui nous font perdre du temps [18] et qui peuvent conduire à de graves tentations. Quant à la *mortification de l'intelligence*, elle aide à être à ce que l'on fait, en évitant le papillonnage, l'instabilité ou le découragement [19] ; elle fortifie également l'humilité et la charité, en apprenant à renoncer à son propre jugement sur des sujets sans véritable importance. En définitive, la pénitence aide à se détacher des habitudes que l'on verrait d'un mauvais œil chez un autre homme de Dieu [20]. Décidons-nous donc à accompagner de près le Seigneur, en contemplant ces jours-ci sa Très Sainte Humanité dans les scènes du Chemin de Croix et en méditant sur l'amour avec lequel Il parcourt ce chemin de douleur pour nous racheter et nous fortifier dans notre vocation baptismale à la plénitude de la vie chrétienne. Marie nous aidera « à vivre ces heures amères (...) pour que nous (...) puissions enfin vivre (...) *dans la liberté et la gloire des enfants de Dieu* [21]. »

1. Mt 9, 14-15.— 2. Paul VI, Const. *Paenitemini*, 17 février 1966.— 3. Cf. Lev 16, 29-31.— 4. Cf. Juges 20, 26 ; Esther 4, 16.— 5. 1 Rois 21, 27.— 6. Judith 4, 9-13.— 7. Actes 13, 2.— 8. Ex 34, 28 ; Dan 9, 3.— 9. Mt 9, 15.— 10. Cf. Is 54, 5.— 11. Paul VI, Const. *Paenitemini*, 17 février 1966.— 12. Cf. Actes 13, 2 et s.— 13. Cf. 2 Cor 6, 5 ; 11, 27.— 14. Bienheureux Josemaría Escrivá, *Chemin*, n. 224— 15. *Idem*, n. 556.— 16. Idem, *Chemin de Croix*, III.— 17. Idem, *Sillon*, n. 994.— 18. Cf. Idem, *Chemin*, n. 13.— 19. Cf. *Idem*, n. 815.— 20. Cf. *Idem*, n. 938.— 21. Idem, *Chemin de Croix*.

CARÊME. SAMEDI APRES LES CENDRES

4. SAUVER CE QUI EST PERDU...

Jésus se présente comme le médecin de toute l'humanité car nous sommes tous plus ou moins malades. Avons-nous l'humilité de nous laisser soigner ?

L'Évangile de la Messe d'aujourd'hui relate la vocation de Matthieu ; comment il fut appelé à son bureau par le Seigneur et la prompte réponse du percepteur d'impôts : *Abandonnant tout, l'homme se leva et se mit à le suivre* [1]. Cet apôtre au grand cœur commence par remercier Jésus en offrant un banquet que saint Luc qualifie de *grand. Il y avait une grande foule de publicains et d'autres gens attablés avec eux.* Tous ses amis sont là !

Mais les pharisiens se scandalisent et demandent aux disciples : *pourquoi mangez-vous et buvez-vous avec les publicains et les pécheurs ?* Les publicains, en effet, étaient considérés comme des pécheurs à cause des bénéfices exorbitants qu'ils pouvaient obtenir par leur profession et pour les relations qu'ils maintenaient avec les gentils.

Jésus répond fermement aux pharisiens : *Ce ne sont pas les gens en bonne santé qui ont besoin du médecin, mais les malades. Je suis venu appeler non pas les justes mais les pécheurs, pour qu'ils se convertissent* [2].

Etonnante parole d'espérance : Jésus vient offrir son royaume à tous les hommes, sa mission est universelle. « Le dialogue de salut ne dépendait pas des mérites de ceux à qui il s'adressait, il s'ouvrait à tous les hommes sans aucune discrimination... [3] »

Jésus vient pour tous, car nous sommes tous plus ou moins malades, nous sommes tous pécheurs : *nul n'est bon que Dieu seul*[4]. Qui n'a pas besoin de la miséricorde et du pardon de Dieu ne peut *recevoir la vie*[5] et refuse le salut. L'humanité n'est pas divisée en deux blocs : ceux qui sont déjà justifiés par leurs propres forces et les pécheurs ; ceux qui parviennent à tout par leurs propres moyens et les autres. Nous avons tous besoin, chaque jour, du Seigneur. Qui pense ne pas avoir besoin de Dieu — de l'Église, des sacrements, de la prière — semble se désintéresser de la vraie vie ; « cela m'est égal d'être malade ! ».

Le Seigneur qui se présente comme médecin, sait bien que nous avons besoin de demander pardon pour nos péchés et ceux de tous ceux *qui semblent vouloir continuer à vivre loin de Dieu*. Nous le Lui disons aujourd'hui avec sainte Thérèse : « Oh quelle chose difficile je vous demande, mon vrai Dieu : que vous aimiez qui ne vous aime pas, que vous ouvriez à qui ne vous appelle pas, que vous donniez la santé à qui aime être malade et vit en cherchant la maladie ! Vous dites, mon Seigneur, que vous venez chercher les pécheurs. Ceux-ci, Seigneur, sont les vrais pécheurs. Ne regardez pas notre aveuglement, mon Dieu, mais tout le sang qu'a répandu votre Fils pour nous ; que resplendisse votre miséricorde dans une si grande méchanceté ; rappelez-vous, Seigneur, que nous avons été faits par vos mains[6]. » Qui recourt ainsi à Jésus avec humilité, le découvre toujours miséricordieux envers Lui et envers ceux qu'il désire rapprocher de Dieu.

Le Christ guérit tous nos maux surtout dans le sacrement de Pénitence.

L'Ancien Testament décrit le Messie comme le pasteur qui devait venir plein de sollicitude prendre soin de ses brebis et soigner les blessées et les malades [7]. Il est celui qui vient chercher ce qui était perdu, appeler les pécheurs, donner sa vie en rachat pour la multitude [8]. Comme le dit la prophétie, c'est lui *qui portait nos souffrances et chargea nos douleurs et c'est par ses plaies que nous avons été guéris* [9].

Le Christ vient guérir tous les maux de l'humanité malade. « Il est médecin et Il soigne notre égoïsme si nous laissons sa grâce pénétrer jusqu'au fond de notre âme [10]. » Recourons à Lui comme le malade va chez le médecin, et disons-Lui sincèrement ce qui nous arrive, avec le désir de guérir. « Jésus nous a montré que la pire des maladies est l'hypocrisie, l'orgueil qui pousse à dissimuler les péchés personnels. Avec ce médecin, il est indispensable d'être d'une sincérité totale, d'expliquer entièrement la vérité et de dire : *Domine, si vis, potes me mundare* (Mt 8, 2). Seigneur, si tu veux — et tu le veux toujours — tu peux me guérir. Tu connais ma faiblesse ; je ressens ce symptôme, je souffre de telles faiblesses. Et nous Lui montrons simplement les plaies et le pus, s'il y a du pus. Seigneur, toi qui as soigné tant d'âmes, fais que, en te possédant dans mon cœur ou en te contemplant dans le tabernacle, je te reconnaisse comme médecin divin [11]. »

Parfois le Seigneur agit directement dans l'âme : *Je le veux, sois guéri* [12], va de l'avant, sois plus humble, ne t'en fais pas ! En d'autres occasions (et surtout chaque fois qu'il y a un péché grave) le Seigneur dit : « Allez vous montrer aux prêtres [13] », allez au sacrement de Pénitence où vous trouverez toujours le médicament opportun, peut-être dans un traitement de longue durée.

« En pensant à la fonction de ce sacrement, dit le Pape Jean Paul II, la conscience de l'Église découvre en lui, en plus du caractère de jugement (…), un caractère thérapeutique ou médicinal. Et cela se rattache au fait que l'Évangile nous présente fréquemment le Christ comme un médecin. Son œuvre rédemptrice est appelée souvent, depuis l'antiquité chrétienne, *medicina salutis*. " Je veux soigner, non pas accuser ", disait saint Augustin en parlant de la pratique pastorale pénitentielle, et, grâce au médicament de la confession, l'expérience du péché ne dégénère pas en désespoir [14]. » Bien au contraire, elle se termine en une grande paix, en une immense joie. Soyons-en bien sûrs : le Seigneur nous encourage et nous aide toujours à nous tourner à nouveau vers le bien. C'est Lui qui dirige la lutte spirituelle, et « un chef sur le champ de bataille estime davantage le soldat qui, après avoir fui, revient et attaque l'ennemi avec ardeur, que celui qui n'a jamais tourné le dos mais qui n'a jamais fait non plus un acte de valeur [15]. » La personne qui se sanctifie n'est pas seulement celle qui ne s'effondre jamais, mais aussi celle qui se relève toujours ! Avoir des défauts n'est pas mauvais en soi et nous en avons tous ; ce qui est déplorable, c'est de faire un pacte avec eux et de s'habituer à eux. Notre médecin divin, Lui, nous soigne et nous aide à lutter pour vaincre la maladie.

S'abandonner en Dieu quand on se sent écrasé par ses faiblesses. *Ce ne sont pas les gens en bonne santé qui ont besoin du médecin, mais les malades.* Espérance dans l'apostolat.

Si, un jour, quelqu'un se sentait complètement découragé par une maladie spirituelle apparemment incurable, qu'il n'oublie pas ces mots de Jésus si réconfortants : *ce ne sont pas les gens en bonne santé qui ont besoin du médecin, mais les malades.* Il y a un remède pour tout puisque Jésus est toujours très près de nous, et tout particulièrement en ces moments de découragement. Que la chute ait été retentissante, que les misères restent accablantes, Jésus nous demande seulement d'être vraiment sincères.

De même, s'il nous semble qu'une personne qui nous est chère est atteinte d'une maladie de l'âme inguérissable, nous devons garder confiance : il y a un remède. Peut-être le Seigneur attend-t-Il de nous un peu plus de prière et de mortification réparatrice, un peu plus de compréhension et d'affection...

« Toutes les maladies se guériront, dit saint Augustin. " Mais c'est qu'elles sont nombreuses ", me diras-tu. Plus puissant, est le médecin ! Pour le Tout-Puissant il n'y a pas de maladie incurable ; laisse-toi seulement soigner, mets-toi en ses mains [16]. »

Pourquoi n'irions-nous pas à Lui, quand cela est nécessaire, comme ces gens simples qui l'entouraient ? Comme les aveugles, les boiteux, les paralytiques qui désiraient si ardemment être guéris. Seul celui qui se sait et se voit souillé ressent le besoin d'être lavé, seul celui qui est conscient de ses blessures et de ses plaies ressent l'urgence d'être soigné. Il est sain de chercher à soigner ce qui, dans l'examen général ou particulier, nous semble devoir être guéri.

Plaçons-nous, aujourd'hui, à côté de Matthieu qui abandonne son ancienne vie pour en recommencer une nouvelle près du Christ et prions avec saint Ambroise : « Moi aussi je veux laisser, comme lui, mon ancienne vie et ne suivre que toi, Seigneur, toi qui soignes mes blessures. Qui pourra me séparer de l'amour de Dieu qui se manifeste en toi ? (...) Je suis attaché à la foi, cloué en elle ; je suis attaché par les saints liens de l'amour. Tous tes commandements seront comme un cautère perpétuellement fixé à mon corps (...) ; le remède brûle, mais il éloigne l'infection de la blessure. Arrache donc, Seigneur Jésus, la pourriture de mes péchés. Tant que tu me trouves uni par les liens de l'amour, arrache tout ce qui est infecté. Viens vite inciser les passions cachées, secrètes et nombreuses ; incise la blessure pour que la maladie ne se propage pas dans tout le corps (...).

« J'ai trouvé un médecin qui habite dans le Ciel, mais qui distribue ses médicaments sur la terre. Lui seul peut guérir mes blessures, parce qu'Il connaît les choses les plus intimes [17] ».

De nombreux amis de Matthieu présents à ce banquet, se sont sentis accueillis et compris, gagnés par l'amabilité du Seigneur. Sans doute a-t-Il eu envers eux de singuliers et discrets témoignages d'amitié. Plus tard, ils se convertiront à Lui de tout cœur et accepteront pleinement sa doctrine, qui leur demande pourtant de changer notablement de vie. Ils feront partie de la communauté primitive des chrétiens de Palestine.

Il est extraordinaire de penser que les amis de Matthieu ont rencontré le Christ dans un banquet ! Jésus a toujours profité de toutes les circonstances pour faire cheminer les âmes vers le salut. En cela aussi nous essaierons de l'imiter. Comme le fait également Marie avec les serviteurs des noces de Cana, nous profiterons des fêtes familiales, des solennités civiles ou religieuses, des vacances et des voyages, des réunions de travail ou de détente, pour lier amitié et ouvrir des perspectives surnaturelles à tant de bonnes volontés peut-être encore inemployées.

1. Lc 5, 27-32.— 2. Lc 5, 31-32.— 3. Paul VI, Enc. *Ecclesiam suam*, 6 août 1964.— 4. Mc 10, 18.— 5. Cf. Jn 10, 28.— 6. Sainte Thérèse d'Avila, *Exclamations*, 8.— 7. Cf. Is 61, 1 sqq. ; Ez 34, 16 sqq.— 8. Cf. Lc 19, 10.— 9. Is 53, 4 sqq.— 10. Bienheureux Josemaría Escrivá, *Quand le Christ passe*, 93.— 11. *Idem*.— 12. Mt 8, 3.— 13. Lc 17, 14.— 14. Jean Paul II, Exhort. Apost. *Reconciliatio et Paenitentia*, 2 décembre 1984, 31, II.— 15. Saint Grégoire le Grand, *Homélies sur les Évangiles*, 4, 4.— 16. Saint Augustin, *Commentaire du Psaume 102*.— 17. Saint Ambroise, *Commentaire de l'Évangile selon saint Luc*, 5, 27.

CARÊME. PREMIER DIMANCHE

5. LES TENTATIONS DE JÉSUS AU DÉSERT

Le Seigneur permet la tentation pour la croissance des vertus.

« Le Carême commémore les quarante jours que Jésus a passés dans le désert, comme une préparation aux années de prédication qui culminent avec la Croix et la gloire de Pâques. Quarante jours de prière et de pénitence qui s'achèvent par la scène que la liturgie d'aujourd'hui offre à notre méditation, en la reprenant dans l'Évangile de la Messe : les tentations du Christ (cf. Mt 4, 1-11).

« Scène pleine de mystère, que l'homme tente vainement de comprendre — Dieu qui se soumet à la tentation, qui laisse agir le Malin —, mais que nous pouvons méditer en demandant au Seigneur de nous faire découvrir l'enseignement qu'elle contient [1]. »

C'est la première fois que le diable intervient dans la vie de Jésus, il le fait fort tard et ouvertement. Il met maintenant Notre Seigneur à l'épreuve ; peut-être veut-il savoir si l'heure du Messie est arrivée. Jésus permet ce stratagème pour nous donner un exemple d'humilité et nous apprendre à vaincre les tentations qui surviennent au long de notre vie. « Comme le Seigneur faisait tout pour que nous apprenions, dit saint Jean Chrysostome, Il voulut aussi être conduit au désert et engager un combat avec le démon, afin que les baptisés, s'ils souffrent de grandes tentations après leur baptême, ne se troublent pas comme si elles n'étaient pas à attendre [2]. » Qui prétend échapper pendant toute une vie à la tentation, risque fort d'ouvrir sa porte à un hôte inattendu et à sa complice : le découragement et la tristesse.

Jésus nous apprend par son exemple que personne ne peut se croire libéré de l'épreuve. Comme le disait le prédicateur Ronald Knox, « les tentations de Notre Seigneur sont aussi les tentations de ses serviteurs considérés individuellement. Mais leur échelle, naturellement, est différente : le démon ne va pas nous offrir, à vous et à moi, tous les royaumes du monde. Il connaît le marché et, comme bon vendeur, il offre exactement ce qu'il calcule que l'acheteur prendra. Je suppose qu'il pensera, avec raison, que la plupart de nous pouvons être achetés pour cinq mille livres par an et une grande part d'entre nous pour beaucoup moins. Il ne nous offre pas non plus ses conditions d'une manière si claire ; ce qu'il nous offre vient caché par toutes sortes de formes plausibles. Mais dès que se présente l'occasion il tarde peu à nous montrer, à vous et à moi, comment nous pouvons obtenir ce que nous voulons si nous acceptons de ne pas être fidèles à nous-mêmes et, très souvent, si nous acceptons de ne pas être fidèles à notre foi catholique[3]. »

Par la Préface de la Messe d'aujourd'hui le Seigneur enseigne à tous les fidèles comment vaincre les tentations et tirer profit des épreuves. C'est lui qui « permet la tentation et se sert d'elle providentiellement pour te purifier, pour te sanctifier, pour mieux te détacher des choses de la terre, pour te mener là où Il veut et par où Il veut, pour te rendre heureux dans une vie qui ne sera pas commode, et pour te donner davantage de maturité, de compréhension, d'efficacité dans ton travail apostolique avec les âmes… et surtout, pour te rendre humble, plus humble[4]. » *Heureux l'homme qui endure la tentation*, dit l'apôtre saint Jacques, *car, sa valeur reconnue, il recevra la couronne de vie promise par le Seigneur à ceux qui l'aiment*[5].

Le démon nous met à l'épreuve comme il le fit pour Jésus.

Le démon profite surtout des besoins et des faiblesses de la nature humaine.

Après avoir passé quarante jours et quarante nuits à jeûner, le Seigneur doit se trouver très faible et Il a faim, comme tout homme en pareille circonstance ; c'est le moment que choisit le tentateur pour s'approcher du Seigneur et lui suggérer de changer les pierres du chemin en ce pain dont Il a tant besoin et qu'il désire tant.

Et Jésus « non seulement repousse l'aliment que son corps demande, mais encore, Il éloigne de Lui une incitation plus grave : celle de se servir de son pouvoir divin pour résoudre un problème personnel, si l'on peut dire (…).

« Générosité du Seigneur, qui s'est humilié, qui a accepté pleinement la condition humaine, qui n'utilise pas son pouvoir de Dieu pour fuir les difficultés ou l'effort. Il nous apprend à être énergiques, à aimer le travail, à apprécier ce que le don de soi comporte de noblesse d'un point de vue humain et divin[6]. »

Ce passage de l'Évangile, tellement riche de sens, nous apprend aussi à être particulièrement attentifs lorsque nous-mêmes ou ceux que nous avons une plus grande obligation d'aider, avons un moment de faiblesse ou de fatigue, ou traversons une mauvaise période. Car c'est alors que le démon intensifie peut-être la tentation, afin que nos vies prennent d'autres chemins éloignés de la volonté de Dieu.

Dans la deuxième tentation, *le démon l'emmène à la ville sainte, à Jérusalem, le place au sommet du temple et Lui dit : Si tu es le Fils de Dieu, jette-toi en bas, car il est écrit : Il donnera pour toi des ordres à ses anges, et : ils te porteront sur leurs mains, de peur que ton pied ne heurte une pierre. Jésus déclara : Il est encore écrit : Tu ne mettras pas à l'épreuve le Seigneur ton Dieu.*

Apparemment c'est astucieux ! « Si tu refuses, tu démontreras que tu n'as pas pleinement confiance en Dieu ; si tu acceptes, tu l'obliges à envoyer ses anges pour qu'ils te sauvent, pour ton profit personnel. » Le démon ne sait pas que Jésus n'a aucun besoin des anges.

A la fin de sa vie terrestre, le Seigneur entendra une proposition semblable en des termes presque identiques : *Si c'est le roi d'Israël, qu'il descende maintenant de la Croix et nous croirons en lui*[7].

Eh bien non ! Le Christ refuse de faire des miracles inutiles, par vanité et ostentation. Et nous ? Sommes-nous attentifs à repousser des tentations semblables toutes proportions gardées ? Le désir de paraître surgit parfois dans les choses les plus saintes. Des argumentations malicieuses peuvent prétendre s'appuyer sur la sainte Écriture. On veut bien croire à condition d'avoir des preuves ou des signes extraordinaires... Le Seigneur préfère d'habitude donner des grâces cachées et des témoignages discrets mais suffisants, pour nous indiquer le chemin de la foi au milieu de l'existence ordinaire.

Observons maintenant la dernière tentation. Le démon offre à Jésus toute la gloire et le pouvoir terrestre qu'un homme peut ambitionner. *Le démon Lui fait voir tous les royaumes du monde avec leur gloire et Lui dit : « Tout cela, je te le donnerai, si tu te prosternes pour m'adorer ».* Dans ce dialogue pervers mais subtil et courtois, le père du mensonge ne s'est pas laissé désarçonner par la résistance de son interlocuteur. Il insiste mais le Seigneur le repousse alors définitivement.

Le démon promet toujours plus que ce qu'il peut donner, le bonheur est très loin de ses mains. Toute tentation est toujours une tromperie. Et pour tenter l'homme, le démon compte toujours sur ses ambitions. La pire des ambitions est celle de désirer à tout prix l'autoperfection dans la recherche systématique de soi-même, que ce soit dans ce que l'on fait ou ce que l'on projette. Notre propre moi est souvent la pire des idoles.

Qui se prosterne, même inconsciemment, devant les choses matérielles — la réussite sociale, le confort, le plaisir, l'argent... — en fait de faux dieux qui soumettent à un véritable esclavage. En effet, les biens matériels sont destinés à faciliter la vocation humaine et surnaturelle mais ne sont plus des biens s'ils séparent de Dieu et des hommes.

Voilà pourquoi chacun de nous doit veiller à lutter constamment contre cette tendance à désirer excessivement une gloire purement humaine, même si, en paroles, il dit très souvent au Seigneur qu'il ne veut d'autre gloire que la sienne. Jésus s'adresse aussi à nous quand Il dit : *tu adoreras le Seigneur ton Dieu ; et tu ne serviras que Lui.* Comment mieux lui répondre qu'en désirant sincèrement servir Dieu dans la vocation à laquelle Il nous a appelés, dans le sacerdoce ministériel, la consécration de soi dans la vie religieuse, la contemplation au milieu du monde dans la vie familiale ou professionnelle ?

Mais le Seigneur est toujours à nos côtés et nous montre les armes de la victoire.

Le Seigneur ne nous laisse jamais seuls dans la tentation, Il nous rassure : *Ayez confiance. J'ai vaincu le monde* [8]. Mettons-nous vraiment toute notre confiance en Lui, sachant que seuls nous n'obtiendrons pas grand chose ? *Je peux tout en celui qui me rend fort* [9]. *Le Seigneur est ma lumière et mon salut, de qui aurais-je crainte ?* [10]

La tentation n'est ni fatalisme, ni conditionnement ; on peut la prévenir en veillant sur ses actes libres, internes ou externes. La prière et la mortification constantes dans le travail, la manière de vivre la charité et la garde des sens, sont les armes prévues par la Sagesse divine : *Veillez et priez pour ne pas tomber dans la tentation* [11]. Il faut aussi s'écarter des occasions de pécher aussi petites soient-elles, et des occasions malsaines, car *celui qui aime le danger s'y perdra* [12]. Ne pas perdre son temps, travailler le mieux possible, ne pas négliger l'hygiène, l'exercice physique et la détente qui soulagent les tensions trop fortes, apprendre à se connaître dans la prière et la direction spirituelle — voilà autant de défenses immunitaires contre les mouvements désordonnés et progressivement ravageurs de l'âme.

Si nous voulons ne pas nous laisser dominer par les tentations « nous devons répéter souvent et avec confiance la demande du *Notre Père* : *ne nous soumets pas à la tentation*, concède-nous la grâce de demeurer forts quand elle arrive. Puisque le Seigneur a mis une telle prière sur nos lèvres, il serait bon que nous la répétions continuellement.

« Nous combattons la tentation en la manifestant ouvertement au directeur spirituel, car la manifester c'est déjà presque la vaincre. Celui qui révèle ses propres tentations au directeur spirituel peut être sûr que Dieu donnera à ce dernier la grâce nécessaire pour bien le diriger [13]. »

Il faut toujours compter sur la grâce de Dieu pour lutter. « Mais n'oublie pas, mon ami, que tu as besoin d'armes pour vaincre dans cette bataille spirituelle. Et que tes armes doivent être celles-ci : prière continuelle, sincérité et franchise avec ton directeur spirituel, la Très Sainte Eucharistie et le sacrement de Pénitence, un esprit généreux de mortification chrétienne qui te fera fuir les occasions et éviter l'oisiveté, l'humilité de cœur, et une tendre et filiale dévotion envers la Très Sainte Vierge : *Consolatrix afflictorum* et *Refugium peccatorum*, consolation des affligés et refuge des pécheurs. Aie toujours recours à elle avec confiance et dis-lui : *Mater mea, fiducia mea* ; ma mère, j'ai confiance en toi ! [14]. »

1. Bienheureux Josemaría Escrivá, *Quand le Christ passe*, 61.— 2. Saint Jean Chrysostome, *Homélies sur saint Matthieu*, 13, 1.— 3. R.

A. Knox, *Sermons pastoraux.*— 4. S. Canals, *Dieu est Amour.*— 5. Jc 1, 12.— 6. Bienheureux Josemaría Escrivá, *loc. cit.*— 7. Mt 27, 42.— 8. Jn 16, 33.— 9. Ph 4, 13.— 10. Ps 26, 1.— 11. Mt 26, 41.— 12. Eccl 3, 27.— 13. B. Baur, *Dans l'intimité avec Dieu.*— 14. S. Canals, *o. c.*

6. EXISTENCE DU DIABLE ET SON ACTIVITÉ

Le diable existe. Il agit sur les personnes et dans la société, par une activité mystérieuse mais réelle et efficace.

Le démon l'emmène encore sur une très haute montagne... Alors, Jésus lui dit : Arrière, Satan ! lisions-nous dans l'Évangile de la Messe d'hier[1].

Le diable existe. La sainte Ecriture parle de lui du premier au dernier livre révélé, de la Genèse à l'Apocalypse. Dans la parabole de l'ivraie, le Seigneur affirme que la mauvaise semence, dont le but est d'étouffer le blé, a été jetée *par l'ennemi*[2]. Dans la parabole du semeur, *le Malin vient et s'empare de ce qui se trouve semé*[3].

Certains de nos contemporains, poussés par un optimisme superficiel, pensent que le mal n'est qu'une simple imperfection accidentelle dans un monde en continuelle évolution vers des jours meilleurs. L'histoire de l'homme a pourtant subi tellement d'influences dramatiques ! Il y a des manifestations individuelles et collectives d'une incroyable malice qui ne s'explique pas par la seule activité humaine. C'est que le démon fait, de mille manières, des ravages dans l'humanité. Sans doute « un dur combat contre les puissances des ténèbres passe à travers toute l'histoire des hommes ; commencé dès les origines, il durera, le Seigneur nous l'a dit, jusqu'au dernier jour[4]. » Oui, le démon agit de telle manière qu'il

« provoque de nombreux dommages de nature spirituelle et, indirectement, de nature même physique dans les individus et dans la société[5]. »

L'activité mystérieuse du démon n'en est pas moins réelle et efficace. Depuis les premiers siècles les chrétiens ont toujours eu conscience de cette activité diabolique et saint Pierre de les avertir : « soyez sobres, soyez vigilants. Votre adversaire, le diable, rôde comme un lion rugissant, en quête d'une proie à dévorer. Résistez-lui, solides dans la foi[6]. »

Avec Jésus-Christ la domination du diable a été considérablement réduite, car Il « nous a libérés du pouvoir de Satan[7]. » Grâce à l'œuvre rédemptrice du Christ, le démon ne peut causer de vrai dommage qu'à ceux qui, librement, le lui permettent (en consentant au mal et en s'éloignant de Dieu).

Le Seigneur se manifeste, d'ailleurs, en de nombreux passages de l'Évangile, comme le vainqueur du démon libérant de nombreuses personnes de la possession diabolique. C'est en Jésus que se trouve toute confiance justifiée car Il ne permet pas que l'on soit tenté au-delà de nos forces[8]. En revanche, le démon essaie avec ténacité de « séduire et détourner l'esprit humain pour qu'il viole les préceptes divins, obscurcissant peu à peu le cœur de ceux qui essaient de le servir. Il va tout faire pour qu'ils oublient le vrai Dieu et commencent à le servir, lui, comme s'il était le vrai Dieu[9]. » Il agit toujours ainsi, de mille manières différentes. Mais qu'importe, puisque le Seigneur a donné à tous les baptisés les moyens de vaincre toutes les tentations : personne ne commet un péché grave par besoin ou sous la contrainte car le péché procède toujours d'une volonté libre.

De plus, pour délivrer de l'influence diabolique, Dieu a prévu aussi un ange qui aide et protège la personne qui lui a été confiée. « Recours à ton ange gardien à l'heure de l'épreuve ; il te protégera contre le démon et te soufflera de bonnes inspirations[10]. »

Qui est le démon, quel est son pouvoir ?

Le démon n'est pas une incarnation symbolique du mal, ni une invention des siècles obscurs et douloureux de l'histoire. C'est un être personnel, réel, concret, de nature spirituelle et invisible qui, par son péché, s'est séparé de Dieu pour toujours, « parce que le diable et les autres démons furent créés par Dieu bons par nature ; mais eux-mêmes sont devenus mauvais par leur faute[11]. » Il est *le père du mensonge*[12], du péché, de la discorde, du malheur, de la haine, de tout ce qui est absurde et mauvais sur la terre[13]. C'est le serpent astucieux et envieux qui apporte la mort au monde[14], l'ennemi qui sème le mal dans le cœur de l'homme[15], et le seul que l'on doit craindre vraiment si l'on ne vit pas près de Dieu. Son seul but dans le monde, celui auquel il ne renoncera jamais, c'est d'éloigner l'homme de Dieu et lui faire perdre la félicité éternelle. Et il essaiera chaque jour d'obtenir ce but par tous les moyens à sa portée. « Tout commença par le rejet de Dieu et de son royaume, quand il usurpa ses droits souverains et essaya de changer l'économie du salut et la mise en ordre de toute la création. On peut trouver un reflet de cette attitude dans les mots du tentateur à nos premiers parents : *Vous serez comme des dieux.* C'est ainsi que l'esprit malin essaie de transplanter dans l'homme l'attitude de rivalité, d'insubordination et d'opposition envers Dieu qui est devenue le motif de toute son existence [16]. »

Il n'est pas puéril d'affirmer que le démon est la première cause du mal, des désordres et des ruptures qui se produisent dans les familles et dans la société. « Supposez, par exemple, dit le Cardinal Newman, que l'obscurité tombe soudain dans les rues d'une ville populeuse. Vous pouvez imaginer, sans que je vous le conte, le bruit et la clameur que cela produirait. Passants, voitures, chevaux, tout se trouverait mélangé. Ainsi est l'état du monde. L'esprit malin qui agit sur les fils de l'incrédulité, le dieu de ce monde, comme l'appelle saint Paul, a aveuglé les yeux de ceux qui ne croient pas, et les voilà forcés à se fâcher et à discuter parce qu'ils ont perdu leur chemin ; et ils se disputent les uns les autres et l'un dit une chose, l'autre une autre, parce qu'ils ne voient pas [17]. »

Le démon n'utilise que le mensonge car il ne peut présenter que de faux biens et un bonheur artificiel qui se transformera sans doute, un jour ou l'autre, en solitude et en amertume. Loin de Dieu peut-il y avoir un vrai bien ou un bonheur véritable ? Loin de Dieu peut-on indéfiniment échapper à l'obscurité, au vide et à la tristesse ? Toutefois le pouvoir du démon est limité, et lui aussi est soumis au pouvoir et à la souveraineté de Dieu, le seul Seigneur de l'univers.

Le démon — pas plus que chacun des anges — ne peut pénétrer dans l'intimité de la conscience humaine si elle ne le lui permet pas. « Les esprits immondes ne peuvent pas connaître la nature de nos pensées. Il leur est seulement donné de les pressentir grâce à des indices sensibles, ou bien en examinant nos dispositions, nos mots ou les choses vers lesquelles ils remarquent une prédisposition de notre part. En revanche, ce que nous n'avons pas extériorisé et qui reste caché dans nos âmes, leur est totalement inaccessible. Même les pensées qu'ils nous suggèrent, l'accueil que nous leur faisons, la réaction qu'elles causent en nous, tout cela ils ne le connaissent pas, par l'essence même de l'âme (...). S'ils le connaissent ce ne sera que par les mouvements et manifestations externes [18]. »

Le démon ne peut pas forcer la liberté humaine pour l'incliner au mal. « C'est un fait certain que le démon ne peut séduire personne, si ce n'est celui qui librement lui prête le consentement de sa volonté [19]. »

Le saint curé d'Ars dit que « le démon est un grand chien enchaîné, qui harcèle, qui fait beaucoup de bruit, mais qui ne mord que lorsqu'on s'en approche trop [20] ». Malgré tout, « aucun pouvoir humain ne peut se comparer avec le sien ; seul le pouvoir divin peut le vaincre et seule la lumière divine peut démasquer les pièges qu'il tend.

« L'âme qui vaincrait la puissance du démon ne pourrait le faire sans prière, elle ne pourrait pas non plus démasquer ses embûches sans mortification et sans humilité [21]. »

Confiance ! Jésus-Christ est vainqueur du démon.

Les Actes des Apôtres confirment tout cela, en résumant ainsi la vie de Jésus : *Il est passé en faisant le bien et en guérissant tous ceux qui étaient sous l'empire du diable*[22]. Et, parlant du motif de l'Incarnation, saint Jean explique : *voici pourquoi le Fils de Dieu est apparu : pour ruiner les œuvres du diable*[23].

Dans la Cène peu avant sa Passion, le Christ se révèle comme le vrai vainqueur du démon. Jésus dira : *C'est maintenant que le prince de ce monde va être jeté dehors*[24]. Dieu « a voulu entrer dans l'histoire humaine d'une manière nouvelle et définitive, en envoyant son Fils dans notre chair, afin que par lui les hommes soient arrachés au pouvoir des ténèbres et de Satan[25]. »

Le démon continue cependant à avoir un certain pouvoir sur le monde, dans la mesure où les hommes repoussent les fruits de la Rédemption. Il prolonge son pouvoir à cause de ceux qui, d'une manière ou d'une autre, le choisissent en préférant le royaume des ténèbres au royaume de la grâce[26]. C'est pourquoi il n'y a rien d'étonnant à voir trop souvent, ici-bas, prédominer le mal et la justice être lésée.

Mais le Seigneur nous a laissé tellement de moyens de vaincre le mal et de vivre dans le monde avec la paix et la joie des enfants de Dieu, que nous devons garder une immense confiance. Songeons à la prière, la mortification, la réception fréquente de la sainte Eucharistie et de la Confession sacramentelle, l'amour envers la Vierge. En particulier, nous sommes toujours en sûreté auprès de Notre Dame. De plus, l'Eglise recommande depuis ses origines l'usage de l'eau bénite, ce sacramental qui protège contre l'influence du diable. « En effet, les sacramentaux sont des signes sacrés par lesquels, d'une certaine manière, à l'imitation des sacrements, sont signifiés et obtenus à la prière de l'Eglise des effets surtout spirituels [27]. » « Tu me demandes pourquoi je te recommande toujours avec une telle insistance l'usage quotidien de l'eau bénite. — Je pourrais t'en donner bien des raisons. Celle qu'allègue la sainte d'Avila te suffira sûrement : " Rien ne met mieux en fuite les démons, et sans retour, que l'eau bénite " [28]. »

Le Pape Jean Paul II exhorte tout le peuple de Dieu à mieux se rendre compte de ce qu'il dit quand il prie le *Notre Père* : « et ne nous soumets pas à la tentation, mais délivre-nous du mal — du Malin. Fais, Seigneur, que nous ne cédions pas devant l'infidélité à laquelle nous séduit celui qui a été infidèle depuis le début [29]. » Voilà une des meilleures manières de montrer que nous voulons remplacer le *Non serviam* du démon par notre *Serviam : je te servirai, Seigneur* ; et de faire un effort particulier en ces jours de Carême pour améliorer notre fidélité à ce que nous savons être la volonté de Dieu sur nous.

1. Cf. Mt 4, 8-11.— 2. Mt 13, 25.— 3. Mt 13, 19.— 4. Concile Vatican II, Const. *Gaudium et spes*, 37.— 5. Jean Paul II, *Audience générale*, 20 août 1986.— 6. 1 P 5, 8.— 7. Concile Vatican II, Const. *Sacrocanctum concilium*, 6.— 8. Cf. 1 Cor 10, 13.— 9. Saint Irénée, *Adversus Haereses*, 5.— 10. Bienheureux Josemaría Escrivá, *Chemin*, n. 567.— 11. Quatrième Concile du Latran, 1215, Dz 800 (428).— 12. Jn 8, 44.— 13. Cf. Hb 2, 14.— 14. Cf. Sg 2, 24.— 15. Cf. Mt 13, 28-39.— 16. Jean Paul II, *Audience générale*, 13 août 1986.— 17. Cardinal J. H. Newman, *Sermon pour le deuxième di-*

manche de Carême. Monde et péché.— 18. Cassien, *Collations*, 7.— 19. *Idem.*— 20. Saint curé d'Ars, *Sermon sur les tentations.* — 21. Saint Jean de la Croix, *Cantique spirituel*, 3, 9.— 22. Ac 10, 39.— 23. 1 Jn 3, 8.—24. Jn 12, 31.—25. Concile Vatican II, Décr. *Ad gentes*, 3.— 26. Cf. Jean Paul II, *loc. cit.*— 27. *Codicem Iuris Canonici*, Can. 1166.— 28. Bienheureux Josemaría Escrivá, *Chemin*, n.572— 29. Jean Paul II, *loc. cit.*

CARÊME. 1º SEMAINE. MARDI

7. LES ANGES GARDIENS

La dévotion des premiers chrétiens envers les anges.

Saint Matthieu termine le récit des tentations de Notre Seigneur par ces mots : *Alors le diable le quitta et voici que des anges s'approchèrent et ils le servaient*[1].

« Arrêtons-nous un peu sur l'intervention des anges dans la vie de Jésus : ainsi nous comprendrons mieux leur rôle — la mission angélique — dans toute vie humaine. La tradition chrétienne décrit les anges gardiens comme de grands amis, placés par Dieu auprès de chaque homme pour l'accompagner au long de sa route. Voilà pourquoi elle nous invite à les fréquenter avec assiduité, à recourir à eux.

« En nous faisant méditer ces passages de la vie du Christ, l'Église nous rappelle qu'en cette époque du Carême où nous nous reconnaissons pécheurs, conscients de nos misères, et soucieux de nous purifier, la joie aussi a sa place. Car le Carême est simultanément temps de force d'âme et de joie intérieure : nous devons nous remplir de courage, étant donné que la grâce du Seigneur ne nous fera pas défaut, parce que Dieu sera à nos côtés et enverra ses anges pour être nos compagnons de voyage, nos prudents conseillers tout au long du chemin, les collaborateurs de toutes nos entreprises [2]. »

« La sainte Ecriture et la Tradition appellent *anges* ces purs esprits qui ont choisi Dieu, sa gloire et son royaume au moment de l'épreuve fondamentale de leur liberté [3]. »

Ils ont pour mission de protéger les hommes comme l'atteste l'épître aux Hébreux : *Ne sont-ils pas tous des esprits qui remplissent un office, envoyés en service pour le bien de ceux qui doivent recevoir l'héritage du salut ?* [4]

C'est une doctrine commune des théologiens catholiques, depuis les premiers siècles, que tous les hommes, baptisés ou non, ont un ange gardien dont la mission commence dès le moment de leur conception et se prolonge jusqu'à leur mort. Saint Jean Chrysostome pense même que tous les anges gardiens assisteront au jugement universel pour « rendre témoignage eux-mêmes du ministère qu'ils auront exercé par ordre de Dieu pour le salut de chaque homme [5]. »

Les Actes des Apôtres illustrent de manière émouvante l'intervention de ces saints anges, et l'absolue confiance que les premiers chrétiens avaient en eux [6] ; confiance et vénération qui brillent particulièrement dans la libération de saint Pierre, prisonnier à Antioche vers l'année 42 : *Un ange du Seigneur fit irruption dans la prison de Pierre et une lumière resplendit dans le réduit. Frappant Pierre au côté, il le réveilla et dit : « Vite, debout ! » Et les chaînes lui tombèrent des mains. Puis l'ange lui dit : « Mets ta ceinture et chausse tes sandales ». Ce qu'il fit. Il lui dit encore : « Passe ton manteau et suis-moi* [7]. »

Une fois libre, Pierre se dirige vers la maison de Marie, mère de Marc, *où il y avait une assemblée assez nombreuse qui se tenait en prière.*

Il frappa à la porte du porche et une servante nommée Rhodé s'approcha pour écouter. Elle reconnut la voix de Pierre, mais sous l'effet de la joie, elle n'ouvrit pas et courut à l'intérieur annoncer que Pierre était devant le porche. « Tu es folle » lui dirent les autres. Comme elle soutenait qu'il en était ainsi, ils dirent : « c'est son ange ! [8]» Ce récit montre avec une psychologie extraordinairement réaliste, la grande affection que les premiers fidèles avaient pour saint Pierre et le naturel de leur foi en les anges gardiens. « Admire avec quelle confiance les premiers chrétiens s'adressaient à leurs anges gardiens. — Et toi ? [9]. »

Pourquoi, en effet, ne les fréquentes-tu pas avec naturel et confiance sans chercher l'extraordinaire. Tu seras sans doute souvent étonné de l'aide qu'ils prêtent dans les combats contre le malin. « Nous sommes bien aidés par les bons anges, messagers de l'amour de Dieu. Et la tradition de l'Église nous apprend à leur adresser notre prière : " Ange de Dieu, à qui son amour me confie ici, sois tout ce jour à mon côté, pour éclairer et garder, diriger et guider. Amen. " [10] »

Les services qu'ils rendent aux hommes.

Et les anges s'approchèrent et ils le servaient, lit-on à la fin du récit sur le séjour de Jésus au désert. Les anges gardiens ont pour mission d'aider les hommes à atteindre leur fin surnaturelle : « J'enverrai un ange devant toi, dit le Seigneur à Moïse, pour qu'il te défende en chemin et te fasse arriver à l'endroit que je t'ai préparé [11]. » Et le *Catéchisme Romain* commente : « Comme les parents, lorsque leurs enfants doivent voyager par des chemins mauvais et dangereux, les font accompagner par des personnes qui s'en occupent et les défendent des dangers, ainsi notre Père céleste, dans ce voyage que nous entreprenons vers la Patrie éternelle, donne un ange à chacun de nous. Ainsi, fortifiés par leur pouvoir et leur aide, nous nous libérons des pièges astucieusement préparés par nos ennemis et nous repoussons les terribles attaques qu'ils nous font. Avec de tels guides, nous pouvons suivre le droit chemin, sans qu'aucun piège tendu par l'ennemi soit capable de nous séparer de la voie qui conduit au Ciel [12]. » La mission des anges gardiens est donc d'aider l'homme contre les tentations et les dangers, de lui envoyer de bonnes inspirations, d'être intercesseurs et gardiens et de prêter leur aide quand on les invoque. « Les saints intercèdent pour les hommes tandis que les anges gardiens non seulement prient pour eux, mais encore agissent autour d'eux. S'il y a une intercession de la part des bienheureux, de la part des anges il y a une intercession et une intervention directe : ils sont en même temps avocats des hommes auprès de Dieu et ministres de Dieu auprès des hommes [13]. » Ainsi l'ange gardien peut-il nous aider même matériellement, si cela convient à notre fin surnaturelle ou à celle des autres. N'hésitons pas à lui demander son aide dans les innombrables petites affaires matérielles de la vie de tous les jours : pour trouver une place libre pour garer sa voiture en cas de rendez-vous urgent, ne pas rater l'autobus quand on est pressé, pour garder son sang-froid dans un examen important... Et que dire de sa collaboration dans la prière, dans l'apostolat et dans la lutte contre les tentations et le démon. « Les anges, dit un grand docteur mystique de la Renaissance, en plus de mener à Dieu nos pensées, apportent à nos âmes les secours de Dieu et s'occupent d'elles comme de bons pasteurs, avec de douces communications et de divines inspirations. Les anges nous défendent des loups que sont les démons, et ils nous protègent [14]. »

Voilà pourquoi tous les chrétiens, sans crainte d'être taxés d'enfantillage ou de puérilité, devraient fréquenter leur ange gardien comme un ami toujours en état de veille et constamment disposé à les aider quand ils le lui demandent. Ce serait bien dommage de ne pas se sentir accompagné (par oubli, tiédeur ou ignorance) par un si fidèle compagnon, ou de ne pas oser demander son aide en tant d'occasions de réelle ou grave nécessité. Nous ne sommes jamais seuls dans la tentation ou dans la difficulté, un ange nous assiste, présent à nos côtés jusqu'au moment où nous abandonnerons ce monde.

Ainsi la liturgie de l'Église, dans les prières pour la recommandation de l'âme au moment de la mort, témoigne-t-elle que l'ange gardien accompagne son pèlerin d'éternité devant le tribunal de Dieu.

Comment être leur ami ?

« Aie confiance en ton ange gardien. — Traite-le comme un ami intime — il l'est —, et il saura te rendre mille petits services dans les affaires ordinaires de chaque jour [15]. »

Cependant, pour que l'ange gardien puisse nous aider il faut lui faire connaître, d'une manière ou d'une autre, nos intentions et nos désirs. Malgré la grande perfection de leur nature, les anges n'ont pas le pouvoir de Dieu ni sa sagesse infinie ; ils ne peuvent donc pas lire à l'intérieur des consciences. Ce n'est toutefois pas compliqué : il suffit de leur parler mentalement pour qu'ils comprennent et pour qu'ils déduisent même plus que ce que nous-mêmes sommes capables d'exprimer. Voilà pourquoi il est si important d'avoir des relations d'amitié avec l'ange gardien ; amitié à laquelle s'ajoute de la vénération, puisqu'il est toujours en présence de Dieu, le contemplant face à face en même temps qu'il est près de nous.

La dévotion à l'ange gardien sera une aide, ô combien efficace, dans nos relations avec Dieu, dans les vicissitudes et les décisions du travail, dans les relations avec ceux qui nous entourent, dans les petits et les grands conflits qui se présentent au long des jours. En ce temps de Carême, rappelons-nous la scène bouleversante du jardin de Gethsémani où le Seigneur, dans sa Très Sainte Humanité, se prépare à affronter les souffrances de la Passion rédemptrice réconforté par un ange du Ciel.

Comment fréquenter les anges ? « Recours à eux, maintenant, dis à ton ange gardien, car tu as le cœur contrit, que ces eaux surnaturelles du Carême n'ont pas glissé sur la surface de ton âme, mais qu'elles l'ont, au contraire, imbibée.

« Demande-leur d'offrir au Seigneur cette bonne volonté que la grâce a fait germer de notre misère, comme un lys éclôt du fumier. *Sancti Angeli Custodes nostri : defendite nos in proelio, ut non pereamus in tremendo iudicio.* Saints anges gardiens, défendez-nous dans le combat, afin que nous ne périssions pas au jour du redoutable jugement [16]. » Et cette invocation multiséculaire de la piété chrétienne nous conduit aussi à Marie,

Regina Angelorum : Toi que l'ange Gabriel couronna du titre de *pleine de grâce*, fais que nous ayons confiance en eux, particulièrement pendant ces semaines de Carême.

1. Mt 4,11.— 2. Bienheureux Josemaría Escrivá, *Quand le Christ passe*, 63.—3. Jean Paul II, *Audience générale*, 6 août 1986.—4. He 1,14.— 5. Saint Jean Chrysostome, *Catena Aurea*, vol. III.— 6. Cf. Ac 5, 19-20 ; 8,26 ; 10, 3-6.—7. Ac. 12, 7-11.—8. Ac. 12, 13-17.— 9. Bienheureux Josemaría Escrivá, *Chemin*, n. 570.— 10. Jean Paul II, *Audience générale*, 20 août 1986.— 11. Ex 23, 20.— 12. *Catéchisme Romain*, p. 4, cap. IX, n. 4.— 13. G. Huber, *Mon Ange marchera devant toi*.— 14. Saint Jean de la Croix, *Cantique spirituel*, 2, 3.— 15. Bienheureux Josemaría Escrivá, *Chemin*, n. 562.— 16. Bienheureux Josemaría Escrivá, *Quand le Christ passe*, 63.

CARÊME. 1º SEMAINE. MERCREDI

8. CONFESSER SES PÉCHES

La Confession, rencontre avec la miséricorde du Christ.

Rappelle-toi, Seigneur, tes tendresses, l'amitié, que tu nous as montrées depuis toujours[1], lisons-nous dans l'antienne d'ouverture de la Messe d'aujourd'hui.

Le Carême est un moment exceptionnellement favorable pour affiner la manière de recevoir le sacrement de la Pénitence, cette rencontre avec le Christ miséricordieux, présent en la personne du prêtre ; rencontre toujours unique, toujours différente dans laquelle Il nous accueille comme le Bon Pasteur, où Il nous soigne, nous lave et nous fortifie. Ce que le Seigneur avait promis par les prophètes s'accomplit justement dans cette action invisible, humaine et divine à la fois : *Moi-même je paîtrai mes brebis, moi je les ferai reposer, oracle du Seigneur Yahweh. Je chercherai celle qui était perdue, je ramènerai celle qui était égarée, je panserai celle qui est blessée et je rendrai force à celle qui est infirme, et je garderai les grosses et les robustes*[2].

Lorsque l'on reçoit ce sacrement, on doit penser, non pas aux circonstances et aux personnes, mais avant tout au Christ qui en est le centre. Et la gloire et l'amour de Dieu doivent compter bien davantage que nos péchés. La confidence à Jésus compte beaucoup plus que nous-mêmes, sa bonté beaucoup plus que notre misère puisque la vie intérieure authentique est un dialogue d'amour dans lequel Dieu attire tout à Lui et est le seul point de référence.

Nous ressemblons à l'enfant prodigue qui rentre chez son père quand nous décidons de nous confesser ; il entreprend le chemin du retour poussé par la triste situation dans laquelle il se trouve, sans perdre la conscience de son péché : *Je ne suis pas digne d'être appelé ton fils.* Pourtant, plus il se rapproche de la maison paternelle, plus il se rappelle, sans doute avec affection, le climat et l'histoire de son propre foyer. Et il voit dans le lointain la figure si caractéristique de son père qui se dirige en grande hâte vers Lui ! Voilà ce qui est important : la rencontre avec Dieu notre Père. Chaque confession sincère est « un rapprochement de la sainteté de Dieu, une nouvelle rencontre de la vérité intérieure, troublée et bouleversée par le péché, une libération au plus profond de nous-mêmes, et avec cela, une récupération de la joie perdue, la joie d'être sauvé, dont ne jouissent plus la plupart des hommes de notre temps [3] ». N'est-il pas normal qu'un cœur grand désire et travaille à ce que les hommes et les femmes de son temps sentent cette nostalgie de Dieu, en fassent l'expérience et s'approchent de Lui qui les attend de toute éternité ?

Mais désirons-nous rester seul à seul avec le Seigneur, le plus tôt possible, comme le désiraient ses disciples après quelques jours de séparation ? Eprouvons-nous ce besoin de décharger en Lui la douleur que nous ressentons comme le symptôme d'une maladie, devant les faiblesses, les erreurs et les imperfections dont sont parsemées nos devoirs professionnels, nos relations avec les autres, l'activité apostolique et même la vie de piété ?

Cet effort pour centrer la Confession sacramentelle en Jésus-Christ est primordial pour ne pas tomber dans la routine et tirer du fond de l'âme ce qui pèse le plus et qui n'émergera qu'à la lumière de l'amour de Dieu. *Rappelle-toi, Seigneur, tes tendresses, l'amitié, que tu nous as montrées depuis toujours.*

Les qualités d'une bonne confession : concise, concrète, claire et complète.

Pitié pour moi, mon Dieu, dans ton amour, selon ta grande miséricorde, efface mon péché. Lave-moi tout entier de ma faute, purifie-moi de mon offense[4].

Faisons un bref retour sur le passé : n'avons-nous pas, très souvent au long de notre vie, demandé pardon, et le Seigneur ne nous a-t-il pas très souvent pardonnés ? Le soir, quand nous pensons brièvement à tout ce que nous avons fait de bien — ou de mal —, nous pouvons dire : *Pitié pour moi, mon Dieu*... j'ai besoin de ta miséricorde.

C'est bien pour cela qu'il est bon de se confesser, pour demander avec foi l'absolution totale de nos fautes, comme une aumône que nous sommes peut-être loin de mériter. Poussés par la confiance non pas en nos mérites, mais en la miséricorde éternelle et infinie de Dieu : Tu ne repousses pas, ô mon Dieu, un cœur brisé et broyé[5]. *Cor contritum et humiliatum, Deus, non despicies.*

Pourquoi résister si le Seigneur nous demande seulement, comme à des êtres libres, responsables et conscients, de reconnaître nos fautes avec humilité et simplicité ; de reconnaître ce qui est offense à l'amour divin et à l'ordre des choses inspiré par la Sagesse éternelle ? C'est ainsi qu'il convient d'aller à la confession pour que celui qui représente Dieu et agit en son nom nous pardonne. Nous n'y allons pas tant pour qu'on nous comprenne ou qu'on nous encourage, mais simplement comme des enfants pour demander pardon. C'est pourquoi l'accusation de nos péchés *ne consiste pas à les déclarer sans plus*, car il ne s'agit pas d'une monotone chronologie de nos fautes, mais d'une sincère accusation de celles-ci : je sais que je ne devais pas, *je m'accuse de...* Reconnaissance de nos responsabilités, avec courage et sans faux-fuyants, comme dans la vie civile et professionnelle ; sans scrupules mais avec la douleur d'un acte que nous voudrions ne jamais avoir posé ; sans chercher d'excuses pour dissimuler nos fautes ou diminuer notre responsabilité humaine et chrétienne. Seigneur...*efface ma faute selon ton immense miséricorde ; lave complètement mon délit, nettoie mon péché*.

Dans un impressionnant raccourci, le bienheureux Josemaría Escrivá recommandait que la confession soit tout simplement « concise, concrète, claire et complète ».

Une confession *concise* est faite en peu de mots : les mots tout juste nécessaires pour dire avec humilité ce que l'on a fait ou omis, sans s'étendre inutilement, sans ornement. Il arrive que l'inflation verbale dénote le désir, conscient ou non, de fuir la sincérité totale, d'arranger la réalité et d'éviter la vigueur des mots ; pour éviter cela, il est d'un grand secours de bien faire l'examen de conscience.

Pour être *concrète* la Confession se dépouille du flou

artistique, des divagations et des généralités. Le pénitent « indiquera opportunément sa situation et aussi le temps qui s'est écoulé depuis sa dernière confession et ses difficultés pour mener une vie chrétienne [6]. » Il déclare ses péchés et l'ensemble des circonstances qui augmentent ou diminuent sa responsabilité, pour que le confesseur puisse juger en connaissance de cause et donc soigner et absoudre [7].

Ensuite, pour qu'on nous comprenne bien, il est important que la confession soit *claire* c'est-à-dire que nous précisions la nature de nos fautes et manifestions notre misère avec modestie et délicatesse.

Enfin, la confession *complète*, n'omet rien ; ni par respect humain, ni par honte de faire une mauvaise impression au confesseur (d'ailleurs, que n'a-t-il pas entendu depuis le jour où il a reçu ce pouvoir d'absoudre *in nomine Christi* ?).

Pourquoi ne pas prendre, dans ce moment de prière, la résolution d'essayer de configurer désormais nos confessions aux qualités que nous venons de considérer ?

Lumières et grâces du sacrement... à la mesure de nos dispositions intérieures.

« Le Carême est un temps particulièrement approprié pour réveiller et former la conscience. L'Eglise nous rappelle précisément en cette période le besoin de la Confession sacramentelle, pour que nous puissions tous vivre la Résurrection du Christ non seulement dans la liturgie, mais aussi dans notre propre âme [8]. »

Comme tous les sacrements, la Confession, selon son

mode propre, fait participer le chrétien à la Passion du Christ et, par ses mérites, à sa Résurrection. Si nous avons les dispositions nécessaires ce sacrement produit dans notre âme une renaissance à la vie de la grâce. Le sang du Christ, amoureusement répandu, purifie et sanctifie l'âme, et par sa vertu le sacrement confère la grâce — si elle avait été perdue — ou l'augmente, à différents degrés, selon les dispositions du pénitent. « L'intensité du repentir est parfois proportionnée à une plus grande grâce que celle qui avait été perdue par le péché ; parfois la même ; parfois moindre. Ainsi le pénitent se relève en certaines occasions avec une plus grande grâce que celle qu'il avait avant la chute ; en d'autres occasions avec la même grâce ; et parfois avec une moindre grâce. Et l'on peut dire la même chose des vertus qui dépendent de la grâce et la suivent[9]. »

L'âme y reçoit aussi de plus grandes lumières de Dieu et un accroissement de ses forces — des grâces particulières pour combattre les inclinations avouées, pour éviter les occasions de pécher, pour ne pas retomber dans les fautes commises. Elle reçoit d'abord cette aide pour la lutte quotidienne qui manifeste sa libre correspondance au Vouloir divin plutôt qu'à son vouloir propre. « Regarde comme Dieu est bon, et comment Il pardonne facilement les péchés ; non seulement Il rend par son pardon ce qui avait été perdu, mais Il concède des choses inattendues [10]. » Combien de fois en effet, n'avons-nous pas reçu les plus grandes grâces après une Confession, pour avoir dit sans détour au Seigneur que nous nous sommes vraiment mal comportés avec Lui ! Jésus rend toujours le bien pour le mal, afin de nous encourager à être plus fidèles. Le châtiment que nous méritons pour nos péchés — comme celui que méritaient les habitants de Ninive dont parle la première lecture de la Messe d'aujourd'hui [11] — est effacé par Dieu lorsqu'il voit le repentir et les œuvres de pénitence et de réparation d'un de ses enfants spirituellement bien vivant.

C'est la raison pour laquelle une Confession sincère laisse toujours dans l'âme une grande paix et une grande joie. La tristesse et le vide intérieur produits par le péché ou le manque de correspondance à la grâce, se transforment souvent instantanément en joie. « Les moments d'une Confession sincère figurent peut-être parmi les plus doux, les plus réconfortants et les plus décisifs de la vie [12]. »

« Tu comprends maintenant à quel point tu as fait souffrir Jésus, et tu te remplis de douleur : comme il est facile de Lui demander pardon et de pleurer tes trahisons passées ! Ton cœur est trop petit pour contenir tous tes désirs de réparation !

« Bien. Mais n'oublie pas que l'esprit de pénitence consiste surtout à accomplir, quoi qu'il puisse t'en coûter, le devoir de chaque instant [13]. »

Notre Dame, *refugium peccatorum* — refuge des pécheurs — desserre les derniers liens qui m'empêchent d'achever ce parcours vers Jésus qui m'attend.

1. *Antienne d'ouverture*, Ps 24, 6.— 2. Ez 34, 15-16.— 3. Jean Paul II, Exhortation Apostolique *Reconciliatio et Paenitentia*, 2 décembre 1984, 31, III.— 4. *Psaume responsorial*, Ps 50, 4.— 5.

Idem.— 6. Paul VI, *Ordo Paenitentiae*, 16.— 7. Cf. *Idem.*— 8. Jean Paul II, *Lettre aux fidèles de Rome*, 28 février 1979.— Saint Thomas d'Aquin, *Summa Theologiae*, III, q. 89, a. 2, c.— 10. Saint Ambroise, *Commentaire à l'Évangile de saint Luc*, 2, 73.— 11. *Première lecture*, Jonas 3, 1-10.— 12. Paul VI, *Allocution*, 27 février 1975.— 13. Bienheureux Josemaría Escrivá, *Chemin de Croix*, IX, 5.

CARÊME. 1º SEMAINE. JEUDI

9. LA PRIÈRE DE DEMANDE

Dieu s'occupe toujours de ses enfants. Piété envers la Vierge, notre Mère, et envers notre ange gardien.

Demandez, vous obtiendrez ; cherchez, vous trouverez ; frappez, la porte vous sera ouverte. Celui qui demande reçoit ; celui qui cherche trouve ; et pour celui qui frappe, la porte s'ouvrira[1].

Très souvent dans l'existence, nous avons besoin de recourir à quelqu'un qui possède plus que nous ou qui a davantage de connaissance ; ce peut être un médecin, un avocat, un parent, un fournisseur, un banquier, un subordonné ou un supérieur... C'est, d'ailleurs, très souvent la seule possibilité de relations suivies avec les autres. Si nous ne demandions jamais rien, nous terminerions notre vie dans une sorte de vide, de fausse et pauvre autosuffisance. Bref, la plus grande partie de notre vie et de notre être consiste à demander et à donner ; en demandant nous nous reconnaissons dans le besoin ; en donnant nous sommes conscients de la richesse que Dieu a mise dans notre cœur.

C'est la même chose avec Dieu. La plupart du temps, nous Lui demandons quelque chose ou Lui rendons grâce pour ses bienfaits. Demander nous rend plus humbles puisque cela manifeste évidemment notre insuffisance radicale ; qui plus est, nous donnons ainsi à Dieu l'occasion de montrer qu'il est notre Père, et reconnaissons son amour pour nous. *Lequel d'entre vous donnerait une pierre à son fils qui lui demande du pain ? (...) Combien plus votre Père qui est aux cieux donnera-t-il de bonnes choses à ceux qui les lui demandent ?*[2]

Il arrive quelquefois que l'on demande quelque chose, consciemment ou non, par égoïsme, orgueil, avarice, ou envie. Quand nous demandons, par exemple, une aide pour des examens, une faveur matérielle, une guérison... il est bon d'examiner en présence de Dieu les vraies raisons de cette prière : ce que nous avons sollicité nous aidera-t-il à l'aimer davantage, à mieux accomplir sa volonté ? Peut-être nous rendrons-nous compte alors que ce qui nous paraissait une question de vie ou de mort était peu de chose, et que ce que nous désirions si désespérément n'était pas si important. Nous apprendrons ainsi à redresser notre volonté pour la rendre conforme à la volonté de Dieu, notre demande n'en sera probablement que mieux inspirée.

Une supposition : je demande au Seigneur de me guérir d'une maladie grave. Je Lui demanderai, en même temps, si cela n'arrive pas parce qu'il a d'autres plans, mystérieux et inconnus mais qui viennent bien du Père, qu'il me concède, le cas échéant, la grâce nécessaire pour être patient dans la souffrance, qu'il m'accorde aussi la sagesse pour obtenir de cette maladie un grand bien pour mon âme et pour toute l'Église.

Si nous consultons l'immense expérience de nos frères dans la foi depuis les origines de la révélation, nous y découvrirons que la première condition de toute demande efficace est de conformer d'abord notre volonté à la volonté de Dieu. Certes, Dieu veut ou permet parfois des choses et des événements que nous ne voulons pas, que nous ne comprenons pas ; mais tout finit par être d'un grand profit pour nous et pour les autres. Ensuite, quand nous faisons un acte d'identification de notre volonté à celle de Dieu, nous faisons un pas important dans la vertu de l'humilité.

D'autre part, l'Écriture affirme que le Seigneur attend souvent que nous Lui demandions des biens pour nous les concéder au temps opportun. Ce sont des biens autant spirituels que matériels, mais qui sont ordonnés, en premier lieu, à notre salut et à celui du prochain. « Ne sericz-vous pas d'accord avec moi sur le fait que si nous n'obtenons pas ce que nous demandons à Dieu, c'est parce que nous ne prions pas avec foi, avec le cœur suffisamment pur, avec une confiance suffisamment grande, ou parce que nous ne persévérons pas dans la prière comme nous le devrions ? Jamais Dieu n'a refusé ni ne refusera quelque chose à ceux qui Lui demandent ses grâces comme il se doit[3]. »

Humilité et persévérance dans l'oraison.

Ami qui pries avec moi, pries-tu toujours avec la confiance d'un enfant ? Essaies-tu, avec té nacité parfois, d'identifier ta volonté à celle de Dieu notre Père ? *Que ce ne soit pas ma volonté qui se fasse, mais la tienne*[4], dit le Seigneur dans l'agonie du Jardin des Oliviers. « Seigneur je ne veux pas revendiquer ce que j'estime indispensable pour moi, aide-moi à préférer ta volonté parce que je te fais confiance. L'Evangile présente tellement d'exemples de prière filiale, humble et persévérante ! Saint Matthieu rapporte la demande d'une femme qui peut nous servir d'exemple [5]. Jésus arrive dans la région de Tyr et de Sidon, une terre de gentils. Il devait y chercher un lieu de repos pour ses apôtres, car il n'avait pas pu le trouver dans la région désertique de Bethsaïde. Il veut passer quelques jours seul avec eux.

Or, sur leur chemin, une femme s'approche et, avec insistance, supplie Jésus qui reste silencieux : *Mais il ne lui répondit pas un mot*, dit l'évangéliste sans doute un peu surpris.

Les disciples finissent par le prier de s'occuper d'elle pour qu'elle les laisse en paix et cesse de les harceler. Mais Jésus pense bien différemment ! Au bout d'un moment, sortant de son mutisme et pris de tendresse devant l'humilité de cette femme, il commence à lui expliquer le plan divin du salut : *Je n'ai été envoyé qu'aux brebis perdues de la maison d'Israël.* C'était le plan éternel de Dieu. Jésus vient racheter tous les hommes par sa vie et sa mort sur la Croix, mais l'évangélisation doit commencer par Israël ; plus tard les apôtres de tous les temps apporteront la Bonne Nouvelle *jusqu'aux confins de la terre* [6], à toute l'humanité.

Or cette femme est cananéenne. Elle n'a probablement pas compris grand chose au plan divin, mais elle ne se décourage pas devant cette réponse qui dépasse de loin ses problèmes : *Elle vint se prosterner devant lui, disant : Seigneur, viens à mon secours !* Elle sait ce qu'elle veut et elle sait maintenant qu'elle peut l'obtenir du cœur de Jésus.

C'est surprenant, mais le Seigneur insiste Lui aussi. Il Lui explique à nouveau, avec une parabole, ce qu'il vient de Lui dire : *Ce n'est pas bien de prendre le pain des enfants pour le jeter aux chiens.* « Les enfants » désigne le peuple d'Israël [7] auquel cette femme n'appartient pas ; l'heure des gentils viendra, mais après.

La femme montre qu'elle a bien compris ce que Jésus lui a dit mais elle ne cède pas pour autant dans son entreprise ! Sa foi augmente, déborde, et voilà qu'elle *s'introduit* dans la parabole avec une grande humilité, comme un personnage de plus : *C'est vrai, Seigneur, mais les chiens se nourrissent des miettes qui tombent de la table de leurs maîtres.*

Quelle foi, quelle humilité, quelle persévérance ! Le Seigneur s'exclame : *Oh femme, grande est ta foi !* Et, sur un ton à la fois solennel et intime, il ajoute : *Qu'il te soit fait comme tu le désires.*

L'évangéliste précise stupéfait : *Et sa fille fut guérie à l'instant même.* Pour ce miracle exceptionnel il a fallu aussi une foi, une humilité et une constance exceptionnelles. As-tu vraiment compris ?

Jésus écoute toujours, même lorsqu'il semble se taire. C'est peut-être alors qu'il nous écoute le plus attentivement. Il cherche peut-être à provoquer en nous — sous ce silence apparent — les conditions nécessaires pour que le miracle se réalise : que nous priions avec confiance, persévérance et foi.

N'hésitons plus face à des besoins pressants : *Seigneur, viens à mon secours !* Quelle merveilleuse jaculatoire pour tant de besoins si urgents — surtout ceux de l'âme !

Mais il ne suffit pas de demander, il faut le faire avec persévérance comme cette femme, pour que la constance obtienne ce que ne peuvent obtenir nos mérites. *La prière persévérante du juste agit avec une puissante efficacité*[8]. Dieu a prévu toutes les grâces et toute l'aide dont nous avons besoin, mais Il a aussi prévu notre prière !

Demandez et on vous donnera... appelez et on vous ouvrira. Profitons de ce moment de prière pour penser à nos besoins personnels, et à ceux des personnes qui vivent près de nous, car le Seigneur n'abandonne personne.

Demander et remercier, deux manières d'agir avec les hommes comme avec Dieu. Droiture d'intention dans la prière.

Si, en certaines occasions, Dieu semble ne pas nous avoir concédé ce que nous demandions avec tant de confiance, c'est peut-être que cela ne nous convenait pas vraiment : « qui ne te donne pas s'occupe bien de toi, quand tu Lui demandes ce qui ne convient pas[9]. » C'est Lui qui sait mieux que nous ce qui est opportun ! Dieu notre Père reçoit toujours notre prière, mais donne quelquefois mieux, et au meilleur moment, que ce que nous demandons ! Malgré les apparences, « Il donne toujours plus que ce que nous Lui demandons [10]. »

Pour que notre demande soit plus rapidement écoutée, nous pouvons solliciter les prières de personnes proches de Dieu, comme le fit le centurion de Capharnaüm : il lui envoya quelques anciens des juifs pour le supplier de venir guérir son serviteur. Ses amis firent de leur mieux : ils allèrent trouver Jésus et le prièrent avec grande insistance d'accepter la demande : *Il mérite,* dirent-ils, *que tu fasses cela pour lui...* [11]. Le Seigneur écouta leur prière.

Quand nous demandons aux autres de prier pour nous et nos intentions, il est bon de nous rappeler que « après celle du prêtre et des vierges consacrées, la prière la plus agréable à Dieu est celle des enfants et des malades [12]. »

Prions aussi notre ange gardien d'intercéder pour nous et de présenter notre demande au Seigneur, car « l'ange particulier de chaque personne, même des plus insignifiantes, *puisqu'il contemple toujours le visage de Dieu qui est dans les cieux* et voit la divinité de notre Créateur, unit sa prière à la nôtre et collabore autant qu'il le peut en faveur de ce que nous demandons [13]. »

Enfin, pensons à ce chemin très sûr que l'Église, depuis son origine, nous conseille d'emprunter : la médiation de Marie, Mère de Dieu et notre Mère. « Souvenez-vous, ô très miséricordieuse Vierge Marie, qu'on n'a jamais entendu dire qu'aucun de ceux qui ont eu recours à votre protection, imploré votre assistance ou réclamé vos suffrages ait été abandonné. Animé par cette confiance, ô Vierge des vierges, ô ma Mère, je viens vers vous... [14] »

1. Évangile de la Messe, Mt 7, 7-12.— 2. Mt 7, 9 et 11.— 3. Saint curé d'Ars, *Sermon sur la prière*.— 4. Lc 22, 42.— 5. Mt 15, 21-28.— 6. Ac 1, 8.— 7. Cf. Ex 4, 23 ; Is 1, 2 ; Jer 31, 20 ; Os 11, 1 ; etc.— 8. Jc 5, 17.— 9. Saint Augustin, *Sermon* 126.— 10. Sainte Thérèse, *Chemin de perfection,* 37.— 11. Lc 7, 3-4.— 12. Bienheureux Josemaría Escrivá, *Chemin,* n. 98.— 13. Origène, *Traité sur la prière,* 10.— 14. Saint Bernard, prière du *Souvenez-vous*.

10. LE CARÊME, TEMPS DE PÉNITENCE

Le péché est personnel. Sincérité pour reconnaître nos erreurs et nos fautes. Besoin de la pénitence.

L'efficacité de la vraie pénitence, qui est conversion du cœur à Dieu, peut se perdre si l'on tombe dans la tentation, fréquente dans le passé comme de nos jours, d'éluder le fait que le péché est personnel. Dans la première lecture de la Messe, le prophète Ezéchiel conjure les juifs de son époque de ne pas oublier la grande leçon de l'exil. Ils avaient commencé à le considérer comme une chose inévitable, conséquence des péchés personnels que d'autres avaient commis dans les temps passés. Le prophète déclare que le châtiment est la conséquence des péchés actuels de chaque individu. À travers lui, l'Esprit Saint nous parle de la responsabilité individuelle et, par conséquent, de la pénitence et du salut personnel. « Parole du Seigneur : La personne qui pèche, c'est elle qui mourra ; le fils ne portera pas les fautes du père, et le père ne portera pas les fautes du fils ; la justice du juste sera sur lui, et l'impiété de l'impie sera sur lui [1]. »

Dieu veut que le pécheur se convertisse et vive [2], mais celui-ci doit coopérer par son repentir et ses œuvres de pénitence. « Le péché, dit Jean Paul II, est toujours un acte personnel, parce que c'est un acte libre de la personne individuelle et non pas d'un groupe ou d'une communauté [3]. » Décharger l'homme de cette responsabilité « supposerait éliminer la dignité et la liberté des personnes, qui se révèlent aussi — bien que ce soit d'une manière si négative et si désastreuse — dans cette responsabilité pour le péché commis. Et ainsi, en chaque homme il n'existe rien de plus personnel et incessible que le mérite de la vertu ou la responsabilité de la faute [4]. »

C'est pourquoi, il faut demander au Seigneur la grâce de nous repentir de nos péchés passés et de ne pas masquer les péchés actuels, même s'ils ne sont que des imperfections, des manques d'amour. Que nous puissions dire nous aussi : « car je connais mon iniquité et mon péché est toujours devant moi [5]. » Il est vrai qu'un jour nous avons confessé nos fautes et le Seigneur nous a dit : « va et désormais ne pèche plus [6]. » Mais les péchés laissent une trace dans l'âme. « Une fois la faute pardonnée, restent dans l'âme les séquelles du péché, qui sont des dispositions causées par les actes précédents ; elles sont cependant affaiblies et diminuées, de telle manière qu'elles ne dominent pas l'homme. En effet elles persistent plus comme dispositions que comme habitudes [7]. » De plus il existe des péchés et des fautes que nous n'avons pas remarqués, par manque d'esprit d'examen, ou par manque de délicatesse de conscience. Ce sont comme de mauvaises racines qui sont restées dans l'âme et qu'il faut arracher par la pénitence, pour éviter qu'elles ne produisent des fruits amers.

Il y a de nombreuses raisons de faire pénitence en ce temps de Carême et nous pourrions préciser en quoi elle consistera : dans des petits efforts comme d'offrir une mortification dans les repas — en particulier l'abstinence que recommande l'Église —, vivre la ponctualité par égard pour les autres, maîtriser l'imagination… Sur le conseil du directeur spirituel, du confesseur, on peut offrir aussi d'autres mortifications plus importantes qui nous aident à purifier notre âme et à réparer pour les péchés d'autrui et les nôtres.

Le péché personnel a des effets sur les autres. Réparer pour les péchés du monde. Pénitence et communion des saints.

Le péché laisse une trace dans l'âme, qu'il faut effacer par la douleur pour ce péché, avec beaucoup d'amour. D'autre part, bien que le péché soit toujours une offense personnelle à Dieu, il a aussi ses effets sur les autres. Pour le bien ou pour le mal, nous influençons constamment ceux qui nous entourent dans l'Église et dans le monde. Non seulement par le bon ou mauvais exemple que nous donnons mais aussi par les résultats directs de nos actions. « C'est l'autre face de cette solidarité qui, dans l'ordre surnaturel, se développe dans le mystère profond et magnifique de la *communion des saints*, grâce à laquelle on a pu dire que toute âme qui s'élève, élève le monde. À cette *loi de l'élévation* correspond, malheureusement, la *loi de la descente*, de telle sorte que l'on peut parler d'une *communion du péché*, par laquelle une âme qui s'abaisse par le péché abaisse avec elle l'Église et, d'une certaine manière, le monde entier. En d'autres termes, il n'existe aucun péché, même le plus intime et secret, le plus strictement individuel, qui n'affecte exclusivement que celui qui le commet. Tout péché a des répercussions plus ou moins intenses, plus ou moins nuisibles, sur toute la communauté ecclésiale et sur toute la famille humaine [8]. »

Le Seigneur nous demande d'être un motif de joie et de lumière pour toute l'Église. Ce sera une grande aide, au milieu de notre travail et de nos occupations, que de penser aux autres, de savoir que nous aidons tout le Corps Mystique du Christ et en particulier ces personnes que le Seigneur a mises près de nous, sur le chemin de notre vie, et auxquelles nous sommes spécialement unis : « Si tu éprouves la Communion des Saints, si tu la vis, tu seras joyeusement homme de pénitence. — Tu comprendras, alors, que la pénitence est *gaudium etsi laboriosum* — joie, bien que laborieuse —, et tu te sentiras l'*allié* de toutes les âmes pénitentes qui ont été, sont et seront [9]. » « Il te sera plus facile d'accomplir ton devoir si tu penses à l'aide que te prêtent tes frères, et à celle que tu cesses de leur prêter si tu n'es pas fidèle [10]. »

Parce que nous sommes des chrétiens plongés dans le monde, la pénitence que nous demande le Seigneur doit être discrète, joyeuse ; c'est une pénitence qui veut passer inaperçue, mais qui ne manque pas de se traduire en de nombreux faits concrets. « Ceux qui ont été témoins de tes faiblesses et de tes misères, qu'importe qu'ils le soient de ta pénitence ? [11] » Si d'autres personnes ont été témoins de notre mauvais caractère, de notre manque d'amour, de notre paresse, ou d'autres péchés, nous ne devons pas nous préoccuper qu'ils *sachent* et *voient* que nous faisons réparation pour ces faiblesses.

Pénitence dans la vie ordinaire, en servant les personnes qui nous entourent.

La vie du chrétien peut être remplie d'œuvres de pénitence que Dieu seul voit : quand nous offrons la maladie et de la fatigue, quand nous ne cherchons pas toujours à avoir le dernier mot, quand nous soignons notre travail par amour de Dieu, quand nous veillons à l'ordre…

Une pénitence particulièrement agréable au Seigneur est celle qui comporte de nombreux témoignages de charité et qui rend plus agréable aux autres le chemin qui mène vers Dieu.

Dans l'Évangile de la Messe d'aujourd'hui, le Seigneur nous dit : « lorsque tu vas présenter ton offrande sur l'autel, si, là, tu te souviens que ton frère a quelque chose contre toi, laisse ton offrande là, devant l'autel, va d'abord te réconcilier avec ton frère, et ensuite viens présenter ton offrande [12]. » Notre offrande au Seigneur doit être accompagnée de la charité. Les actes de pénitence qui témoignent de l'amour envers les autres sont parmi les meilleures : l'humilité de demander pardon quand nous avons offensé quelqu'un ; le sacrifice que suppose la formation d'une personne dont nous sommes responsable ; la patience ; le fait de savoir pardonner rapidement et avec générosité… À ce propos, saint Léon le Grand commente : « Bien qu'en tout temps il faille s'appliquer à sanctifier le corps, maintenant surtout, pendant les jeûnes du Carême, vous devez vous perfectioner en vivant une piété plus active. Faites l'aumône, ce qui est très efficace pour nous corriger de nos fautes ; mais pardonnez aussi les offenses, cessez de vous plaindre contre ceux qui ont mal agi envers vous [13]. » « Pardonnons toujours, le sourire aux lèvres. Parlons clairement, sans rancune, lorsque nous estimons, en conscience, que nous devons parler. S'il s'agit d'attaques personnelles, pour brutales et indignes qu'elles soient, remettons tout entre les mains de Dieu notre Père, dans un silence divin : *Iesus autem tacebat* (Mt26, 63), Jésus se taisait [14]. »

Approchons-nous de l'autel de Dieu sans la moindre inimitié ni rancœur. Au contraire, essayons d'y apporter de nombreuses preuves de compréhension, de courtoisie, de générosité, de miséricorde. Ainsi, nous suivrons le Christ sur le Chemin de Croix qu'Il nous a marqué et qui l'a mené à être cloué sur la Croix : « —*Père, pardonne-leur, car ils ne savent pas ce qu'ils font* (Lc23,34). »

« C'est l'amour qui a conduit Jésus au Calvaire. Et une fois sur la Croix, tous ses gestes et toutes ses paroles sont des gestes et des paroles d'amour, d'amour serein et fort. (...) Et nous, l'âme déchirée de douleur, nous disons sincèrement à Jésus : je suis à Toi, à Toi je me donne et je me cloue à la Croix avec joie, pour être, à tous les carrefours du monde, une âme dédiée à Toi, à ta Gloire, à la Rédemption, à la corédemption de l'humanité tout entière [15]. » Notre Mère Sainte Marie nous apprendra à trouver de nombreuses occasions pour nous donner généreusement à ceux qui sont à nos côtés dans nos occupations de chaque jour.

1. Ez 18, 21.— 2. Cf. Ez 18, 23. —3. Jean Paul II, Exhortation Apostolique *Reconciliatio et Paenitentia*, 2 décembre 1984, 16. — 4. *Id.* —5. Ps. 50, 5. —6. Cf. Jn 8, 11.—7. Saint Thomas, *Summa Theologiae* III, q. 86, a. 5, c. — 8. Jean Paul II, *loc. cit.* — 9. Bienheureux Josemaría Escrivá, *Chemin*, n. 548. — 10. *Idem*, n. 549. — 11. *Idem*, n. 197.— 12. Mt 5, 23-24.— 13. Saint Léon le Grand, *Sermon 45 sur le Carême.* — 14. Bienheureux Josemaría Escrivá, *Quand le Christ passe*, 72. — 15. *Idem*, *Chemin de Croix*, XI.

11. APPELÉS À LA SAINTETÉ

Le Seigneur appelle tout le monde à la sainteté, sans distinction de profession, âge, ou condition sociale, à la place que chacun occupe dans la société.

Soyez donc parfaits comme votre Père céleste est parfait[1]. Ainsi se termine l'Évangile de la Messe d'aujourd'hui. En ces quarante jours de préparation à la fête de Pâques, l'Église nous rappelle de diverses manières que le Seigneur attend beaucoup plus de nous : un sérieux effort pour atteindre la sainteté.

Soyez parfaits... Le Seigneur s'adresse non seulement aux Apôtres, mais aussi à tous ceux qui veulent être vraiment ses disciples. L'Évangile dit clairement que *quand Jésus eut fini de parler, les foules étaient dans l'admiration pour l'enseignement qu'il donnait*[2]. Cette foule de personnes qui l'écoutaient était formée de mères de famille, de pêcheurs, d'artisans, de docteurs de la loi, de jeunes... Tous le comprennent et *sont dans l'admiration,* car le Seigneur s'adresse à tous. Il est très exigeant avec tous, chacun selon sa situation. Le Maître appelle à la sainteté sans distinction d'âge, de profession, de race ou de condition sociale. Il n'y a pas de disciples du Christ sans vocation chrétienne, sans un appel personnel à la sainteté. *Dieu nous a choisis pour être saints et sans tache en sa présence*[3], répétera saint Paul aux premiers chrétiens d'Éphèse ; et pour atteindre ce but il faut un effort qui se prolonge au long de nos jours ici sur la terre : *que le juste se justifie encore plus et le saint se sanctifie de plus en plus*[4].

Cette doctrine de l'appel universel à la sainteté est, par inspiration divine, depuis 1928, un des points centraux de la prédication du bienheureux Josemaría Escrivá, qui a rappelé à notre époque et de toutes les manières possibles, que le chrétien, par son Baptême, est appelé à la plénitude de la vie chrétienne, à la sainteté.

Depuis, le Concile Vatican II a déclaré l'exactitude et l'universalité de cette vieille doctrine évangélique. « Tous les fidèles, quels que soient leur état et condition, sont appelés par le Seigneur, chacun en suivant sa voie personnelle, à la perfection de cette sainteté dont le Père jouit en plénitude[5]. » *Tous et chacun des fidèles.* Le Seigneur appelle tous les chrétiens qui sont plongés dans leurs occupations professionnelles, pour qu'ils Le découvrent dans la réalisation de leur tâche accomplie avec perfection humaine et sens surnaturel : en offrant ce travail à Dieu et en vivant la charité avec les personnes qu'ils côtoient, la mortification, la présence de Dieu…

Nous pouvons aujourd'hui nous demander dans notre prière, si nous remercions fréquemment le Seigneur pour cet appel à Le suivre de près, si nous correspondons à la grâce reçue par une lutte ascétique claire et vibrante pour acquérir les vertus, si nous veillons à repousser tout embourgeoisement qui tue les désirs de sainteté et laisse l'âme plongée dans la médiocrité spirituelle et dans la tiédeur. Il ne suffit pas de vouloir être *bons* ; il faut s'efforcer d'être *saints*.

***Sanctifier le travail, se sanctifier dans le travail, sanctifier les autres avec le travail.* Besoin de personnes saintes qui transforment la société.**

Soyez donc parfaits comme votre Père céleste est parfait. C'est dans les choses de tous les jours, qui se répètent souvent avec une apparente monotonie, que nous pouvons et nous devons acquérir la sainteté, cet amour de Dieu et des autres pour Dieu qui s'accroît toujours plus. « Pour aimer Dieu et Le servir, point n'est besoin de faire des choses extraordinaires. Le Christ a demandé à tous les hommes sans exception d'être parfaits comme leur Père céleste est parfait (Mt 5, 48). Pour la grande majorité des hommes, être saint signifie sanctifier leur travail personnel, se sanctifier dans leur travail et sanctifier les autres par leur travail, et ainsi trouver Dieu sur le chemin de leur vie.[6] »

Pour que le travail, toute tâche honnête, puisse se convertir en moyen de sainteté, il faut qu'il soit humainement bien fait, puisque nous ne pouvons pas offrir à Dieu quelque chose *qui ait un défaut, car ce ne serait pas digne de Lui*[7]. Le travail bien réalisé suppose aussi bien le soin des petits devoirs que toute profession implique, que le fait de vivre fidèlement la vertu de la justice envers les autres personnes et envers la société. Il suppose aussi de savoir rectifier avec promptitude des erreurs, et d'avoir le désir constant de nous améliorer professionnellement. Cela vaut aussi bien pour l'entrepreneur que pour l'ouvrier ou l'étudiant. Cela vaut pour le médecin ou pour la mère de famille qui doit s'occuper de la maison en menant à bon terme les occupations courantes du foyer.

Nous sanctifier dans le travail consiste à le convertir en occasion et lieu de relation avec Dieu. Pour cela, nous pouvons offrir le travail au moment de le commencer, et ensuite renouveler cette offrande fréquemment, en profitant de n'importe quelle circonstance. Au cours de ce travail se présenteront de nombreuses occasions d'offrir des petites mortifications qui enrichissent la vie intérieure et le travail lui-même. C'est aussi un moyen privilégié de vivre les vertus humaines (application, force, joie…) et les vertus surnaturelles (foi, espérance, charité, prudence…).

Le travail peut et doit être le moyen de faire connaître le Christ à de nombreuses personnes. Il y a des professions qui ont une répercussion immédiate dans la vie sociale : l'enseignement, les professions en rapport avec les moyens d'information, l'exercice de fonctions publiques dans un pays… Mais il n'existe pas de tâches qui n'aient rien à voir avec la doctrine de Jésus-Christ. Même dans les problèmes les plus techniques d'une entreprise, ou dans la manière dont un mère de famille s'occupe de son foyer, il y aura des solutions différentes, parfois radicalement différentes, selon la vision païenne ou chrétienne que l'on a de la vie.

Qui n'a pas la foi aura toujours une vision incomplète du monde ; et la manière chrétienne de se comporter choquera parfois par rapport à la mode du moment, aux usages communs aux collègues d'une même profession. Ce sont des circonstances spécialement propices pour faire connaître le Christ, en étant exemplaires dans la manière chrétienne d'agir avec naturel et fermeté.

Le monde a besoin de Dieu, plus encore quand il prétend le contraire. C'est en s'efforçant de suivre sérieusement le Christ que les chrétiens le feront connaître. « Un secret. — Un secret à crier sur les toits : ces crises mondiales sont des crises de saints. Dieu veut une poignée d'hommes *à Lui* dans chaque activité humaine. — Après quoi... *Pax Christi in regno Christi*— la paix du Christ dans le règne du Christ [8]. »

Nous devons sanctifier le travail, nous sanctifier dans le travail, sanctifier les autres avec le travail.

Sainteté et apostolat au milieu du monde. Exemple des premiers chrétiens.

Les premiers chrétiens ont surmonté de nombreux obstacles, avec leur effort et avec leur amour pour le Christ, et ils nous ont montré le chemin : leur fermeté dans la doctrine du Seigneur fut plus forte que l'atmosphère matérialiste, et fréquemment hostile, qui les entourait. Plongés dans les entrailles de cette société, ils ne cherchèrent pas l'isolement comme remède à une possible contagion et à leur propre survivance. Ils étaient pleinement convaincus d'être le levain de Dieu et leur action, silencieuse mais efficace, finit par transformer cette masse informe. « Ils surent surtout être sereinement présents dans le monde, ne pas mépriser ses valeurs ni dédaigner les réalités terrestres. Et cette présence — "nous remplissons déjà le monde et toutes vos choses" proclamait Tertulien —, présence étendue à tous les milieux et intéressée par toutes les réalités honnêtes et de valeur, finit par pénétrer ces milieux et ces réalités d'un esprit nouveau [9] ».

Le chrétien, avec l'aide de Dieu, essaiera de rendre noble et précieux ce qui est vulgaire et courant. Il essaiera de convertir tout ce qu'il touche non pas en or, comme dans la légende du roi Midas, mais en grâce et en gloire. L'Église nous rappelle la tâche urgente d'être présents au milieu du monde, pour reconduire à Dieu toutes les réalités terrestres. Cela ne sera possible que si nous nous maintenons unis au Christ par la prière et les sacrements. Comme le sarment est uni à la vigne [10], ainsi devons-nous être chaque jour unis au Seigneur.

« Il y a un besoin urgent de hérauts de l'Évangile experts en humanité, qui connaissent à fond le cœur de l'homme d'aujourd'hui, qui participent à ses joies et ses espérances, à ses angoisses et ses tristesses, et qui soient, en même temps, contemplatifs, amoureux de Dieu. Pour cela, il faut de nouveaux saints. Nous devons supplier le Seigneur d'augmenter l'esprit de sainteté dans l'Église et de nous envoyer des saints pour évangéliser le monde d'aujourd'hui [11]. » Et cette même idée était exprimée par le Synode extraordinaire des Évêques quand il donnait un bilan global de la situation de l'Église : « Aujourd'hui nous avons fortement besoin de demander à Dieu, avec assiduité, qu'il nous envoie des saints [12]. »

Le chrétien doit être « un autre Christ ». Voilà quelle est la grande force du témoignage chrétien. Et si l'on dit de Jésus pour résumer sa vie qu'Il passa sur la terre en faisant le bien [13], cela devrait se dire de chacun de nous, si nous essayons vraiment de l'imiter. « Le Seigneur Jésus, Maître et Modèle divin de toute perfection, a prêché cette sainteté de la vie, dont Lui-même est l'auteur et qu'Il conduit à son achèvement, à tous et à chacun de ses disciples, quelle que soit sa condition : *Soyez donc parfaits* (...). Il est donc clair pour tous que chacun des fidèles, peu importe son état ou son rang, est appelé à la plénitude de la vie chrétienne et à la perfection de la charité. Au reste, par une telle sainteté, il contribue à rendre plus humaine la manière de vivre dans la société terrestre elle-même[14]. »

1. Mt 5, 48. — 2. Mt 7, 28. — 3. Eph 1, 4. — 4. Ap 22, 11.— 5. Concile Vatican II, Const. *Lumen gentium*, 11.—6. *Entretiens avec Monseigneur Escrivá de Balaguer*, 55. — 7. Cf. Lev 22, 20. — 8. Bienheureux Josemaría Escrivá, *Chemin*, n. 301.—9. J. Orlandis, *La vocation chrétienne de l'homme d'aujourd'hui*. — 10. Cf. Jn 15, 1-7. — 11. Jean Paul II, *Discours*, 11 octobre 1985. — 12. *Synode extraordinaire des Evêques 1985. Rapport final* II, n. 4. — 13. Ac 10, 38. — 14. Concile Vatican II, Const. *Lumen gentium*, 40.

CARÊME. DEUXIÈME DIMANCHE

12. DU THABOR AU CALVAIRE

L'essentiel est de ne pas s'éloigner du Christ, source de tous les progrès.

Commençons notre prière avec le chant du psalmiste : « En mon cœur je t'ai dit : Je cherche ton visage ; ton visage, Seigneur je le recherche ; ne détourne pas de moi ta face ![1] »

L'Évangile d'aujourd'hui nous raconte l'extraordinaire événement du mont Thabor. Peu auparavant, au cours d'un bref séjour de repos dans le nord de la Palestine, Jésus avait déclaré à ses disciples qu'Il allait souffrir à Jérusalem, et mourir aux mains des princes des prêtres, des anciens et des scribes. Les apôtres étaient restés saisis, atterrés par cette annonce. Maintenant, Jésus emmène à l'écart Pierre, Jacques et Jean, pour prier[2] seuls avec Lui[3]. Ce sont les trois disciples qui seront témoins de son agonie au jardin des Oliviers ; et qui plus tard, porteront le plus lourd de la charge pastorale des premières communautés. Or, *pendant qu'il priait, son visage apparut tout autre, ses vêtements devinrent d'une blancheur éclatante*[4]. Pierre, Jacques et Jean le voient s'entretenir avec Elie et Moïse, qui apparaissent glorieux et lui parlent de sa mort imminente à Jérusalem[5]. Cela faisait déjà six jours que les apôtres étaient plongés dans l'accablement de la fatale prédication de Césarée de Philippe, mais la tendresse inépuisable de Jésus leur vaut de contempler maintenant sa glorification. Saint Léon le Grand l'a compris : « le but principal de la transfiguration était de chasser de l'âme des disciples le scandale de la Croix [6]. » Les apôtres n'oublieront jamais cette « goutte de miel » que Jésus leur offre au milieu de leur amertume. Bien des années après, saint Pierre se rappelle parfaitement ces heures incroyables, *quand cette voix ... est parvenue* (à Jésus) *du sein de la gloire majestueuse : Celui-ci est mon Fils bien aimé, en qui j'ai mis mes complaisances. Et cette voix, nous l'avons nous-même entendue qui venait du ciel, alors que nous étions avec Lui sur la sainte montagne* [7]. L'apôtre s'en souviendra jusqu'à la fin de ses jours, et grâce à lui, des millions de chrétiens jusqu'à nos jours.

Jésus agit toujours ainsi avec les siens. Au milieu des souffrances Il donne à qui la lui demande la grâce nécessaire pour aller de l'avant.

Cette lueur de la gloire divine procure aux apôtres un immense bonheur, et saint Pierre, stupéfait, s'exclame : *Seigneur, il est bon de rester ici ! Faisons trois tentes...* Il veut prolonger cette saisissante situation. Mais, comme le souligne l'évangéliste, *il ne savait pas ce qu'il disait* car ce qui importe vraiment, ce n'est pas de se trouver ici ou là, dans un climat propice ou hostile, mais d'être avec Jésus, où que ce soit, et le voir derrière les circonstances qui sont les nôtres. Si nous sommes avec Lui, peu importe que nous nous trouvions au milieu des plus grandes satisfactions du monde ou sur un lit d'hôpital, aux prises avec les pires douleurs. Contempler et vivre avec Jésus est la seule chose vraiment importante en cette vie et dans l'autre. Si nous restons près de Lui, nous serons capables d'être très proches des autres et serons toujours heureux, quels que soient le lieu et la situation où nous nous trouvons. *Vultum tuum, Domine, requiram* : « je désire te voir et je chercherai ton visage, Seigneur », dans les circonstances ordinaires de ma journée.

L'espérance du Ciel n'est pas idéalisme utopique.

Saint Bède le vénérable, l'un des plus grands mystiques de l'aube du Moyen Âge, commente le passage de l'Évangile de la Messe : le Seigneur, « par une amoureuse concession, leur permit (à Pierre, Jacques et Jean) de jouir pendant un bref instant de la contemplation du bonheur qui dure pour toujours, afin de leur faire supporter avec une plus grande force l'adversité[8] ». Combien le souvenir de ces moments passés près du Seigneur sur la montagne aura-t-il aidé ces trois apôtres à supporter tant de situations difficiles, à fortifier leurs frères dans la foi, à poser les fondements de l'Église à travers l'histoire orageuse de l'humanité !

L'existence des hommes est un voyage jusqu'au Ciel, leur demeure définitive[9]. Voyage accidenté et difficile au cours duquel nous devons fréquemment aller à contre courant et lutter contre de subtils et tenaces adversaires à l'intérieur de nous-mêmes et au dehors. Mais le Seigneur nous réconforte avec l'espérance du Ciel, surtout dans les moments les plus durs ou quand la faiblesse de la condition humaine se fait plus évidente : « A l'heure de la tentation, pense à l'Amour qui t'attend au ciel : ranime en toi la vertu d'espérance. Ce n'est pas manquer de générosité[10]. » Là-bas « tout est repos, joie et plaisir ; tout est sérénité et calme, tout est paix, éclat et lumière. Et non pas une lumière comme celle dont nous jouissons maintenant : comparée à celle du ciel, ce n'est qu'une lampe comparée au soleil... Là-bas il n'y a pas de nuit, ni de soir, ni froid, ni chaleur, ni aucun changement dans la manière d'être, mais c'est un tel état que seuls le comprennent ceux qui sont dignes d'en jouir. Là-bas il n'y a pas de vieillesse, ni d'ennuis de santé, ni rien qui ressemble à la corruption, car c'est le lieu et la demeure de la gloire immortelle. (...)

« Et par-dessus tout, la présence et la possession sans fin du Christ, des anges (...) tous perpétuellement avec un même désir commun, sans crainte de Satan ni des attaques du démon ni des menaces de l'enfer ou de la mort [11]. »

Au Ciel, notre vie sera définitivement exempte de toute crainte, de toute inquiétude de perdre ce que nous possédons de plus précieux ; nous ne désirerons plus de choses nouvelles ou différentes. Nous aussi, nous pourrons alors vraiment dire avec saint Pierre : « Seigneur, comme nous sommes bien ici ! » Cette éblouissante lueur de gloire qu'a eue l'apôtre, nous l'aurons en plénitude dans la vie éternelle.

« Nous allons penser à ce que sera le Ciel. *L'œil n'a pas vu, l'oreille n'a pas entendu, le cœur de l'homme n'a pas songé à tout ce que Dieu a préparé pour ceux qui l'aiment*. Vous imaginez-vous ce que sera d'arriver là-bas, et nous trouver avec Dieu, et voir cette beauté, cet amour qui se versent dans nos cœurs, qui rassasie sans rassasier ? Je me demande très souvent chaque jour : que se passera-t-il quand toute la beauté, toute la bonté, toute la merveille infinie de Dieu se versera dans ce pauvre vase d'argile que je suis, que nous sommes tous ? Et alors je m'explique bien cette phrase de saint Paul : *l'œil n'a pas vu, l'oreille n'a pas entendu*... Cela vaut la peine, mes enfants, cela vaut la peine [12]. »

Mais oui ! penser à cette gloire n'est pas une évasion du réel, ni un refuge contre la dureté des temps, mais un durable stimulant dans la lutte quotidienne pour la sainteté. Qu'y a-t-il de plus définitif et donc de plus important que de gagner le ciel ? « Et en ayant toujours la détermination de mourir plutôt que de ne pas arriver à la fin du chemin, si le Seigneur vous veut assoiffés de quelque chose en cette vie, Il vous donnera à boire en abondance dans l'autre et sans crainte qu'il puisse vous manquer quoi que ce soit [13]. »

Le Seigneur ne se sépare pas de nous. Et nous ? Sommes-nous conscients de sa présence ?

Le nuage qui les enveloppa immédiatement [14] rappelle cet autre nuage qui accompagnait la présence de Dieu dans l'Ancien Testament : *La nuée couvrit la tente de réunion, et la gloire de Yahweh remplit la demeure* [15]. C'était le signe qui garantissait l'authenticité des interventions divines : *Yahweh dit à Moïse : « Voici que je vais venir vers toi dans une nuée épaisse, afin que le peuple entende quand je parlerai avec toi, et qu'en toi aussi il ait foi à jamais* [16]. » Cette nuée enveloppe maintenant Jésus-Christ sur le Thabor, et d'elle surgit la puissante voix de Dieu le Père : *« Celui-ci est mon Fils bien-aimé, écoutez-le. »*

Ainsi Dieu le Père parle-t-Il par Jésus-Christ aux hommes de tous les temps. Sa voix ne cesse jamais de se faire entendre à chaque époque, particulièrement par l'enseignement de l'Église, qui « cherche continuellement les chemins pour approcher le genre humain de ce mystère de son Maître et Seigneur : les peuples, les nations, les générations qui se suivent, chaque être humain individuel[17]. »

Levant les yeux, ils ne virent plus personne que Jésus, seul[18]. Elie et Moïse ont disparu. Seul demeure le Seigneur Jésus tel qu'Il a toujours été ; Jésus qui parfois a faim, qui se fatigue, qui s'efforce d'être compris... Jésus, dépouillé volontairement de toute manifestation glorieuse. Or, ce qui est normal pour les apôtres, c'est justement de voir le Seigneur ainsi. Ce qui fut absolument exceptionnel, ce fut de le voir transfiguré.

Et nous, que cherchons-nous ? L'émotion, l'extraordinaire ou au contraire le visage de Jésus dans la vie ordinaire, au milieu du travail ? Jésus que nous rencontrons dans la rue, en ceux qui nous entourent, dans la prière, quand Il pardonne dans le sacrement de la Pénitence, et, surtout, dans la sainte Eucharistie où Il se trouve *vraiment, réellement et substantiellement présent*. Habituellement Il ne se montre pas à la faveur de manifestations particulières, et *nous devons apprendre à découvrir le Seigneur dans ce qui est ordinaire*, courant, dans notre véritable cadre de vie, sans consentir à la tentation de désirer l'extraordinaire. « Il n'y a pas d'autre chemin, mes enfants : ou nous savons trouver le Seigneur dans notre vie ordinaire, ou nous ne le trouverons jamais [19]. »

Jésus, avec qui les trois apôtres privilégiés passent un moment sur le mont Thabor, n'est pas différent de celui qui est près de nous chaque jour ! « Quand Dieu vous concède la grâce de sentir sa présence et désire que vous Lui parliez comme à l'ami le plus cher, exposez-Lui vos sentiments en toute liberté et confiance. Il s'empresse de se faire connaître à ceux qui le désirent (Sg 6, 14). Sans attendre que vous vous approchiez de Lui, Il vous devance quand vous désirez son amour, et Il se présente à vous, en vous concédant les grâces et les remèdes dont vous avez besoin. Il n'attend de vous qu'un seul mot pour vous démontrer qu'Il est à vos côtés et disposé à vous écouter et à vous consoler : ses oreilles sont attentives à la prière (Ps 33, 16) (...)

« Les autres amis, ceux du monde, ont des heures qu'ils passent ensemble et des heures où ils sont séparés ; mais entre Dieu et vous, si vous le voulez, il n'y aura jamais une heure de séparation. [20]»

Notre vie ne sera-t-elle pas bien différente — pendant ce Carême puis toujours, après Pâques — si nous rendons plus fréquemment actuelle cette présence divine dans ce qui est habituel, si de notre cœur jaillissent davantage d'oraisons jaculatoires, d'actes d'amour et de réparation, de communions spirituelles... ? « Questions pour ton examen quotidien : ai-je laissé passer une heure sans parler avec Dieu mon Père ?... Me suis-je entretenu avec Lui, plein d'amour filial ? ... Car cela, tu le peux.[21] »

1. *Antienne d'ouverture* de la Messe de ce jour, Ps 26, 8-9. — 2. Cf. Mc 9, 2 — 3. Cf. Lc 9, 28. — 4. Lc 9, 29. — 5. Cf. Lc 9, 31. — 6. Saint Léon le Grand, *Sermon* 51, 3. — 7. 2 P 1, 17-18. — 8. Saint Bède,

Commentaire sur saint Marc 8, 30 ; 1, 3. — 9. Cf. 2 Cor 5, 2. — 10. Bienheureux Josemaría Escrivá, *Chemin*, n. 139. — 11. Saint Jean Chrysostome, *Première épître à Théodore*, 11. — 12. Bienheureux Josemaría Escrivá, *Bulletin d'information n. 1 de son procès de béatification*. — 13. Sainte Thérèse, *Chemin de la perfection*, 20, 2. — 14. Cf. Mc 9, 7. — 15. Ex 40, 34-35. — 16. Ex 19, 9. — 17. Jean Paul II, Enc. *Redemptor hominis*, 7. — 18. Mt 17, 8. — 19. Bienheureux Josemaría Escrivá, *Aimer le Monde passionément*, homélie parue dans *Entretiens avec Monseigneur Escrivá*, n. 114. — 20. Saint Alphonse. de Liguori, *Manière de converser avec Dieu*, Ed. Crítica, Rome 1933, 63. — 21. Bienheureux Josemaría Escrivá, *Sillon*, n. 657.

CARÊME. 2º SEMAINE. LUNDI

13. LA CONSCIENCE, LUMIÈRE DE L'ÂME

La conscience morale illumine toute la vie, mais elle peut se déformer et s'endurcir.

Si vous écoutez aujourd'hui la voix de Dieu, n'endurcissez pas vos cœurs[1]. La liturgie du Carême nous invite inlassablement à nous tourner vers le Seigneur, qui, de mille manières, chaque jour, parle au cœur de ceux qui l'aiment.

« Notre prière pendant le Carême a comme but de réveiller la conscience, de la rendre plus sensible à la voix de Dieu. *N'endurcissez pas vos cœurs*, dit le psalmiste. En effet, la mort de la conscience, son indifférence par rapport au bien et au mal, ses déviations sont une grande menace pour l'homme. Ce sont aussi indirectement une menace pour la société, car, en fin de compte, le niveau moral de la société dépend de la conscience humaine[2]. » La conscience est la lumière de l'âme, de ce qui vit au plus intime de l'être de l'homme, et si elle s'éteint, l'homme abandonné à l'obscurité peut commettre tous les abus possibles contre lui-même et contre les autres.

La lampe de ton corps, c'est l'œil[3], dit le Seigneur. La lampe de l'âme, c'est la conscience, une conscience bien formée qui illumine le chemin qui s'achève en Dieu. Bien qu'il puisse trébucher, tomber, l'homme peut toujours se relever et reprendre sa route. Mais qu'il laisse sa sensibilité à la droiture morale et aux choses de Dieu « s'endormir » ou « mourir », et il s'expose immanquablement à rester désorienté, sans signalisation en état de marche. Ce serait un vrai malheur pour la vie de l'âme en ce monde. *Malheur à ceux qui appellent le mal bien et le bien mal* — annonce le prophète Isaïe —, *qui tiennent les ténèbres pour la lumière et la lumière pour les ténèbres, qui tiennent le doux pour amer et l'amer pour doux !*[4]

Jésus compare donc la fonction de la conscience à celle de l'œil dans notre vie. *Quand ton œil est sain, tout ton corps aussi est lumineux ; mais quand il est malade, ton corps aussi est enténébré. Veille donc à ce que la lumière qui est en toi ne soit pas ténèbres*[5]. L'œil sain voit les choses telles qu'elles sont, sans déformation, l'œil malade ne voit pas ou déforme la réalité ; il trompe, et la personne en arrive à penser que les événements et les personnes sont tels qu'elle les voit (avec ses yeux malades).

Or, commettre une erreur dans la vie quotidienne, pour avoir fait une mauvaise estimation des données, produit un dommage, voire un préjudice, en général de peu d'importance. Mais si la vie éternelle est compromise par cette erreur, la transcendance de ce fait n'a alors pas de limites, car il en va de la responsabilité surnaturelle comme de la naturelle : elle est proportionnée à la matière des actes, aux circonstances et à leurs effets, enfin, à l'intention du sujet.

Comment la conscience se déforme-t-elle ? Par la négligence dans la recherche des moyens de connaître la science de la foi — grâce à l'étude, au conseil, à la prière. Cela peut aussi provenir d'une mauvaise volonté blessée par l'orgueil, la sensualité, la paresse... Quand le Seigneur, par exemple, se plaint de ce que certains juifs, et non des moindres, ne reçoivent pas son message, Il affirme la nature délibérée de leur décision — *ils ne veulent pas croire*[6]. Il ne place pas la cause de cette décision dans une difficulté involontaire, un obstacle extérieure : il s'agit bien plutôt d'une conséquence de leur libre refus. *Pourquoi ne comprenez-vous pas mon langage ? Parce que vous êtes incapables d'entendre ma parole*[7]. Les passions — le désir spontané des biens —, le manque de sincérité envers soi-même (on se dissimule ses défauts), peuvent arriver à forcer l'intelligence à penser selon un certain mode de vie discutable ou en accord avec des défauts et des mauvaises habitudes qu'on ne veut pas abandonner. La bonne volonté — la droiture de la volonté agissant en conformité avec ses engagements, sa vocation — diminue. Le cœur s'endurcit peu à peu, devient insensible à ce qui ne le concerne pas directement. La conscience s'endort, elle n'indique plus la bonne direction, celle des vrais biens, celle qui mène à Dieu. Elle n'est plus qu'une boussole détraquée, cassée, qui laisse la personne à la merci des influences extérieures ou des tendances intérieures désordonnées. Il n'est pas rare que cela affecte et contamine les autres. « L'homme qui a le cœur endurci et la conscience déformée, bien qu'il puisse avoir la plénitude des forces et des capacités physiques, est un malade spirituel et il faut faire quelque chose pour lui rendre la santé de l'âme[8]. »

Quel meilleur moment que le Carême pour demander au Seigneur de nous aider à former loyalement et sérieusement notre conscience ? Sommes-nous vraiment sincères envers nous-mêmes, envers Dieu, envers les autres, envers ceux aussi qui ont la mission de nous conseiller au nom du Seigneur ?

Une conscience bien formée par la doctrine et la vie du Christ.

La lumière morale — le sens du bien et du mal — ne naît pas à l'intérieur de l'homme, de sa propre subjectivité — variable, obscure, imparfaite. Elle a été inscrite par Dieu dans l'intelligence. Elle émane de Jésus-Christ. *Je suis* — dit Jésus —*la lumière du monde ; celui qui me suit ne marche pas dans les ténèbres*[9]. Sa lumière de sagesse, de force, d'amour, d'humilité éclaire la conscience ; plus encore, elle la transforme en lumière qui illumine la vie des autres : *vous êtes la lumière du monde*[10]. Le Seigneur veut des chrétiens immergés dans le monde, pour que, avec sa lumière, ils guident les autres sur les chemins divins par la parole par un comportement exemplaire dans les devoirs professionnels, familiaux et sociaux. Pour être ces aiguilleurs du Ciel et de la terre il faut commencer par bien connaître les limites des actes humains que l'on ne peut dépasser si l'on veut vivre conformément à la dignité humaine et à la morale du Christ. Soyons plus conscients du bien que nous pouvons faire, et faisons-le sans tergiverser. Si l'on a une conscience claire de ce que ne peut faire dans sa profession un homme de bien et surtout un chrétien, évitons-le malgré tous les qu'en-dira-t-on. Commettons-nous une erreur en famille, ou sur notre lieu de travail ? N'hésitons pas à demander pardon, à corriger, à réparer le cas échéant. Nous n'y perdrons pas notre autorité et y gagnerons en considération. Une mère de famille dont la principale tâche consiste à sanctifier son foyer, se demandera dans sa prière si elle cherche à être exemplaire dans ses devoirs envers Dieu, si elle vit avec élégance la sobriété, si elle parvient à dominer l'inévitable mauvaise humeur — engendrée par les contre-temps, les tâches supplémentaires imprévues, les sollicitations inattendues… Consacre-t-elle le temps opportun à son mari, à ses enfants et à la maison ? Et toi qui es entrepreneur, chef d'entreprise, cadre administratif, agent technique, prends-tu le temps nécessaire pour te familiariser avec la doctrine sociale de l'Église ? T'efforces-tu de la mettre en pratique dans les affaires, dans le monde de l'entreprise, dans le respect des personnes dont tu es responsable, dans la politique salariale… ?

En effet, toute la vie chrétienne est destinée à s'enrichir par la mise en pratique, dans les affaires quotidiennes, de l'enseignement que le Seigneur donne par son Église. La doctrine révélée, explicite, diffusée, prend ainsi toute sa force. Doctrine et vie sont les deux réalités indissociables d'une conscience bien formée. Ignorer la doctrine d'une ignorance plus ou moins coupable ou ne pas la mettre en pratique quand on la connaît, rend bien difficile la persévérance dans une vie chrétienne cohérente et le progrès sur le chemin de la sainteté !

Former sa conscience à la droiture et la délicatesse revient à devenir capable de percevoir la voix de Dieu dans les multiples activités de la vie quotidienne. Acquérir la science morale convenable et assumer l'effort de vivre les vertus chrétiennes (qui unissent la doctrine et la vie), voilà les deux aspects vraiment essentiels de la formation de la conscience ! Les situations peu claires, qui se présentent dans la vie professionnelle, demandent à être considérées face à Dieu dans la prière. Elles amènent aussi à solliciter le conseil de spécialistes éprouvés, de conseillers spirituels de confiance, afin de trancher et mener à leur terme, de façon vraiment responsable, ces questions dont la solution ultime dépend de chacun personnellement, sans qu'il puisse s'en décharger sur ceux qu'il consulte. Cela revient donc bien à agir de façon responsable puisque l'on refuse de choisir à la légère et que l'on assume, en même temps, les conséquences et les risques de sa liberté.

L'examen de conscience général (qui porte sur le déroulement de la journée) et l'examen particulier (dont l'objet est la lutte pour acquérir une vertu ou déraciner un défaut) offrent tout particulièrement l'occasion de vivre la sincérité qui commence par la sincérité envers soi-même. On appelle alors ses erreurs, ses faiblesses, ses manques de générosité par leurs noms. On ne les dissimule pas sous des justifications plus ou moins pertinentes, ou sous des lieux communs à la mode (être « à la page », « émancipé », « libéré »). D'ailleurs, la conscience qui ne veut pas reconnaître ses fautes reporte la plupart du temps les responsabilités sur les autres, finit par les accuser de tout et par s'enfermer dans un subjectivisme faussement tolérant…

***La lumière du monde*.**

Un voyageur qui désire vraiment arriver à destination s'informe d'abord soigneusement du meilleur chemin. Il préfère les itinéraires bien balisés par de claires signalisations même s'ils indiquent un sentier un peu plus étroit et difficile, aux chemins qui, bien que larges et commodes pour marcher, frôlent des zones dangereuses ou semblent se perdre avant d'arriver quelque part. La conscience joue ce rôle d'avertisseur et de guide. Bien la former est comparable à augmenter l'intensité de la lampe halogène qui nous aide à distinguer le bien du mal, la vraie nature de nos intentions, des circonstances dans lesquelles nous nous plaçons, et des moyens que nous utilisons pour parvenir à ce que nous voulons... Une conscience bien formée est aussi plus prompte à demander pardon et à récupérer le sentier du bien quand elle l'a perdu. L'Église nous donne les moyens d'y parvenir — catéchèse, pénitence, conseil, encouragement, sacrements —, mais cela ne nous dispense pas de l'effort librement consenti et nécessaire pour en profiter de façon pleinement responsable.

Continuons notre prière : Seigneur, éclaire-moi ! Est-ce-que je consacre le temps nécessaire à ma formation spirituelle, ou est-ce-que je me laisse complètement absorber par toutes les autres affaires de ma journée ? Ai-je un plan de lecture confirmé par un conseiller spirituel expert, pour m'aider à progresser dans ma formation doctrinale — aussi importante que ma formation professionnelle — conformément à mon âge, à ma culture, à mon rythme d'activité ? Suis-je loyal envers les indications du Magistère de l'Église, où l'on trouve la lumière de la vérité dans le brouhaha fiévreux des opinions contradictoires que je rencontre fréquemment en matière de foi, d'éthique, de doctrine sociale… ? Est-ce-que j'essaie de connaître ces principes d'explications et d'actions émanant de l'autorité enseignante ecclésiale (le Pape et les évêques en communion avec lui) ? Est-ce-que j'essaie de les faire connaître ? Est-ce-que je les regarde froidement de l'extérieur ou essaie de les suivre avec docilité et piété, par l'assentiment de l'intelligence et l'adhésion de la volonté — sachant que par le Magistère c'est Dieu lui-même qui me guide ? Est-ce-que je rectifie fréquemment l'intention en offrant ma vie et mes actions à Dieu, en veillant à ne pas chercher les applaudissements, la vanité, la louange ? Suis-je conscient que cette recherche inquiète des remerciements manifeste souvent la déformation de la conscience qui ne travaille plus pour Dieu et pour les autres, mais pour son unique satisfaction, son autoperfection ?

Seigneur, j'ai besoin de ta lumière et de ta clarté et te les demande aussi pour ceux qui m'entourent. Tu veux que je sois lumière pour mes frères. Quelle responsabilité, Seigneur, pour le père et la mère de famille, pour le détenteur d'une autorité civile, ecclésiale, culturelle, judiciaire, militaire, pour le journaliste…

Par vocation (et non pour ses mérites), le baptisé est dans le monde comme un lampadaire qui éclaire le chemin qui mène à Dieu. C'est la raison pour laquelle il doit se former « en pensant à l'avalanche de gens qui viendront à (lui), avec cette question précise et exigeante :

“ Bon, que faut-il faire ? ”[11] » Que de gens — enfants, parents, collègues, amis — observent notre comportement dans les circonstances les plus habituelles. Pensons que par notre exemple, nous pouvons les rapprocher ou les éloigner de Dieu. Et pour que le guide d'aveugles ne soit pas lui-même aveugle[12] (c'est le Seigneur qui parle !), il ne suffit pas de collectionner les « à peu près », les « à mon avis », de savoir comme par ouï-dire ; pour entraîner les autres vers Dieu, une connaissance vague et superficielle ne suffit pas ; il faut marcher nous-mêmes sur ce chemin, avoir des rapports personnels avec le Seigneur, connaître chaque fois plus profondément sa doctrine, lutter énergiquement contre nos défauts. En un mot, être en première ligne dans la lutte intérieure et dans l'exemple. Serait-ce de l'orgueil que de vouloir être exemplaire dans sa profession, dans sa famille ? N'est-on autorisé que dans le domaine des yaourts, des voitures ou de l'électroménager à clamer sur tous les panneaux de publicité qu'on a la passion de la qualité, de l'excellence, de la perfection ? « Qui a la mission de dire de grandes choses, dit saint Grégoire le Grand, est obligé également de les mettre en pratique[13]. » D'ailleurs, ce qu'il dira ne sera généralement efficace que s'il le met en pratique.

Seigneur Jésus, quand tu as voulu enseigner à tes disciples la manière de vivre l'esprit de service les uns envers les autres, tu as pris un linge tu t'en es ceint et leur as lavé les pieds[14]. Je veux suivre ton exemple, Seigneur : te faire connaître, malgré mes misères, en étant exemplaire dans mes occupations quotidiennes parce que tu me le demandes.

1. *Liturgie des heures. Invitatoire pour le Carême*. Ps 94, 8. — 2. Jean Paul II, *Angelus*, 15 mars 1981. — 3. Lc 11, 34. — 4. Is 5, 20-21. — 5. Lc 11, 34-35. — 6. Cf. Lc 13, 34 ; Jn 10, 38. — 7. Jn 8, 43. — 8. Jean Paul II, *Idem*. — 9. Jn 8, 12. — 10. Mt 5, 14. — 11. Bienheureux Josemaría Escrivá, *Sillon*, n. 221. — 12. Cf. Mt 15, 14. — 13. Saint Grégoire le Grand, *Règle pastorale*, 2, 3. — 14. Cf. Jn 13, 15.

CARÊME. 2e SEMAINE. MARDI

14. L'HUMILITÉ ET L'ESPRIT DE SERVICE

Sans l'humilité il est difficile de servir les autres et très facile de les rendre malheureux.

Dans l'Évangile de la Messe d'aujourd'hui, nous contemplons le Seigneur qui parle avec un dur réalisme des scribes et des pharisiens. Ils *enseignent dans la chaire de Moïse*, préoccupés tellement d'eux-mêmes qu'ils abandonnent ceux qui leur ont été confiés, les gens simples, *maltraitées et abattues, comme des brebis sans berger*[1]. Les chefs, eux, se soucient surtout d'être aux premières places dans les banquets, de la longueur des phylactères et des franges, d'être salués sur les places publiques, d'être appelés maîtres[2]. Ainsi, ceux qui doivent être *le sel et la lumière* d'Israël laissent le peuple dans les ténèbres et l'apathie. Pourquoi ? Parce qu'ils sont eux-mêmes plongés dans l'obscurité. Ils ont vendu la gloire de Dieu pour la gloire humaine : *Ils font toutes leurs œuvres pour être vus des hommes*. L'orgueil, la recherche vaniteuse de la gloire leur font perdre l'humilité et l'esprit de service qui animent ceux qui désirent suivre le Christ.

Jésus avertit ses disciples à plusieurs reprises : *Pour vous, ne vous faites pas appeler maîtres : (...) le plus grand parmi vous sera votre serviteur*[3]. Jésus nous parle à nous aussi : *Qui, en effet, est le plus grand : celui qui est à table ou celui qui sert ? N'est-ce pas celui qui est à table ? Or moi, au milieu de vous, je suis comme celui qui sert*[4].

Sans humilité, sans esprit de service, peut-on être efficace ? Est-il possible de vivre la charité ? Peut-on prétendre avancer sur le chemin de la sainteté ? Saint Jean Chrysostome en doute : « Les instruments de Dieu sont toujours les humbles[5] ! »

Il est absurde de s'enorgueillir d'être apostolique, d'être serviable, puisque c'est le Seigneur qui réellement fait les choses en inspirant, en guidant ses enfants. Dans le service du prochain, les capacités humaines sont sans commune mesure avec les fruits surnaturels qu'elles produisent. Saint Paul explique clairement que, sans la grâce, les plus grands efforts de charité finissent toujours par être vains : *nul ne peut dire « Jésus est Seigneur » si ce n'est sous l'action de l'Esprit Saint*[6]. Seule la grâce rend les talents humains véritablement efficaces, et aptes à réaliser des œuvres qui dépassent leurs possibilités.

Dieu *résiste aux orgueilleux et donne sa grâce aux humbles*[7]. C'est la raison pour laquelle, en luttant pour grandir en simplicité, on devient efficace et fort. « L'humilité nous poussera à mener à bien de grandes entreprises ; mais à la condition que nous ne perdions pas de vue la conscience de notre petitesse, avec une conviction chaque jour plus grande de notre pauvre indigence[8]. »

Sois vigilant ! La pire des ambitions est de chercher sa propre excellence ; vouloir être le centre de tout ; utiliser son prochain à son profit (même inconsciemment) ; en un mot, se chercher soi-même en toute chose. Jésus nous prévient : c'est justement ce que faisaient les scribes et les pharisiens. « (L'orgueil) attaque tous les flancs et son vainqueur le trouve dans tout ce qui l'entoure[9]. »

En plus, le manque d'humilité entraîne bien souvent le malheur autour de lui, car l'orgueil infecte tout ce qu'il touche, maltraite tout ce qui lui résiste — que ce soit dans la famille, avec des amis, dans les relations professionnelles... L'orgueilleux exige un traitement de faveur car il se croit différent (et supérieur !), on doit éviter avec soin de blesser sa susceptibilité... Son attitude dogmatique dans les conversations, ses interventions ironiques — peu lui importe que les autres passent un mauvais moment s'il brille dans la conversation —, sa tendance à clore la conversation qui ne lui donne plus la première place... autant de manifestations d'un mal plus profond, propice au développement de toutes ces plantes vénéneuses : l'égoïsme, l'amour désordonné de soi-même.

La prière est heureusement d'une aide considérable, et ô combien précieuse, pour examiner en présence de Dieu la qualité nos rapports avec les autres et l'authenticité de notre désir de servir.

Imiter l'esprit de service de Jésus, exemple suprême d'humilité et de don de soi aux autres.

Ami qui pries avec moi, pense à Jésus. Il est l'exemple suprême de l'humilité et du don de soi aux autres. Jamais personne n'a eu une dignité comparable à la sienne, personne n'a servi les hommes avec un telle sollicitude : *je suis au milieu de vous comme celui qui sert*. Sa vie est, et sera toujours amour : servir, aider, relever, rendre sa dignité d'enfant de Dieu à qui l'a perdue... Et toi, et moi, servons-nous les autres, malgré la fatigue et la lassitude des années, malgré l'indifférence généralisée ?

Sommes-nous donnés aux autres dans la famille, le travail, à l'occasion de ces faveurs anonymes qui ne recevront sans doute jamais de remerciements ? Par la bouche du prophète Isaïe, le Seigneur nous invite à suivre ce chemin d'amour [10] : *Discite benefacere*, Apprenez à faire le bien… et nous n'apprendrons que si toi et moi prenons exemple de Jésus, notre Maître et Seigneur, si nous méditons de plus en plus intensément sa vie et ses enseignements.

Je vous ai donné l'exemple — dit le Seigneur, après avoir lavé les pieds de ses disciples — *pour qu'à votre tour vous fassiez comme je vous ai fait* [11]. Leçon suprême pour nous comprenions bien que si nous ne sommes pas humbles, radicalement disposés à servir nos frères, nous ne pourrons pas suivre le Maître bien longtemps.

Pour le suivre et l'imiter jusqu'au bout, le Seigneur nous laisse une règle simple et précise, qui garantit et protège la charité, l'humilité et l'esprit de service : *Tout ce que vous voudriez que les hommes fassent pour vous, faites-le pareillement pour eux* [12]. L'expérience de ce qui me plaît ou me gêne, de ce qui m'aide ou me fait du tort, est une bonne norme de ce que je dois désirer faire ou éviter dans mes rapports avec les autres.

Nous désirons tous un mot d'encouragement et d'espoir quand les choses ne vont pas bien ; un signe de compréhension ou de bienveillance quand, malgré notre bonne volonté, nous nous sommes une nouvelle fois trompés. Nous préférons que les autres fassent davantage attention à nos qualités plutôt qu'à nos défauts. Ne sommes-nous pas contents quand il y a une atmosphère cordiale et sereine à où nous travaillons, ou quand nous arrivons chez nous ? Tout le monde accepte d'être corrigé dans un travail quand cela est fait de manière courtoise et aimable. En revanche, personne n'apprécie qu'on dise du mal de lui dans son dos ! Quel soulagement de savoir quelqu'un nous défend lorsqu'on nous critique en notre absence, que l'on s'intéresse vraiment à nous quand nous sommes malades ! Mieux vaut une bonne correction fraternelle que des commentaires à autrui dans notre dos. Que dire de la prière dont on nous assure dans les épreuves familiales ou personnelles ! Et combien d'autres occasions trouverons-nous pour rendre service à ceux qui nous entourent. *Discite benefacere.*

Oui, vraiment, si vous vous comportez ainsi, affirme le prophète Isaïe : *bien que vos péchés soient comme l'écarlate, ils deviendront blancs comme la neige. S'ils sont rouges comme la pourpre, ils deviendront comme la laine blanche* [13].

Marie, *ancilla Domini*, servante du Seigneur.

Le plus grand parmi vous sera votre serviteur [14], vient de nous dire le Seigneur. Pour y parvenir, nous laisserons de côté l'égoïsme et nous partirons à la recherche de ces manifestations de la charité qui rendent les autres heureux. Qui ne lutte pas un peu tous les jours pour s'oublier soi-même passera probablement près de ceux qui l'entourent, sans se rendre compte qu'ils ont besoin de lui, d'un sourire, d'un regard affectueux, d'un coup de main, d'un mot d'encouragement pour ce qu'ils font, bref de petites touches qui stimulent, qui par la douceur forcent presque à être meilleurs.

Comme l'égoïsme aveugle, comme il nous ferme l'horizon ! L'humilité, elle, est l'avant-garde de la charité, car celui qui est humble ne pense pas à lui mais se tourne vers les autres. *Cet esprit joyeux,* d'ouverture *et de disponibilité* aux autres, est capable de transformer insensiblement, n'importe quel milieu, même le plus réfractaire. La charité authentique infiltre tout, elle finit par rompre la résistance la plus dure. « L'Amour fait jaillir l'amour », disait sainte Thérèse [15], et saint Jean de la Croix lui fait écho : « Où il n'y a pas d'amour, mets de l'amour et tu en tireras de l'amour [16]. »

Nous vous avons traités avec délicatesse, comme une mère soigne ses enfants. Dans notre tendresse pour vous, nous vous aurions donné volontiers non seulement l'Évangile de Dieu, mais jusqu'à notre propre vie [17], avouait saint Paul, le cœur brûlant, aux chrétiens de Thessalonique. Si tu l'imites, tu obtiendras les mêmes fruits, car la charité vient de Dieu et ne s'épuise jamais, surtout si tu vis plus particulièrement cet esprit du Seigneur avec tes proches, ta propre famille, naturelle ou spirituelle : « que le mari ne cherche pas uniquement ses intérêts, mais aussi ceux de sa femme, et que celle-ci cherche ceux de son mari. Que les parents cherchent les intérêts de leurs enfants et ceux-ci, à leur tour, cherchent ceux de leurs parents. La famille est la seule communauté dans laquelle tout homme est aimé pour lui-même, pour ce qu'il est et non pour ce qu'il a. (…)

« Le respect de cette norme fondamentale explique, comme l'enseigne l'apôtre lui-même, qu'on ne fasse rien par esprit de rivalité ou par vanité, mais qu'on agisse avec humilité, par amour. Et cet amour, qui s'ouvre aux autres, fait que les membres de la famille soient d'authentiques serviteurs de l'*église domestique*, où tous désirent le bien et le bonheur de chacun ; où tous et chacun vivent vie à cet amour dans l'impatiente recherche d'un tel bonheur [18]. »

Agis ainsi, et tu ne verras pas, comme il arrive si souvent, *la paille dans l'œil de ton frère* sans voir *la poutre dans ton propre œil*[19], tant il est vrai que les plus petites fautes de l'autre finissent par être démesurément grossies, et les plus grandes fautes personnelles par être occultées ou interminablement justifiées…

Notre sœur, l'humilité, dirait saint François, fait reconnaître en premier lieu les erreurs et les misères personnelles. Alors la compréhension adoucit les défauts des autres et se prête plus facilement à les aider. Nous les aimons enfin ! Nous les acceptons avec leurs défauts.

C'est Une utopique ? Demande de l'aide à la Vierge, Notre Dame, l'*Esclave du Seigneur* ! Avec elle, on comprend plus vite que servir les autres est une des manières de trouver la joie en cette vie et un des chemins les plus courts pour rencontrer Jésus.

1. Mt 9, 36. — 2. Cf. Mt 23, 1-12. — 3. Cf. Mt 23, 8-11. — 4. Lc 22, 27. — 5. Saint Jean Chrysostome, *Homélies sur saint Matthieu*, 15. — 6. 1 Cor 12, 3. — 7. Jc 4, 6 — 8. Bienheureux Josemaría Escrivá, *Amis de Dieu*, 106. — 9. J. Cassien, *Institutions*, 11, 3. — 10. Is 1, 17. Cf. Première lecture de la Messe de ce jour. — 11. Jn 13, 15. — 12. Mt 7, 12. — 13. Is 1, 18. — 14. Mt 23, 11. — 15. Sainte Thérèse, *Vie*, 22, 14. — 16. Saint Jean de la Croix, *Lettre à Marie de l'Incarnation* — 17. 1 Th 2, 7-8. — 18. Jean Paul II, *Homélie de la Messe pour les familles*, Madrid, 2 novembre 1982. — 19. Mt 7, 3-5.

CARÊME. 2º SEMAINE. MERCREDI

15. BOIRE LE CALICE DU SEIGNEUR

Identifier en tout sa volonté à celle du Seigneur, conduit à co-racheter avec Lui.

C'est la troisième fois que Jésus, sur le chemin de Jérusalem, parle à ses disciples de sa passion, de sa mort, et de sa résurrection. Profitant d'une halte, près de Jéricho, une femme, la mère de Jacques et Jean, s'approche pour lui demander une faveur pour ses fils. *Elle se prosterne*, dit saint Matthieu, *pour lui faire une demande*. Et, en toute simplicité : *Dis que mes deux fils que voici siègent, l'un à ta droite et l'autre à ta gauche, dans ton royaume* [1]. Le Seigneur répond peut-être un peu sèchement : *Vous ne savez pas ce que vous demandez. Pouvez-vous boire le calice que je vais boire ? Ils lui dirent :—Nous le pouvons* [2].

Les deux frères n'ont pas dû bien comprendre, car peu de temps avant, quand Jésus parlait de la Passion, saint Luc note: *Et eux ne saisirent rien de tout cela ; c'était pour eux paroles au sens caché, et ils ne comprenaient pas ce qui leur était dit* [3].

C'est que le langage de la Croix est bien difficile à comprendre ! Ils sont cependant disposés, à priori, à vouloir tout ce que Jésus voudra, sans aucune limite. Nous non plus, nous ne voulons en mettre, n'est-ce pas ? C'est pourquoi quand nous demandons quelque chose dans notre prière, nous nous préparons surtout à être disposés à accepter la Volonté de Dieu, même si elle ne coïncide pas avec nos désirs. « Sa Majesté sait mieux que nous, dit sainte Thérèse d'Avila, ce qu'il nous convient ; il n'y a pas à lui conseiller ce qu'Il doit nous donner, car Il peut avec raison nous dire que nous ne savons pas ce que nous demandons[4]. »

Il veut que nous lui demandions ce dont nous avons besoin, mais Il sait que nous désirons, avant tout, conformer notre volonté à la sienne. L'amour infini ne peut que nous donner toujours le meilleur, même si, selon nous, le meilleur serait peut-être autre chose…

Jean et Jacques demandent une place d'honneur dans le nouveau Royaume, et Jésus leur parle immédiatement de la Rédemption. Il leur demande : « Êtes-vous disposés à souffrir avec Moi ? » en utilisant l'image, familière aux Hébreux, du calice, symbole de la volonté de Dieu sur un homme[5]. Ce calice est un calice amer, qui se changera *en calice de bénédiction*[6] pour tous les hommes.

Boire dans la coupe d'un autre était, en Palestine, le signe d'une profonde amitié et la disposition à partager un destin commun, qu'il soit favorable ou néfaste. Pour participer à sa Résurrection glorieuse, il faut porter la Croix avec Lui. Voilà le sens de ce « Êtes-vous disposés à souffrir avec moi ? Pouvez-vous boire mon calice avec moi ? » *Nous pouvons*, répondent les deux apôtres. Saint Jacques mourra peu d'années après, décapité par ordre du roi Hérode Agripa[7], successeur lui-même d'Hérode le Grand, fondateur de la dynastie et contemporain de la Nativité. Saint Jean supportera d'innombrables souffrances et persécutions, avant de mourir, sans doute très âgé, en exil.

« Nous aussi, Il nous appelle, et nous demande, comme à Jacques et à Jean : *Potestis bibere calicem quem ego bibiturus sum ?* (Mt 20, 22) : pouvez-vous boire le calice que je vais boire — ce calice du don absolu à l'accomplissement de la volonté du Père ? *Possumus !* (Mt 20, 22) ; oui, nous le pouvons ! Voilà la réponse de Jean et de Jacques. Vous et moi sommes-nous sérieusement disposés à accomplir, en toute chose, la volonté de Dieu notre Père ? Avons-nous donné au Seigneur tout notre cœur, ou continuons-nous à être attachés à nous-mêmes, à nos intérêts, à notre confort, à notre amour-propre ? N'y aurait-il pas en nous quelque chose qui ne serait pas en accord avec notre condition de chrétien et qui nous empêcherait de nous purifier ? C'est aujourd'hui pour nous l'occasion de rectifier tout cela[8]. »

Offrande de la douleur, de la mortification volontaire, de la pénitence dans la vie ordinaire.

Quand cette mère fit sa demande si féminine, Jésus posa cette condition : « *pouvez-vous boire le calice*... ? Le Seigneur savait évidemment que ses disciples pourraient imiter sa Passion, et cependant Il leur pose la question pour qu'il soit bien clair que personne ne régnera avec Lui s'il ne le suit pas dans sa Passion ; car les choses de grande valeur ne s'obtiennent qu'à un prix très élevé[9] ». Il n'y a pas de vie chrétienne authentique sans acceptation de la mortification, car « le Seigneur nous a sauvés avec la Croix ; avec sa mort, Il nous a rendu l'espérance, le droit à la vie. Nous ne pouvons pas honorer le Christ si nous ne le reconnaissons pas comme notre Sauveur, si nous ne l'honorons pas dans le mystère de la Croix... Le Seigneur a fait de la douleur un moyen de rédemption ; Il nous a rachetés avec sa douleur, et si nous unissons notre douleur à la sienne, notre douleur aussi deviendra moyen de rédemption [10]. »

La douleur perd son caractère absurde et haïssable quand elle acquiert la possibilité de se joindre au calice du Seigneur, de s'unir à sa passion pour le salut de toute l'humanité. Jésus a donné un sens à ce qui n'en avait pas. Au lieu d'abolir le mal, il le rend compréhensible, source de purification, de réparation — et, en plus, supportable. De sorte que nous puissions dire, nous aussi : *J'endure tout à cause des élus, afin qu'eux aussi obtiennent le salut qui est dans le Christ Jésus, avec la gloire éternelle* [11] ; *c'est chaque jour que je meurs, frères, pour votre gloire et aussi la mienne, qui est en Jésus-Christ notre Seigneur* [12].

La mortification — la mort volontaire au désordre, au péché, à la dureté de cœur, pour renaître à une vie nouvelle — la vie de pénitence à laquelle nous appelle le Carême, ont pour motif principal la corédemption, « la participation aux souffrances du Christ [13] ». C'est participer au calice du Seigneur. Ce n'est pas de la répression, ni du refoulement, encore moins du masochisme !

Nous en sommes les premiers bénéficiaires, mais l'efficacité surnaturelle de la douleur offerte à Dieu et de la mortification volontaire atteint toute l'Église, par la solidarité surnaturelle du Corps mystique, et même le monde entier. En plus ce sont des moyens de purification et de réparation qui garantissent la sincérité de nos relations avec le Seigneur. Ils protègent l'efficacité apostolique des dérives de l'activisme : « l'action ne vaut rien sans la prière. La prière est valorisée par le sacrifice [14]. »

La vie courante offre un champ illimité à l'esprit de pénitence et de mortification, qui illumine les occupations de chaque jour du signe de la Croix. Pas besoin d'attendre ou de chercher des occasions extraordinaires. « La pénitence, c'est l'accomplissement exact de l'horaire que tu t'es fixé, même si ton corps oppose de la résistance ou si ton esprit prétend s'évader dans des rêveries chimériques. La pénitence, c'est se lever à l'heure, et aussi ne pas remettre à plus tard, sans motif valable, une tâche qui est pour toi plus difficile ou coûteuse que d'autres.

« La pénitence consiste à savoir concilier tes obligations envers Dieu, envers les autres et envers toi-même, en te montrant exigeant envers toi-même pour trouver du temps pour chaque chose. Tu es pénitent lorsque tu te plies amoureusement à ton plan de prière, même si tu es épuisé, sans envie ou froid.

« La pénitence, c'est traiter toujours les autres avec la plus grande charité, en commençant par ton entourage. C'est apporter la plus grande délicatesse à t'occuper de ceux qui souffrent, des malades, de ceux qui traversent une épreuve. C'est répondre avec patience aux raseurs et aux importuns. C'est interrompre ou modifier les plans lorsque les circonstances, les intérêts bons et justes des autres surtout, le requièrent.

« La pénitence consiste à supporter avec bonne humeur les mille petites contrariétés de la journée ; à ne pas abandonner ton occupation même si tu perds momentanément l'enthousiasme des débuts avec lequel tu l'avais entreprise ; à manger avec reconnaissance ce qu'on te sert, sans importuner par des caprices. » La pénitence, pour les parents et, en général, pour tous ceux qui ont une mission de direction ou d'éducation, c'est corriger quand il faut le faire, en accord avec la nature de l'erreur et les conditions de celui qui a besoin de cette aide, par-delà les subjectivismes bornés et sentimentaux.

« L'esprit de pénitence nous amène à ne pas nous attacher d'une façon désordonnée à notre ébauche monumentale de projets futurs, dans laquelle nous aurions déjà prévu nos traits et nos coups de pinceau magistraux. Quelle joie nous donnons à Dieu lorsque nous savons renoncer à nos gribouillis et à nos coups de brosse d'artiste amateur et que nous permettons que ce soit Lui qui ajoute les traits et les couleurs qui Lui plaisent le plus ! [15] »

La mortification la plus précieuse, celle qui est ordonnée au service d'autrui.

Pendant ce temps les autres disciples, qui ont entendu le dialogue de Jésus avec les deux frères, *commencèrent à s'indigner*. Le Seigneur leur dit alors : *Vous le savez : les chefs des nations païennes commandent en maîtres et les plus grands font sentir leur pouvoir. Parmi vous, il ne doit pas en être ainsi : celui qui veut devenir grand, sera votre serviteur ; et celui qui veut être le premier, sera votre esclave. Ainsi, le Fils de l'homme n'est pas venu pour être servi, mais pour servir et donner sa vie en rançon pour la multitude* [16].

Le service du Christ envers l'humanité est inspiré tout entier par le besoin du salut. Et nous ? Avons-nous grandi, cette année, dans le désir de servir Dieu et les autres, avec une vision profondément surnaturelle, si la santé physique ou spirituelle de quelqu'un est en jeu ? Même dans les circonstances les plus courantes ? Même envers celui qui n'en est pas du tout reconnaissant, qui ne donne rien en échange ? Que d'occasions de donner sa vie pour les autres, d'une manière efficace et discrète, qui se remarque à peine, parce que l'on combat l'égoïsme qui prive de la joie !

La plupart des professions supposent un heureux *service direct* aux autres — la femme au foyer, les commerçants, les enseignants, les médecins, les infirmières, les postiers... et toute profession honnête est d'ailleurs un *service* plus ou moins direct. Puissions-nous ne jamais perdre de vue cet aspect essentiel de la sanctification du travail !

Puissions-nous y mettre aussi la mortification, la présence de Dieu, et l'oubli de soi. Même si cet esprit de service tranche avec la mentalité utilitariste de ceux qui ne pensent qu'à eux-mêmes. Quant à nous, nous plaçons notre *orgueil* et notre *dignité* sont dans le désir de servir comme le Christ. Pour servir volontairement et par amour, que de vertus humaines et surnaturelles sont à mettre en jeu ! « Cette dignité s'exprime par la disponibilité pour servir, selon l'exemple du Christ, qui *n'est pas venu pour être servi, mais pour servir*. Donc, si on ne peut vraiment "régner" qu'en "servant", comme le montre l'attitude du Christ, le "service" exige en même temps une maturité spirituelle qu'il faut définir comme une "royauté". Pour pouvoir servir dignement et efficacement les autres, il faut savoir se dominer, et posséder les vertus qui rendent possible cette maîtrise de soi [17]. »

Peu importe si servir et aider n'éveillent en écho aucune récompense voire aucune réponse : servir, près du Christ et par le Christ, c'est régner avec Lui. Veut-on une autre rétribution ? Notre Mère Sainte Marie, qui a passé toute sa vie à servir son Fils et saint Joseph, va nous aider à nous donner sans mesure.

1. Mt 20, 21-22. — 2. Mt 20, 22. — 3. Lc 18, 34. — 4. Sainte Thérèse, *Demeures*, II, 8. — 5. Cf. Ps 16, 5. — 6. Is 51, 17-22. — 7. Cf. Ac 12, 2. — 8. Bienheureux Josemaría Escrivá, *Quand le Christ passe*, 15. — 9. Saint Jean Chrysostome, *Homélies sur saint Matthieu*, 35. — 10. Paul VI, *Allocution*, 24 février 1967. — 11. 2 Tim 2, 10. — 12. 1 Cor 15, 31. — 13. Paul VI, Const. *Paenitemini*, 17 février 1966. — 14. Bienheureux Josemaría Escrivá, *Chemin*, n. 81. — 15. Idem, *Amis de Dieu*, 138. — 16. Mt 20, 24-28. — 17. Jean Paul II, Enc. *Redemptor hominis*, 21.

CARÊME. 2º SEMAINE. JEUDI

16. DÉTACHEMENT

Le détachement des biens donne la liberté d'accomplir pleinement sa vocation. Les biens matériels sont des moyens, pas des fins.

En ce temps de Carême, l'Église ne peut contourner — au milieu du matérialisme d'un horizon humain fermé sur lui-même — la nécessité de se détacher des biens de cette terre, si l'on veut remplir son cœur de Dieu. Dans la première lecture de la Messe d'aujourd'hui, le prophète Jérémie nous y invite : *Béni soit l'homme qui met sa confiance dans le Seigneur, dont le Seigneur est l'espoir. Il sera comme un arbre planté au bord des eaux, qui étend ses racines vers le courant : il ne craint pas la chaleur quand elle vient, et son feuillage reste vert ; il ne redoute pas une année de sécheresse, car elle ne l'empêche pas de porter du fruit*[1]. Le Seigneur prend soin de l'âme qui a mis en Lui toute sa confiance. Celui qui la met dans les choses de la terre, *en éloignant son cœur du Seigneur*, est menacé à plus ou moins long terme par la stérilité et à l'inefficacité pour ce qui importe réellement : *il sera comme un buisson sur une terre désolée, il ne verra pas venir le bonheur. Il aura pour demeure les lieux arides du désert, une terre salée et inhabitable*[2]. Ce n'est pas qu'il faille se désintéresser artificiellement du monde. Toute vocation à la sainteté implique que l'on s'occupe des choses de la terre et qu'on les aime correctement : *Possédez et dominez la terre*[3] avait recommandé Yahvé à Adam et Ève et à leurs descendants. Mais une personne qui aime *d'une manière désordonnée* les choses de la terre ne laisse pas de place dans son âme pour l'amour de Dieu. L'attachement aux biens et l'amour du Seigneur sont deux élans incompatibles : *Vous ne pouvez servir Dieu et les richesses*[4] confirme Jésus. Les choses peuvent être un écran… ou un tremplin vers le Christ. Qui n'arrive pas jusqu'à Lui, où arrive-t-il ? « Pour arriver à Dieu, le Christ est le chemin ; mais le Christ est sur la Croix, et pour monter sur la Croix il faut avoir le cœur libre, détaché des choses de la terre [5]. »

Lui-même nous en donne l'exemple : Il utilisa les biens de la terre avec une parfaite maîtrise de soi et avec la plus pleine liberté. *Lui qui était riche, il s'est fait pauvre pour nous*[6]. Il en fait une condition indispensable : *quiconque d'entre vous ne renonce pas à tout ce qu'il possède ne peut être mon disciple*[7]. Condition non seulement à ceux qui répondent à l'appel sacerdotal et religieux, mais à tous les fidèles laïcs qui le suivent au milieu du monde. Pour ne pas avoir renoncé à ses biens considérables, le jeune homme riche ne finit-il pas plongé dans la tristesse ?[8] A-t-il réalisé ce qu'il a perdu ce jour-là ! Il avait une poignée d'or, qui s'échappera bientôt de ses mains, d'ailleurs…

Les biens matériels sont tous bons, car ils viennent de Dieu. Ce sont des moyens que Dieu met à la disposition de l'hommes depuis l'origine, pour son développement dans la société au coude à coude avec les autres. L'homme est l'administrateur de ces biens pour un certain temps, et peut donc les utiliser pour servir Dieu, Créateur et Père de tous, et les autres. Si l'on s'attachait aux choses que l'on a, si les biens ne servaient plus à faire le bien, s'ils éloignaient le cœur de Dieu…, alors tout simplement ce ne seraient plus des vrais biens. Qui mettrait les richesses au centre de sa vie finirait par s'exclure volontairement du royaume des cieux. L'avarice, dit saint Paul, est une véritable idolâtrie[9], une idole qui occupe la place que Dieu seul mérite. Celui qui ne rompt pas les amarres, aussi fines soient-elles, qui l'attachent d'une manière désordonnée aux choses, aux personnes, à soi-même, celui-ci menace sa vie intérieure, même sa relation avec le Seigneur.

« Peu m'importe, explique saint Jean de la Croix, qu'un oiseau soit attaché par un fil mince au lieu d'un gros, puisque, bien qu'il soit mince, l'oiseau est autant attaché que si c'était une corde, tant qu'il ne le rompt pas pour voler. Il est vrai que le mince est plus facile à rompre ; mais, aussi facile que ce soit, s'il ne le rompt pas, il ne volera pas[10]. »

Le détachement dilate la capacité d'aimer Dieu, ses frères les hommes et toutes les choses nobles de ce monde.

Quelques exemples.

L'Évangile de la Messe nous présente quelqu'un qui fait un usage bien discutable de ses biens. *Il y avait un homme riche, qui portait des vêtements de luxe et faisait chaque jour des festins somptueux. Un pauvre, nommé Lazare, était couché devant le portail, couvert de plaies. Il aurait bien voulu se rassasier de ce qui tombait de la table du riche*[11].

Cet homme riche, prototype de l'humanité qui jouit de la prospérité, avait un sens bien à lui de la vie, une manière de vivre bien personnelle : *il festoyait*. Il vit pour lui-même, pour sa croissance, comme si Dieu n'existait pas, comme s'il n'en avait pas besoin. Il vit à son aise, dans l'abondance, sans que la parabole dise qu'il soit contre Dieu ni contre le pauvre : non, il est tout simplement aveugle. Quelle place a Dieu, et celui qui est dans le besoin chez quelqu'un qui vit pour lui-même ? Il veut trouver le bonheur dans l'égoïsme, qui aveugle et dégrade peu à peu la personne humaine.

Son péché, ce n'est pas du tout d'être riche. C'est simplement de ne pas avoir remarqué Lazare, ne pas l'avoir vu, parce que son esprit est rempli de ses affaires professionnelles, familiales, mondaines… Il n'utilise pas les biens selon le vouloir de Dieu, pour faire le plus grand bien possible. Et saint Grégoire le Grand en conclut : « Ce n'est pas la pauvreté qui a conduit Lazare au Ciel, mais l'humilité ; ce ne sont pas les richesses qui empêchèrent le riche d'entrer dans le repos éternel, mais l'égoïsme et l'infidélité [12] »

L'égoïsme, l'embourgeoisement empêchent de voir les besoins des autres, et conduisent en plus à traiter les personnes comme des choses (qui se prennent ou se laissent selon l'intérêt du moment), comme des choses sans valeur autre que celle que je leur donne. L'homme a une immense capacité de faire le bien, de donner son affection, sa compréhension, sa cordialité et ses encouragements, son travail bien fait et achevé, ses aumônes à ceux qui sont dans le besoin ou bien à des organismes humanitaires ou caritatifs, un sourire quotidien, un conseil, une aide à des amis plongés dans les problèmes, un travail apostolique profond et persévérant…

Dieu propose, l'homme dispose… il gagne la vie éternelle selon l'usage qu'il fait de la richesse spectaculaire ou modeste que Dieu a déposée en lui, et qu'il fait grandir ou qu'il dilapide… Le temps qu'il passe sur terre est un temps pour la mériter. Si l'homme est généreux, et traite les autres comme lui-même et plus encore comme des fils de Dieu, il sera franchement heureux ici, sur terre, et plus tard, dans la vie éternelle. La charité, inventive et illimitée, est toujours réalisation actuelle du royaume de Dieu. Sans elle, qu'est-ce qui donne son vrai sens à ce monde qui passe ?

Le détachement de soi qui permet à la charité de s'épanouir, doit être *effectif*, avec des conséquences bien déterminées qui ne s'obtiennent pas sans sacrifice ; *naturel et discret* aussi, comme il convient à un baptisé qui vit au milieu du monde et qui doit utiliser les biens comme des instruments de travail ou dans des initiatives apostoliques. Détachement *positif* encore, car les choses de la terre paraissent toutes petites, insuffisantes en comparaison avec le bien immense et infini que nous désirons. Détachement *interne* (qui affecte les désirs), *actuel* (qui examine fréquemment où se trouve le cœur et qui prend les décisions concrètes rétablissant la liberté intérieure), *joyeux* (les yeux fixés sur le Christ, bien incomparable) et *conscient* (ce n'est pas une simple privation, la maîtrise des choses est une richesse spirituelle).

Détachement du superflu et parfois du nécessaire...

Si le détachement ne *naît de l'amour* du Christ, il est probablement impossible à pratiquer sur la longue durée. En même temps, *il permet à cet amour de croître et de vivre*. Comment Dieu pourrait-il demeurer dans une âme surchargée de bricoles ? Voilà pourquoi un permanent travail de *surveillance* et de *nettoyage* intérieures est si nécessaire. C'est un des objectifs majeurs de ce temps de Carême : examiner notre attitude vis-à-vis des choses et de nous-mêmes. J'accumule, jalousement ou négligemment, des choses inutiles ou superflues ? Je contrôle régulièrement mes comptes, les frais que j'engage, pour savoir à quoi je dépense mon argent ? J'évite ce qui me semble un luxe ou un caprice, même si d'autres le considèrent comme *normal* ? Je pratique habituellement l'aumône, l'aide financière à des personnes qui sont dans le besoin ou à des œuvres apostoliques, sans lésiner ? Je contribue régulièrement au soutien de ces œuvres, au culte de l'Église avec un apport proportionnel à mes revenus et à mes charges ? Suis-je attaché aux choses et aux instruments que je dois utiliser dans mon travail, au point qu'on ne puisse jamais me demander de les prêter, parce qu'ils me semblent, jour et nuit, indispensables ? Je me plains quand il me manque passagèrement le nécessaire ? Je mène une vie sobre, mesurée, une vie qui veut être sainte ? J'engage des frais inutiles, par précipitation, par manque de prévoyance ?

Ce détachement qui facilite tant l'accompagnement du Seigneur impliquera aussi le détachement *plus subtil de nous-mêmes* : la santé, le "qu'en dira-t-on", les ambitions nobles, les triomphes et les succès professionnels, sont des biens aussi et pas plus absolus que les réalités matérielles…

« Je veux aussi parler (…) des désirs nobles par lesquels nous recherchons exclusivement la gloire et la louange de Dieu, en ajustant notre volonté à la règle claire et précise que voici : Seigneur, je ne veux ceci ou cela que si cela Te plaît car sinon, en quoi cela m'intéresse-t-il ? Nous portons ainsi un coup mortel à l'égoïsme et à la vanité qui se fraient un chemin dans toutes les consciences ; par la même occasion nous obtenons la véritable paix de l'âme, avec un détachement qui s'achève dans la possession de Dieu, de plus en plus intime et intense. [13] » Apprécions-nous ce détachement des biens affectifs et spirituels, indissociables de la personnalité ?

Le thermomètre de la tempérance, c'est de posséder les choses, mais *comme s'ils ne possédaient rien* [14], dit saint Paul aux chrétiens de Corinthe. Et saint Grégoire le Grand : « seul possède comme s'il ne possédait rien celui qui réunit tout ce dont il a besoin pour son usage, mais prévoit prudemment qu'il devra aussitôt tout laisser. Seul utilise les choses de ce monde comme s'il ne les utilisait pas celui qui dispose de ce dont il a besoin pour vivre, mais sans laisser son cœur sous la domination de ces choses, pour que tout cela assure, et ne dévie jamais, le bon chemin de l'âme, qui tend vers des choses plus élevées [15]. »

Ce qui sera certainement le plus délicat, ce sera le détachement de la santé corporelle. « Je considérais combien il importe de ne pas regarder notre faible constitution quand nous savons que nous servons notre Seigneur (...), commente sainte Thérèse d'Avila. À quoi servent la vie et la santé, si ce n'est pour les perdre pour un si grand Roi et Seigneur ? Croyez-moi, mes sœurs, jamais vous ne vous tromperez si vous pensez et faites ainsi [16]. »

« Jésus ne se satisfait pas d'un partage : Il veut tout [17]. » Que tous les autres amours purs et nobles, qui constituent notre vie ici-bas, chacun selon l'appel qu'il a reçu, que tous soient ordonnés à ce grand Amour et s'alimentent de lui : Notre Seigneur Jésus-Christ. « Dieu qui aimes l'innocence et la fais recouvrer, oriente vers toi le cœur de tes fidèles, pour que, dociles à ton Esprit, ils soient fermes dans la foi et vraiment efficaces » [18], nous fait dire la collecte de la Messe d'aujourd'hui.

Sainte Marie, toi qui as vécu l'innocence parfaite, oriente aussi le cœur de tous les fidèles vers cette hiérarchie des sentiments et des affections de notre cœur, pour que seul le Fils de Dieu règne absolument en lui, maintenant et pour toute l'éternité. *Cœur très doux de Marie, garde notre cœur et prépare-lui un chemin sûr.*

1. Jr 17, 7-8. — 2. Jr 17, 6. — 3. Gn 1, 28. — 4. Mt 6, 24. — 5. Bienheureux Josemaría Escrivá, *Chemin de Croix*, X. — 6. 2 Cor 8, 9. — 7. Lc 14, 33. — 8. Mc 10, 22. — 9. Col 3, 5. — 10. Saint Jean de la Croix, *Flamme d'amour vive*, 11, 4. — 11. Lc 16, 19-21. — 12. Saint Grégoire le Grand, *Homélies sur l'Évangile de saint Luc*, 40, 2. — 13. Bienheureux Josemaría Escrivá, *Amis de Dieu*, 114. — 14. 1 Cor 7, 30. — 15. Saint Grégoire le Grand, *Homélies sur les Évangiles*, 36. — 16. Sainte Thérèse, *Fondations*, 28, 18. — 17. Bienheureux Josemaría Escrivá, *Chemin*, n. 155. — 18. *Collecte de la Messe du jour.*

CARÊME. 2e SEMAINE. VENDREDI

17. LA RÉALITÉ DU PÉCHÉ

Le plus grand mal du monde.

Dieu nous a aimés et Il a envoyé son Fils qui est la victime offerte pour nos péchés[1].

La liturgie de ces jours-ci nous rapproche de plus en plus du mystère central de la Rédemption. Elle nous propose de découvrir des personnages de l'Ancien Testament qui sont images et figures de Notre Seigneur. Aujourd'hui, par exemple, la première lecture de la Messe parle de Joseph, qui, plongé dans le malheur par la trahison de ses frères, finit par être providentiellement le sauveur de la famille et de toute la région[2]. C'est une des figures majeures du Christ Rédempteur.

Joseph était le fils préféré de Jacob, fils d'Isaac, fils d'Abraham. A la demande de son père, il alla un jour chercher ses frères, qui gardaient les troupeaux dans le désert. Il parcourt joyeusement un long chemin avant de les trouver : il leur apportait de bonnes nouvelles de leur père et aussi des vivres. Au début, ses onze frères, qui étaient jaloux et le haïssaient car il était le préféré du patriarche, pensèrent à le tuer en profitant de la solitude ; plus tard ils le vendent comme esclave, et c'est ainsi qu'il est conduit en Égypte. Dieu se sert de cette circonstance pour lui donner, quelques années après, un poste élevé dans ce pays. Il gagnera la confiance du pharaon en interprétant le fameux songe des vaches maigres et des vaches grasses. Quand surviendra la grande famine qu'il a prophétisée, il sera le sauveur de ses frères, qui se réfugient en Égypte, sans tenir compte du mal qu'ils lui ont fait. Il sera aussi le sauveur de toute l'Égypte. Grâce à la bienveillance de Joseph, les tribus israélites s'installèrent, et les rives du Nil deviennent même le berceau du peuple élu. Tous ceux qui accourent au pharaon pour lui demander de l'aide sont envoyés à Joseph : *allez à Joseph,* leur dit le fils de Râ.

Le fils de Joseph le charpentier, lui aussi est venu porter la lumière au monde : *il est venu chez lui et les siens ne l'ont pas reçu*[3] ; *... il leur envoya son fils, en se disant : Ils respecteront mon fils. Mais, voyant le fils, les vignerons se dirent entre eux : Voici l'héritier : allons-y ! tuons-le, nous aurons l'héritage ! Ils se saisirent de lui, le jetèrent hors de la vigne et le tuèrent*[4]. Comme les frères de Joseph, les frères de Jésus le firent sortir hors de la ville et le crucifièrent.

Les péchés des hommes ont bien été la cause de la mort de Jésus-Christ, et tout péché se rattache, intimement et mystérieusement, à la Passion. L'on ne reconnaît la méchanceté du péché que si l'on accepte, avec l'aide de la grâce, de le rattacher au mystère de la Rédemption. Sinon on l'édulcore, on le massifie, on l'oublie... La conversion que nous demande le Seigneur, d'une manière particulière en ce temps de Carême à l'approche de la Semaine Sainte, part d'un ferme rejet du péché et de toute circonstance qui risque de créer une offense à Dieu. La rénovation morale dont le monde a tant besoin, part de cette profonde conviction : « (...) il n'est, pour toi, qu'un mal à craindre et à éviter sur terre par la grâce divine : le péché [5] ». À son tour, « la perte du sens du péché est une forme ou un fruit de la *négation de Dieu* (...). Si le péché est la rupture de la relation filiale avec Dieu pour vivre sa propre existence en dehors de l'obéissance à Dieu, alors le péché n'est pas seulement nier Dieu ; pécher c'est aussi vivre comme s'Il n'existait pas, c'est l'effacer de sa propre existence quotidienne [6] ». Voulons-nous effacer le Seigneur de notre vie et du monde ou qu'Il soit chaque jour plus présent en eux ?

« Nous pouvons très bien affirmer, dit le saint curé d'Ars, que la passion que les juifs ont fait subir au Christ n'était pas grand chose en comparaison de celle que lui font supporter les chrétiens par les outrages du péché mortel (...). Quelle sera notre confusion quand Jésus-Christ nous montrera les choses pour lesquelles nous l'avons abandonné ! [7] » Pour quelles bêtises n'est-on pas capable de perdre un si grand bien ! Non, par la miséricorde divine, nous n'allons pas l'abandonner, et beaucoup qui sont encore loin de Lui, nous allons tâcher de les en rapprocher.

Le Carême : intensifier la lutte contre le péché.

Cet effort de conversion auquel nous invite le Seigneur, s'impose tous les jours de notre vie. Mais en certaines époques, comme le Carême, des grâces spéciales sont concédées, qui font de ce temps liturgique une occasion extraordinaire pour affiner sa lutte contre le péché et augmenter la vie de la grâce en actes et en vérité.

Pour comprendre la malice du péché, contemplons ce que Jésus-Christ a souffert, dans l'agonie de Gethsémani jusqu'à l'extrême inexprimable. *Celui qui n'a pas connu le péché, s'est fait pour nous péché*[8] *!* dit saint Paul ; il prit sur Lui toutes les horreurs du monde, les nôtres aussi, jusqu'à répandre une sueur de sang. « Jésus, seul et triste, souffre et trempe la terre de son sang. A genoux sur le sol dur, Il persévère dans la prière… Il pleure pour toi… et pour moi : le poids des péchés des hommes l'accable [9]. » Scène dont il est bon de se souvenir très souvent (comme de ce qu'ont enduré les sauveteurs d'un naufrage), mais spécialement si les tentations redoublent de violence.

Le Seigneur appelle à la sainteté, à aimer avec des faits, et de l'attitude que l'on prend face au péché, mortel ou véniel, dépend le progrès de la vie intérieure. Le péché véniel, ce désordre consenti en matière légère, sans rupture de la fin ultime, (c'est le *petit renard qui ronge la vigne*. Quand on ne lutte pas pour l'éviter ou quand il n'y a pas de contrition suffisante après l'avoir commis, l'âme peut devenir peu à peu insensible et indifférente aux inspirations et motions de l'Esprit Saint. Affaiblie quant à la vie de la grâce, moins disposée à l'exercice des vertus, plus disposée à consentir peut-être un jour au péché mortel.

« Beaucoup d'âmes pieuses, dit un auteur contemporain, sont presque continuellement infidèles en de *petites* choses ; elles sont impatientes, peu charitables dans leurs pensées, jugements et paroles, fausses dans leur conversation et dans leurs attitudes, lentes et relâchées dans leur piété, elles n'ont pas de maîtrise de soi et sont trop frivoles dans leur langage, elles traitent avec légèreté la bonne réputation du prochain. Elles connaissent leurs défauts et infidélités, et les accusent peut-être en confession, mais elles ne s'en repentent pas avec sérieux et n'emploient pas les moyens pour les éviter. Elles ne pensent pas que chacune de ces imperfections est comme un poids de plomb qui les entraîne vers le bas. Elles ne se rendent pas compte qu'elles vont commencer à penser de manière purement humaine et à agir uniquement pour des motifs naturels, ni qu'elles résistent habituellement aux inspirations de la grâce et abusent d'elle. L'âme perd ainsi la splendeur de sa beauté, et Dieu commence à se retirer chaque fois plus d'elle. Peu à peu l'âme perd ses points de contact avec Dieu : elle ne voit plus en Lui ce Père amoureux et aimé à qui elle se donnait avec une tendresse filiale ; quelque chose s'est interposée entre les deux. [10] » C'est un point de départ..., celui de la tiédeur.

Par la lutte décidée pour chasser de sa vie tout péché, nous démontrerons un amour robuste, une sincère correspondance à la grâce : « Que de peine tu me fais à ne pas souffrir de tes péchés véniels ! — C'est la preuve que tu ne vis toujours pas d'une authentique vie intérieure [11]. »

Demandons fermement à la Vierge de nous obtenir la force de nous opposer, sans défaitisme, non seulement au péché mortel, mais aussi au péché véniel délibéré.

Ne pas négliger les péchés véniels délibérés. Sincérité, examen, contrition.

« Rétablir le *sens juste du péché*, c'est la première manière d'affronter la grave crise spirituelle qui affecte l'homme de notre temps. [12] » De même, pour affronter résolument le péché véniel, il faut le reconnaître comme tel, comme une offense à Dieu qui retarde l'union avec

Lui. L'appeler par son nom, sans chercher d'excuses, sans minimiser l'importance qu'il a pour l'âme qui veut vraiment aller vers Dieu. Un mouvement de colère injustifié, la sensualité non repoussée avec promptitude, le désir d'être le centre d'attraction, d'attirer l'attention, la propension à ne s'occuper que de soi-même, de ses affaires, de ses propres intérêts, l'incapacité de s'intéresser aux autres, la piété encrassée par la routine, dépourvue d'attention et d'amour, les jugements légers et peu charitables sur les autres... Qui ne serait capable d'étoffer cet échantillon de péchés véniels qui ne sont pas seulement des fautes ou des imperfections ?

C'est l'Esprit Saint, esprit de lumière et de sainteté, qui nous aide à reconnaître les fautes et péchés, qui éclaire la conscience, qui incite au pardon sans justifier les erreurs. « Qui a l'odorat de l'âme en bonne santé, disait saint Augustin, sentira combien le péché sent mauvais. [13] »

Les saints ont compris en toute clarté, à la lumière de la foi et de l'amour, qu'un seul péché, surtout mortel, mais aussi le péché véniel, constitue un désordre plus grand que le pire cataclysme qui dévasterait la terre, « car le bien de la grâce d'un seul homme est plus grand que le bien naturel de l'univers entier [14]. »

Nous en faut-il beaucoup plus pour cultiver un repentir sincère, pour extirper toute routine quand nous accourons au sacrement de la Miséricorde divine ? « Aie une vraie douleur des péchés que tu confesses, aussi légers qu'ils soient, conseille saint François de Sales, et prend la ferme résolution de ne plus recommencer dans le futur. Nombreux sont ceux qui perdent de grands biens et beaucoup de profit spirituel parce que, en confessant leurs péchés véniels comme par coutume et routine, mais sans penser à s'amender, ils restent toute la vie chargés de ces péchés [15]. »

La Vierge Marie, *Refuge des pécheurs*, nous aidera à avoir une conscience fine et lucide pour aimer le Christ et tous les hommes, à être sincères avec nous-mêmes et dans la Confession, à tenir davantage compte de nos faiblesses pour nous en repentir avec promptitude.

1. *Antienne de la Communion*, 1 Jn 4, 10. — 2. Gn 3, 4 ; 12, 13 ; 17, 28. — 3. Jn 1, 11. — 4. *Évangile de la Messe*, Mt 21, 33-34, 45-46. — 5. Bienheureux Josemaría Escrivá, *Chemin*, n. 386. — 6. Jean Paul II, Exhor. Apost *Reconciliatio et Paenitentia*, 2 décembre 1984, 18. — 7. Saint Curé d'Ars, *Sermon sur le péché*. — 8. 2 Cor 5, 21. — 9. Bienheureux Josemaría Escrivá, *Saint Rosaire*.— 10. B. Baur, *Dans l'intimité avec Dieu*. — 11. Bienheureux Josemaría Escrivá, *Chemin*, n. 330. — 12. Jean Paul II, *loc. cit.* — 13. Saint Augustin, *Commentaire sur le Psaume 37* — 14. Saint Thomas, *Summa Theologiae*, I-II, q. 113, a. 9, ad 2. — 15. Saint François de Sales, *Introduction à la vie dévote*, II, 19.

CARÊME. 2º SEMAINE. SAMEDI

18. QUI EST L'ENFANT PRODIGUE ?

Une rencontre avec Dieu dans la Confession : la joie de retrouver la maison paternelle.

Le Seigneur est tendresse et pitié, lent à la colère et plein d'amour. La bonté du Seigneur est pour tous, sa tendresse pour toutes ses œuvres[1], chante l'antienne d'ouverture de la Messe. Dans l'Évangile de ce jour, saint Luc raconte[2] comment un certain jour, où nombre de publicains et de pécheurs s'approchaient de Jésus, les pharisiens commencèrent à murmurer parce qu'Il les accueillait tous sans discrimination. Alors le Seigneur leur proposa cette parabole : *Un homme avait deux fils. Le plus jeune dit à son père : Père, donne-moi la part d'héritage qui me revient.*

Ne sommes-nous pas tous fils de Dieu ? *Étant enfants, nous sommes aussi héritiers*[3]. L'héritage ici est un ensemble de biens incalculables, un bonheur sans limites, qui n'atteindra cependant sa plénitude que dans le Ciel et la sécurité complète. Jusqu'alors, voilà le problème, nous avons la possibilité de faire de cet héritage ce qu'en fit le fils cadet de la parabole : *Peu de jours après, le plus jeune rassembla tout ce qu'il avait et partit pour un pays lointain, où il gaspilla sa fortune en menant une vie de désordre.* « Combien d'hommes au cours des siècles, combien de ceux de notre temps peuvent trouver dans cette parabole les traits fondamentaux de leur propre histoire personnelle ![4] » C'est vrai, chacun a la possibilité de s'en aller loin de la maison paternelle et gaspiller ses biens d'une manière indigne de notre condition de fils de Dieu.

L'homme qui pèche gravement, perd Dieu et se perd aussi lui-même, car ce péché lui fait perdre le chemin du Ciel ; c'est une tragédie : toute une vie honnête, les espérances que Dieu avait mises en elle, la vocation à la sainteté, le passé et le futur, tout s'écroule comme un immeuble frappé par une explosion. Voilà quelqu'un qui se sépare du principe de vie qu'est Dieu, par la perte de la grâce sanctifiante, qui perd les mérites acquis tout au long de sa vie, qui se rend incapable d'en acquérir de nouveaux, qui retombe d'une certaine manière sous la domination de l'ange déchu. Quant au péché véniel, Jean Paul II rappelle qu'il ne cause certes pas la mort de l'âme, mais que l'homme qui le commet commence à prendre ses distances sur le chemin qui le mène à la connaissance et à l'amour de Dieu. Il n'est donc pas du tout quelque chose de secondaire ou un péché de peu d'importance [5].

« L'éloignement du Père implique toujours une grande destruction en qui le réalise, car il brise sa volonté et dissipe en lui-même l'héritage : la dignité de la propre personne humaine, l'héritage de la grâce. [6] » Et puis... celui qui, un jour, en s'en allant de chez lui, pense être plus heureux, libéré de toute contrainte en dehors des limites de la propriété familiale, *commence à se trouver dans la misère*. Il a épuisé toutes les ivresses et le péché n'a pas apporté le bonheur (le démon ne peut donner ce qu'il n'a pas). C'est alors qu'apparait la solitude, « le drame de la dignité perdue, la conscience d'avoir gâché la filiation divine[7] » : l'enfant prodigue en est réduit à garder les porcs, ce qu'il y a de plus infamant pour un juif. Faire n'importe quoi pour survivre. *Cieux, soyez-en stupéfaits, frissonnants et absolument interdits — oracle de Yahvé ! Car mon peuple a doublement mal agi : ils m'ont abandonné, moi, source d'eau vive, pour se creuser des citernes crevassées, qui ne tiennent pas l'eau*[8]. Sans Dieu le bonheur est impossible, même si le mirage lui l'est, et plutôt mille fois qu'une.

Le retour à Dieu, le plus vite possible.

Le fils, laissé à l'abandon, loin de la maison paternelle, commence à être tenaillé par la faim. Alors, il réfléchit, il se décide au terme d'un long débat de conscience, à entamer le chemin du retour. Ainsi commence aussi toute conversion, tout repentir : *il réfléchit*, est-il dit de l'enfant prodigue. En faisant une halte dans sa vie, l'homme peut commencer à réfléchir et à considérer jusqu'où le mènent ses aventures hasardeuses. Rien ne vaut cet examen de conscience de tout ce qu'il a fait depuis qu'il a quitté la maison paternelle — depuis qu'il a pris ses distances avec l'Église, la foi, la prière, les sacrements — jusqu'à la situation médiocre, voire déplorable, où il se trouve maintenant. « Les analyses sociologiques ne suffisent pas (...) pour apporter la justice et la paix. La racine du mal se trouve à l'intérieur de l'homme. C'est pourquoi le remède doit aussi arriver du cœur.[9] »

Celui qui justifie le péché, qui l'ignore, ou qui le nie, s'émancipe un temps. Mais il coupe les racines du repentir et de la conversion, qui ont pourtant leur origine au plus profond de la conscience. Le jour où il revient à l'examen de sa propre vie, il se replace face à ses propres actions non sans courage, sans essayer de se donner de fausses justifications : « Apprenez à appeler blanc ce qui est blanc et noir ce qui est noir ; mal ce qui est mal, et bien ce qui est bien. Apprenez à appeler péché ce qui est péché [10] », invite Jean Paul II.

L'examen de conscience confronte la vie avec ce que Dieu attendait et attend d'elle. On compare souvent l'âme à une pièce fermée. Plus on ouvre la fenêtre, plus la lumière entre, plus on distingue les défauts, la saleté, ce qui est laid ou cassé dans la pièce. Dans l'examen, à l'aide de la lumière de la grâce, on se découvre tel que l'on est en réalité (tel que l'on est devant Dieu). Les saints se sont sentis en général de plus en plus pécheurs car ils ouvraient en grand les fenêtres de l'âme à la lumière de Dieu, ni aveuglante ni brutale, mais douce et aimable. Aussi l'examen découvre-t-il les omissions dans l'accomplissement de ses engagements envers Dieu et les hommes. Alors on se demande silencieusement : à quoi puis-je attribuer tant de négligences ? Ne pas trouver de quoi se repentir, ne signifie pas forcément qu'on soit brusquement exempt de toute faute. C'est peut-être qu'on a rétréci les voies de la lumière. Plus on ferme les rideaux de la fenêtre, plus la pièce est plongée dans l'obscurité moins on voit la poussière, les chaises en désordre, les tableaux déteints, les tapis usés…

Il y a quelqu'un qui essaie aimablement d'empêcher que nous nous voyions tels que nous sommes : l'orgueil. *Ils sont devenus durs d'oreille et ils ont fermé leurs yeux, pour ne pas voir de leurs yeux, ne pas entendre de leurs oreilles*[11]. Les pharisiens, à qui le Seigneur applique ce diagnostic, se sont volontairement rendus sourds et aveugles, parce que, dans le fond, ils n'étaient pas disposés à changer. C'est si commode de penser que ce sont les autres qui se trompent, les circonstances qui sont défavorables, les moyens qui nous manquent…

Le péché, une grande tragédie qui rend le bonheur impossible.

Il partit donc pour aller chez son père. Il revient sur ses pas. Revenir. L'homme commence à regretter, et peu à peu prennent force d'autres sentiments : la chaleur du foyer, le souvenir des visages aimés, l'affection filiale… La douleur s'anoblit, et plus sincère la phrase préparée d'avance : *Père, j'ai péché contre le ciel et contre toi ; je ne mérite plus d'être appelé ton fils. Prends-moi comme l'un de tes ouvriers.*

Chacun de nous, appelé à la sainteté, n'est-il pas, lui aussi un enfant prodigue ? « D'une manière ou d'une autre, la vie humaine est un perpétuel retour vers la maison de notre Père, à l'aide de la contrition, cette conversion du cœur, qui suppose le désir de changer et la ferme décision d'améliorer notre vie. Cela se traduira, logiquement, par des œuvres de sacrifice et de don de soi. Revenir à la maison du Père au moyen de ce sacrement du pardon où, en confessant nos péchés, nous nous revêtons du Christ et devenons ainsi ses frères, membres de la famille de Dieu.[12] »

Allons ! Approchons-nous de ce sacrement avec le désir de confesser la faute sans la défigurer : *j'ai péché contre le Ciel et contre toi.* Avec humilité et simplicité. C'est la sincérité qui manifeste le plus profondément la présence du repentir.

Le fils arrive affamé, sale, en haillons. *Comme il était encore loin, son père l'aperçut et fut saisi de pitié ; il courut se jeter à son cou et le couvrit de baisers.*

Le père courut... Le repentir humain est fréquemment si lent, la miséricorde de Dieu si instantanée dès qu'Il entrevoit, dans le lointain, notre plus petit désir de revenir ! Voilà pourquoi la confession est tellement imprégnée de joie et d'espérance. « C'est la joie du pardon de Dieu, par l'intermédiaire de ses prêtres, quand par malheur on a offensé son amour infini et que, repentis, l'on retourne à ses bras de Père. [13] »

Les paroles de Dieu qui récupère son fils perdu et avili, débordent de cette joie. *Vite, apportez le plus beau vêtement pour l'habiller. Mettez-lui une bague au doigt et des sandales aux pieds. Allez chercher le veau gras, tuez-le ; mangeons et festoyons. Car mon fils que voilà était mort, et il est revenu à la vie ; il était perdu, et il est retrouvé. Et ils commencèrent la fête.*

La *tunique la plus riche* le constitue en invité d'honneur ! Avec *la bague* lui est rendu le pouvoir de sceller, l'autorité, tous les droits ; *les sandales* le déclarent homme libre. « C'est dans le sacrement de la Pénitence que nous nous revêtons, toi et moi, de Jésus-Christ et de ses mérites. [14] »

Dans le sacrement de la Réconciliation, le Seigneur va nous rendre ce que, par notre faute, nous avions perdu : la grâce et la dignité de fils de Dieu. Il a établi ce sacrement de la miséricorde pour que quiconque puisse toujours revenir au foyer paternel. Retour qui finit toujours sur une fête joyeuse. *Ainsi, je vous le dis, il y a de la joie chez les anges de Dieu pour un seul pécheur qui se repent*[15].

Après avoir reçu l'absolution et accompli la pénitence proposée par le confesseur, « le pénitent, *oubliant ce qui est en arrière*[16] dans sa vie passée, se greffe à nouveau dans le mystère du salut et se met en chemin vers les biens futurs[17] ».

1. *Antienne d'ouverture*, Ps 144, 8-9. — 2. Lc 15, 1-3 ; 11-32. — 3. Rom 8, 17. — 4. Jean Paul II, *Homélie*, 16 mars 1980. — 5. Cf. Jean Paul II, Exhor. Apost. *Reconciliatio et Paenitentia*, 17. — 6. Concile Vatican II, *loc. cit.* — 7. Jean Paul II, Enc. *Dives in misericordia*, 5. — 8. Jr 2, 12-13. — 9. Jean Paul II, *Discours à l'UNIV*, Rome, 11 avril 1979. — 10. Jean Paul II, *Homélie à des étudiants*, Rome, 26 mars 1981. — 11. Mt 13, 15. — 12. Bienheureux Josemaría Escrivá, *Quand le Christ passe*, 64. — 13. Jean Paul II, *Allocution à des pèlerins napolitains*, Rome, 24 mars 1979. — 14. Bienheureux Josemaría Escrivá, *Chemin*, n. 310. — 15. Lc 15, 10. — 16. Ph 3, 13. — 17. *Rituel de la Pénitence, Praenotanda*, n. 6.

CARÊME. TROISIEME DIMANCHE

19. ACTUALITÉ DE LA MORTIFICATION

Qui craint le sacrifice, aime-t-il vraiment ?

Chaque action de la vie du Christ, Homme parfait et Dieu parfait, a une valeur rédemptrice. Cependant la régénération de l'humanité culmine sur la Croix, vers laquelle le Christ sait dès l'Incarnation que toute sa vie est orientée : *Il est un baptême que je dois recevoir et comme je suis pressé que ce soit chose faite !* [1]. Cette confidence aux disciples sur la route de Jérusalem, révèle son désir incompressible de donner sa vie pour nous. Y a-t-il plus d'amour possible de la Volonté du Père, que celui qui accepte la mort sur la Croix ? Ce sera sur la Croix aussi que l'âme atteint la plénitude de l'identification avec Jésus. En dehors de ce climat, la mortification et la pénitence sont incompréhensibles, inutiles.

L'auteur de ce conseil c'est le Fils de Dieu lui-même : *si quelqu'un veut venir à ma suite, qu'il renonce à lui-même, qu'il prenne sa croix et qu'il me suive* [2]. Ces mots de Jésus sont toujours d'actualité, puisqu'ils s'adressent à tous les hommes : *qui ne porte pas sa croix et ne vient pas à ma suite ne peut pas être mon disciple* [3]. Prendre la croix , c'est accepter sans rébellion la douleur et les contrariétés que Dieu permet pour purifier ; c'est accomplir toute une vie ses propres devoirs sans faiblir, assumer patiemment le redressement des tendances déviées de son caractère…

« Que serait un Évangile, un christianisme sans Croix, sans douleur, sans le sacrifice de la douleur ? se demandait Paul VI. Ce serait un Évangile, un christianisme sans Rédemption, sans salut, ce salut — reconnaissons-le ici avec une sincérité impitoyable — dont nous avons absolument besoin. Le Seigneur nous a sauvés sur la Croix ; avec sa mort, Il nous a rendu l'espérance, le droit à la Vie... [4] » Un christianisme sans croix est un christianisme sans valeur qui ne servirait plus à atteindre le Ciel, car « le monde ne peut se sauver qu'avec la Croix du Christ [5] ».

Unis au don de soi du Seigneur, la mortification volontaire et la mortification passive acquièrent leur vrai sens. Ni refoulement ni répression des tendances naturelles, mais une participation naturelle au mystère de la Rédemption.

Cela paraît à certains une folie ou une bêtise, un résidu théologique d'autres époques inadapté aux progrès et au niveau culturel de notre temps. Cela peut aussi être un signe de contradiction, une pierre d'achoppement pour qui vit encore éloigné de Dieu. Mais ce n'est pas nouveau : saint Paul écrivait déjà que la Croix était un *scandale pour les juifs, une folie pour les gentils* [6]. Et dans la mesure où un chrétien perdrait le sens surnaturel de sa vie, il ne serait pas étonnant qu'il répugne à suivre le Christ dans une vie de sacrifice, près de la Croix. « Si tu ne te mortifies pas, tu ne seras jamais une âme d'oraison [7]. » Et sainte Thérèse d'Avila ajoute : « Croire que (le Seigneur) admet à son amitié des personnes à la vie facile et qui fuient les difficultés, c'est une sottise [8] ».

Les apôtres eux-mêmes qui suivent le Christ quand Il est acclamé par les foules, et qui l'aiment profondément jusqu'à donner leur vie pour Lui, ne le suivent pas jusqu'au Calvaire, car, n'ayant pas reçu l'Esprit Saint, ils sont encore très faibles. Rien d'étonnant : il y a un long chemin à franchir depuis la décision de suivre le Christ quand cela n'exige pas beaucoup, jusqu'à la pleine identification avec Lui, à travers les épreuves, petites ou grandes, d'une vie de sacrifice.

Qui se soustrairait au sacrifice, s'habituerait à la rébellion face aux contraintes ou à la douleur, se soustrairait à la sainteté et au bonheur, qui se trouve près de la Croix, près du Christ Rédempteur.

L'esprit de mortification allège pour s'élever près du Seigneur.

C'est le Seigneur lui-même qui sollicite chaque chrétien de le suivre de près, et pour cela il faut l'accompagner jusqu'au Calvaire. Nous ne devrions jamais oublier ces mots : *celui qui ne prend pas sa croix pour venir à ma suite n'est pas digne de moi*[9].

Il y a dans la mortification un paradoxe, un mystère, qui ne peut se comprendre que s'il y a de l'amour : derrière la mort apparente se trouve la Vie, tandis que celui qui essaie de conserver égoïstement sa vie pour lui, la perd : *celui qui voudra sauver sa vie la perdra ; mais celui qui perdra sa vie à cause de moi la retrouvera*[10]. L'homme est comme l'arbre émondé par l'hiver ; pour porter du fruit, en aimant Dieu, en aidant les autres d'une manière effective, il a besoin de sacrifice. Pas de récolte sans semailles : *si le grain de blé jeté en terre ne meurt pas, il ne donne rien ; mais s'il meurt, il donne du blé en abondance* [11]. Pour être surnaturellement efficace, il faut mourir à soi-même, à la nature déchue, par la mortification qui aide à renaître à la vie nouvelle. « — Ne veux-tu pas être grain de blé, mourir par la mortification et donner des épis bien lourds ? — Que Jésus bénisse ta moisson ! [12] »

Nous devons perdre la crainte du sacrifice, de la mortification volontaire, puisque celui qui permet la Croix pour nous, n'est pas un tyran mais un Père qui nous aime et sait très bien ce qui nous convient le mieux ; ce qu'Il veut pour nous c'est ce qu'il y a de meilleur : *Venez à moi, vous tous qui peinez et ployez sous le fardeau*, nous dit-Il, *c'est moi qui vous soulagerai. Prenez sur vous mon joug et apprenez de moi qui suis doux et humble de cœur ; et vous trouverez du soulagement pour votre être, car mon joug est doux et mon fardeau léger* [13]. Voilà le secret inépuisable : près du Christ, les épreuves et les peines de la vie n'opprimeront pas, elles ne pèseront pas excessivement, elles disposeront l'âme à la prière, pour voir Dieu dans les événements de la vie.

La mortification nous élève près du Seigneur ; sans elle, on reste à ras de terre. Le sacrifice volontaire, la douleur offerte et supportée avec patience et amour, nous unissent au Seigneur et à son Église. « C'est comme s'Il disait : vous tous qui êtes tourmentés, affligés et chargés par le soin de vous-mêmes et de vos propres désirs, sortez de vous-mêmes et venez à moi, et je vous soulagerai, et vous trouverez pour vos âmes le repos débarrassés de vos désirs [14] ».

Autres raisons.

Qui veut vivre avec générosité a intérêt à bien comprendre les raisons de l'ascèse, celles qui lui donnent son vrai sens. À certains, la mortification peut leur coûter parce qu'ils n'ont pas compris ou pas découvert ce sens. Le premier motif qui inspire un chrétien c'est de s'identifier avec le Seigneur, l'accompagner dans son entreprise de racheter sur la Croix, en s'offrant Lui-même au Père en sacrifice. Ainsi la mortification poursuit-elle les mêmes buts que la Passion du Christ et que la Messe.

Mais la mortification est en plus *un moyen pour progresser dans les vertus morales et surnaturelles.* Dans l'émouvant dialogue qui précède la préface de la Messe, le célébrant élève ses mains vers le ciel en disant : *Élevons notre cœur*, et le peuple des fidèles répond : *Nous le tournons vers le Seigneur*. Le cœur du chrétien doit faire le plein d'amour et d'espérance en son Seigneur, sans se laisser bloquer par les choses de la terre ni en rester prisonnier. Peut-on se laisser purifier sans la pénitence, sans cette mortification permanente, qui *est un moyen pour aller de l'avant*[15] ? Sans elle, l'âme reste assujettie aux mille choses qui sollicitent les sens : attachements, impureté, embourgeoisement, goût immodéré de commodité... La mortification libère des liens subtils et inutiles et dilate la capacité d'aimer.

C'est pourquoi elle est aussi *un moyen indispensable pour faire de l'apostolat*, pour étendre le Royaume du Christ, car : « L'action ne vaut rien sans la prière. La prière est valorisée par le sacrifice[16] ». Attirer les autres vers Dieu grâce au seul effort humain, sans l'appui d'une prière intense *renforcée* par l'esprit de sacrifice, ouvre la porte à des expériences éphémères qui résistent mal à la durée. C'est la vie intérieure qui est *l'âme de tout apostolat*[17], nourrie d'une mortification qui *répare généreusement les fautes passées*, petites ou grandes.

N'ayons pas de fausse pudeur : « *Que le Seigneur tout-puissant et miséricordieux nous concède la correction de notre vie et un temps de vraie pénitence*[18] ». Ainsi, même les fautes passées se convertissent en source de vie nouvelle. « Par la pénitence, enterre tes négligences, tes offenses, tes péchés, dans la fosse profonde qu'ouvrira ton humilité. — Ainsi, le paysan enfouit, au pied de l'arbre qui les a produits, les fruits pourris, les brindilles sèches, les feuilles mortes. — Et ce qui était stérile, ou mieux nuisible, contribue efficacement à une nouvelle fécondité. Apprends à tirer de tes chutes un élan, et de la mort, une vie[19]. »

« Quand tu te souviens de ta vie passée, passée sans peine ni gloire, considère tout le temps que tu as perdu et comment tu peux le recouvrer : par la pénitence et par un plus grand don de toi-même[20]. » Et lorsque quelque chose nous coûte, viendra à notre esprit une de ces pensées qui nous pousse à la mortification généreuse : « Motifs de pénitence ? Expiation, réparation, demande, action de grâces : moyens pour aller de l'avant..., pour toi, pour moi, pour les autres, pour ta famille, pour ton pays, pour l'Église... et mille autres motifs[21] ».

1. Lc 12, 50. — 2. Mt 16, 24.— 3. Lc 14, 27. — 4. Paul VI, *Allocution*, 24 mars 1967. — 5. Saint Léon le Grand, *Sermon 51*. — 6. 1 Cor 1, 2 s. — 7. Bienheureux Josemaría Escrivá, *Chemin*, n. 172. — 8. Sainte Thérèse, *Chemin de perfection*, 18, 2. — 9. Mt 10, 38. — 10. Mt 16, 25. — 11. Jn 12, 24-25. — 12. Bienheureux Josemaría Escrivá, *Chemin*, n. 199. — 13. Mt 11, 28-30. — 14. Saint Jean de la Croix, *Montée au Mont Carmel*, I, 7, 4. — 15. Cf. Bienheureux Josemaría Escrivá, *Chemin*, n. 232. — 16. *Idem*, n. 81. — 17. Cf. J. B. Chautard, *L'âme de tout apostolat*. — 18. Missel Romain, formule d'intention de la Messe. — 19. Bienheureux Josemaría Escrivá, *Chemin*, n. 211. — 20. *Idem*, *Sillon*, n. 996. — 21. *Idem*,

CARÊME. 3e SEMAINE. LUNDI

20. LA RENCONTRE AVEC JÉSUS

La foi est une correspondance à la grâce

Mon âme s'épuise à désirer ta présence, Seigneur ; mon cœur et ma chair sont un cri vers toi, ô Dieu vivant [1], lisons-nous dans l'antienne d'ouverture de la Messe. Pour entrer dans la demeure de Dieu, il est logique d'avoir un corps et une âme propres et humbles. On ne rencontre pas Jésus n'importe comment. L'Évangile de la Messe va le confirmer.

Après un temps de prédication dans les villages et villes de Galilée, le Seigneur revient à Nazareth, *où Il avait été élevé*. Là, tout le monde le connaît : c'est le fils de Joseph et de Marie. Ce samedi-là, il se rendit à la synagogue *selon sa coutume* [2]. *Il se leva pour la lecture du texte sacré, et il choisit un passage messianique du prophète Isaïe*. Saint Luc remarque l'extraordinaire curiosité qu'il y avait dans l'air : *il replia le livre, le rendit au servant et s'assit, tandis que tous, dans la synagogue, avaient les yeux fixés sur lui*. Ils avaient entendu parler des merveilles déjà accomplies par le *fils de Marie* et ils espéraient le voir faire des choses plus extraordinaires encore chez lui, à Nazareth.

Au début *tous lui rendaient témoignage et l'admiraient pour les paroles agréables qui sortaient de ses lèvres* [3], mais on va se rendre compte qu'ils n'ont pas une foi très profonde. Jésus leur explique que les plans de Dieu ne s'appuient pas sur de simples raisons de patrie ou de parenté : avoir vécu avec Lui ne suffit pas à être juste aux yeux de Dieu : il faut une grande foi.

Le Christ évoque certains exemples frappants de l'Ancien Testament : *Au temps du prophète Elisée, il y avait beaucoup de lépreux en Israël ; pourtant aucun d'eux n'a été purifié, mais bien Naaman, un Syrien.* Les grâces du Ciel sont concédées sans limitations, sans tenir compte de la race — Naaman n'appartenait pas au peuple juif —, de l'âge ou de la position sociale. Mais Jésus tristement, ne trouve pas de bonnes dispositions en ceux qui l'écoutent, et c'est pourquoi il ne fera là aucun miracle. Ces braves gens ne voient en Lui que *le fils de Joseph,* celui qui faisait si bien les meubles, qui réparait si obligeamment toute sorte d'objets : *N'est-ce pas le fils de Joseph ?* se demandent-ils [4]. Ils ne découvrent pas le Messie qui vient parmi eux.

Quant à nous, ne risquons-nous pas la même mésaventure ? Car pour contempler le Seigneur, il nous faut aussi purifier notre âme : « Ce Christ, que tu imagines, n'est pas Jésus mais seulement la triste image que forment tes yeux troubles… — Purifie-toi. Clarifie ton regard dans l'humilité et la pénitence. Ensuite… la clarté de l'Amour ne te manquera pas et tu en tireras une vision parfaite. Cette image sera, cette fois, réellement la sienne : Lui ! [5] »

C'est pourquoi l'Église estime que le carême est une bonne occasion d'intensifier l'amour avec des œuvres de pénitence qui disposent l'âme à recevoir les lumières de Dieu.

La guérison de Naaman.

La première lecture de la Messe, raconte la guérison de Naaman, brillant général de l'armée du roi de Syrie[6], dont le Seigneur parle justement dans l'Évangile. Ce malade de la lèpre entendit commenter par une de ses esclaves juives qu'en Israël vivait un Prophète qui avait le pouvoir de guérir ce mal endémique. Il n'hésita pas ; après un long voyage, *Naaman arriva avec ses chevaux et son char, et s'arrêta à la porte de la maison d'Elisée. Elisée envoya un messager lui dire : Va te baigner sept fois dans le Jourdain, et ta chair redeviendra nette.*

Mais Naaman ne comprend pas les chemins de Dieu, si différents de ceux qu'il avait imaginés. *Je m'étais dit,* assura-t-il, *sûrement il va sortir, et se tenir debout pour invoquer le nom du Seigneur son Dieu ; puis il agitera sa main au-dessus de l'endroit malade et guérira ma lèpre. Est-ce que les fleuves de Damas, l'Abana et le Parpar, ne valent pas mieux que toutes les eaux d'Israël ? Si je m'y baignais est-ce que je ne serais pas purifié ?*

Le général syrien voulait être guéri, il avait parcouru un très long chemin pour cela, mais il avait sa propre solution sur la manière d'être guéri. Et voilà qu'il s'en retourne, considérant son voyage inutile ; mais ses serviteurs lui suggèrent : *si le prophète t'avait ordonné quelque chose de difficile, tu l'aurais fait, n'est-ce pas ? Combien plus, lorsqu'il te dit : Baigne-toi et tu seras purifié.*

Naaman réfléchit — il a du bon sens et du cœur — et il revient avec humilité pour faire ce que lui avait dit le prophète Elisée. *Il descendit jusqu'au Jourdain et s'y plongea sept fois, pour obéir à l'ordre d'Elisée ; alors sa chair redevint semblable à celle d'un petit enfant : il était purifié !* Il reçoit avec docilité un conseil qui pouvait humainement paraître disproportionné et il est guéri. Ses dispositions intérieures ont rendu efficace la prière d'Elisée.

Et nous ? Ne sommes-nous pas quelquefois malades de l'âme, affaiblis par des erreurs et des défauts qui n'arrivent pas à disparaître ? Le Seigneur voudrait bien que nous soyons un peu plus humbles et dociles aux conseils de ces personnes que Dieu place près de nous pour nous aider à atteindre la sainteté au milieu du travail et dans la famille. Si nous croyons trouver tout seuls toutes les solutions, le Seigneur ne peut plus nous en indiquer d'autres (probablement contraires à nos goûts et désirs). Nous ne sommes pas bons conseillers de nous-mêmes, ni de bons médecins pour notre âme. C'est pourquoi le Seigneur se sert d'autres personnes. « Le Christ appela aussi saint Paul lui-même, et lui parla. Mais au lieu de lui révéler sur-le-champ le chemin de la sainteté, Il préféra le diriger vers Ananie et lui signifia qu'il apprendrait la vérité de ses lèvres : lève-toi et entre dans la ville, et on te dira ce que tu dois faire [7]. » Or saint Paul se laisse guider. Sa forte personnalité manifestée en tant d'occasions, lui sert maintenant à être docile. Ses compagnons de voyage le mènent à Damas, puis Ananie lui rend la vue, le baptise et alors seulement il devient un homme-clé dans les dures batailles du Seigneur.

Ainsi la direction spirituelle est-elle l'un des moyens

offerts à l'âme pour reconnaître le Seigneur dans le tissu de l'existence ordinaire.

Seigneur, que veux-tu que je fasse ?

La confiance dans les moyens que Dieu offre produit des miracles. Une fois le Seigneur demande à un homme de faire une chose que celui-ci savait, d'expérience, impossible : étendre une main *desséchée*, sans mouvement. Et la docilité rendit possible le miracle : *il l'étendit et elle redevint saine comme l'autre*[8]. Si on nous demande des choses dont nous nous sentons incapables, sommes-nous décidés à les rendre possibles en laissant agir la grâce de Dieu en nous ? Cette grâce qui arrivera fréquemment comme fruit de la docilité dans la direction spirituelle, par exemple.

Il est normal de faire appel aux appuis humains, mais ce qui protège vraiment du pessimisme, c'est d'avoir aussi une confiance surnaturelle. D'être *surnaturellement réalistes*, c'est-à-dire de compter sur Dieu, sans limites.

Dix lépreux obtiennent la guérison parce qu'ils furent dociles à Jésus-Christ leur disant seulement[9] : *Allez vous montrer aux prêtres. Tandis qu'ils y allaient, ils furent guéris.*

Une autre fois, le Seigneur fut pris de pitié pour un mendiant aveugle de naissance[10] : *Jésus cracha à terre,* raconte saint Jean, *fit de la boue avec sa salive et lui enduisit les yeux de cette boue. Là-dessus, il lui dit : va te laver à la piscine de Siloé.* Le mendiant ne douta pas un instant. *Il s'en alla donc, se lava et revint y voyant.* « Quelle sûreté exemplaire dans la foi de cet aveugle !

Une foi vive, opérante (...). Quel pouvoir recelait donc cette eau pour que les yeux qui en étaient humidifiés soient guéris ? Un mystérieux collyre, un remède extraordinaire, préparé dans l'officine d'un savant alchimiste, aurait mieux fait l'affaire. Mais cet homme croit ; il exécute ce que Dieu lui a demandé, et il revient les yeux pleins de lumière [11]. ».

Être aveugle, ou aveuglé par un défaut, une faiblesse, ce sont des maux qui ont un remède. Nous ne pouvons peut-être rien, mais Jésus-Christ est tout-puissant. L'eau de cette piscine de Siloé continua d'être de l'eau, et la boue de la boue. Mais l'aveugle récupéra la vue et, en plus, une foi plus vive. Que de fois, l'Évangile montre la confiance de ceux qui fréquentent Jésus, avec cette docilité qui rend la direction spirituelle féconde. A l'inverse il y a le têtu, l'obstiné incapable d'assimiler une idée différente des siennes (de ses expériences négatives peut-être parce qu'il n'a pas compté sur l'aide de la grâce), l'orgueilleux se rendent incapables d'apprendre, de se convaincre qu'il y a encore des choses qu'ils ne connaissent pas et qu'ils ont encore besoin de quelqu'un pour les éclairer.

Qui veut s'améliorer spirituellement, commencera par se convaincre qu'il n'est pas aussi bon que ce que Dieu attend de lui. Il pratiquera une saine méfiance de son jugement propre, il acceptera des opinions différentes ou opposées aux siennes. Bref, il laissera Dieu travailler en lui en utilisant toutes sortes d'événements et inspirations, y compris celles reçues dans la direction spirituelle, avec la docilité de l'argile dans les mains du potier, sans offrir de résistances inutiles, en cherchant la vision surnaturelle, en écoutant le Christ qui parle à travers la personne qui conseille. Ainsi nous le dit la sainte Ecriture : *Je descendis à la maison du potier, et voici qu'il travaillait au tour. Et quand le vase qu'il faisait était manqué, le potier reprenait l'argile dans la main et faisait un autre vase, comme il lui paraissait bon à ses yeux de le faire (...). Oui, comme l'argile est dans la main du potier, ainsi vous êtes dans ma main. Oracle de Yahvé*[12]. Seigneur, que veux-tu que je fasse ? Maintenant je le sais : se laisser faire et refaire par Dieu autant qu'il le faudra... est la meilleure résolution de la prière d'aujourd'hui, toujours avec l'aide de la Vierge.

1. *Antienne d'ouverture* Ps 83, 3. — 2. Lc 4, 16. — 3. Lc 4, 22. — 4. *Idem.* — 5. Bienheureux Josemaría Escrivá, *Chemin*, n. 212. — 6. Cf. 2 R 5, 1-15. — 7. Cassien, *Collations*, 2. — 8. Cf. Mt 12, 9 et s. — 9. Lc 17, 14. — 10. Jn 9, 1 et s. — 11. Bienheureux Josemaría Escrivá, *Amis de Dieu*, 193. — 12. Jr 18, 1-7.

CARÊME. 3e SEMAINE. MARDI

21. SAVOIR PARDONNER

Pardonner, c'est donner plus.

Les rapports humains nés du travail, des relations sociales, de la vie de tous les jours, sont un élan de nature, un besoin… mais aussi une source de petits problèmes : frictions et conflits, divergences de caractères ou d'idées, comportements peu nobles… Saint Pierre le savait bien, qui demande *: Seigneur, combien de fois dois-je pardonner ? Jusqu'à sept fois ?* Ce thème de l'évangile de la Messe d'aujourd'hui [1] sera un excellent sujet pour notre prière : Savons-nous pardonner tout, toujours ?

Réponse du Seigneur : *Je ne te dis pas jusqu'à sept fois, mais jusqu'à soixante-dix fois sept fois.* C'est-à-dire toujours. Toi, eux, moi : la limite, c'est le pardon et l'excuse illimités ! Le Seigneur semble véritablement l'exiger : Ayez un cœur grand ! « La toute-puissance de Dieu, dit saint Thomas d'Aquin, se manifeste, surtout, dans le fait de pardonner et de faire miséricorde, parce que la manière que Dieu a de démontrer son pouvoir suprême, c'est de pardonner librement… [2] », c'est pourquoi « rien ne nous rend plus semblable à Dieu que d'être toujours disposés à pardonner [3] », car c'est là surtout que l'on montre de la grandeur d'âme.

« Effaçons donc de notre souvenir les offenses que l'on nous a faites, les humiliations dont nous avons souffert — quelque injustes, inciviles et grossières qu'elles aient été —, parce qu'il n'est pas digne d'un fils de Dieu de tenir un registre pour présenter ses doléances[4]. » Le prochain ne s'améliore pas ? Il retombe inexorablement dans la même offense, involontaire ou inconsciente ? Il recommence à dire ou à faire ce qui me gêne le plus ? Eh bien, Seigneur, puisque tu me le demandes, je vais renoncer à toute rancune, garder mon cœur droit, sain et pur de toute inimitié.

Sincèrement, de tout cœur, exactement comme Dieu nous pardonne à nous-mêmes. *Pardonne-nous nos offenses comme nous pardonnons à ceux qui nous ont offensés*, implorons-nous chaque jour dans le Notre Père. Un pardon rapide, sans tolérer la rancune ou la séparation qui rongent le cœur, ne serait-ce qu'un instant. Sans humilier, sans gestes théâtraux, sans dramatiser la situation, sans besoin de dire *je te pardonne* : il suffira de sourire, de continuer la conversation, d'avoir un petit détail aimable, bref, de savoir excuser.

Point n'est besoin de souffrir de grandes injures pour montrer une telle charité ! Il suffit de bien vivre ces petits conflits qui arrivent tous les jours : des disputes dans le foyer pour des questions sans importance, de sèches réponses ou des gestes d'irritation dus souvent à la fatigue du travail, du trafic des grandes villes, des transports publics...

Que serait la vie chrétienne si, à la moindre friction, la charité se refroidissait et la distance et la froideur croissaient à proportion de la mauvaise humeur ? Une injure nous fait-elle oublier la présence de Dieu, la première source de la paix et de la joie ? Sommes-nous susceptibles ? Comment réagissons-nous face au dérangement provoqué par ce qui modifie nos plans dans la vie quotidienne ? Suivre le Seigneur de près, c'est aussi trouver, dans les petites contrariétés et dans des offenses, un chemin de sainteté.

Quelle mesure entre ce que le Seigneur pardonne et ce que je pardonne ?

Et s'il lui arrive de t'offenser sept fois par jour... sept fois tu lui pardonneras[5]. *Sept fois*, sept fois le même jour, et peut-être sur le même sujet, car la charité est *patiente, elle ne s'irrite pas*[6].

Cela peut coûter parfois un effort considérable, aussi bien dans les grandes choses que dans les petites. Le Seigneur le sait et c'est pourquoi il nous invite à recourir à Lui : Il nous rappellera constamment comment ce pardon sans limite, compatible avec la juste défense de soi quand il le faut, a son origine dans l'humilité. Quand nous aurons recours à Jésus, Il nous remémorera la parabole de l'Évangile de la Messe d'aujourd'hui : *Un roi voulut régler ses comptes avec ses serviteurs. Il commençait, quand on lui amena quelqu'un qui lui devait dix mille talents*[7]. Une somme énorme ! Soixante millions de deniers (un denier était le salaire journalier d'un travailleur agricole !).

Une personne sincère envers elle-même et envers Dieu, se reconnaît sans peine dans ce serviteur *qui n'avait pas de quoi payer*. Non seulement parce que tout ce qu'elle est et tout ce qu'elle a, elle le doit à Dieu, mais aussi parce que Dieu lui a pardonné sans doute d'innombrables offenses. Il ne lui reste qu'une solution raisonnable : recourir à la miséricorde de Dieu, pour qu'Il fasse à son égard ce qu'Il fit pour ce serviteur : *saisi de pitié, le maître de ce serviteur le laissa partir et lui remit sa dette.*

Mais voilà que ce serviteur rencontre l'un de ses compagnons qui lui devait cent deniers. Et cela devient tragique : il le fait emprisonner… Il n'a pas su attendre que l'autre puisse le payer, bien que celui-ci le supplie. *Alors son seigneur le fit appeler et lui dit : Serviteur mauvais ! je t'avais remis toute cette dette parce que tu m'avais supplié. Ne devais-tu pas, à ton tour, avoir pitié de ton compagnon, comme moi-même j'avais eu pitié de toi ?*

C'est l'humilité de reconnaître ses dettes envers Dieu qui aide le plus à pardonner et à excuser les autres. La considération de ce que le Seigneur nous pardonne, fait que ce que nous devons pardonner aux autres, même dans les cas les plus graves, devient peu de chose : beaucoup moins que *cent deniers.*

Voilà le secret : enlever de l'importance aux conflits (la plupart du temps ils en ont peu), excuser avec élégance humaine. Pardonner et oublier, quel profit ! La vie devient plus joyeuse et sereine, et on ne souffre plus pour des petits riens. « La vie, en soi si étriquée et incertaine, devient parfois vraiment difficile. — Tu n'en seras que plus surnaturel, tu y verras la main de Dieu : et ainsi tu deviendras plus humain, plus compréhensif à l'égard de ceux qui t'entourent[8]. »

« Nous devons comprendre tous les hommes, vivre en harmonie avec tous, les excuser tous, et pardonner à tous. Bien sûr, nous ne dirons pas que l'offense à Dieu n'est pas une offense ; nous n'appellerons pas juste ce qui est injuste, ni bien ce qui est mal. Nous ne répondrons pas au mal par un autre mal, mais par une doctrine claire et par des actions droites, noyant ainsi le mal dans une abondance de bien (Cf. Rm 12, 21)[9]. » Nous éviterons l'erreur de ce serviteur mesquin si facilement pardonné, si facilement odieux.

Le secret : comprendre et voir le bon côté des choses et des personnes.

La charité dilate le cœur pour que puissent y entrer tous les hommes, même ceux qui ne nous comprennent pas ou qui ne correspondent pas à notre amour. Près du Seigneur on ne se sent ennemi de personne, on apprend à ne pas juger les intentions intimes des autres.

Car les manifestations externes cachent souvent les vrais motifs d'agir. « Bien que vous voyiez quelque chose de mal, ne jugez pas à l'instant votre prochain, conseille saint Bernard, mais plutôt excusez-le intérieurement. Excusez l'intention, si vous ne pouvez pas excuser l'action. Pensez qu'il l'aura fait par ignorance, ou par surprise, ou par faiblesse. Si la chose est si claire que vous ne pouvez pas la dissimuler, essayez encore alors de le croire ainsi, et dites-vous à vous-même : la tentation aura été très forte[10]. »

Combien d'erreurs d'interprétation nous commettons nous-mêmes dans les petites frictions de la vie quotidienne ! Nous nous laissons aller à des jugements ou des soupçons téméraires. Combien de conflits familiaux se changeront si nous savons voir que ce problème, cette crise, sont dus à la fatigue de telle personne après une difficile journée ! De plus, « tant que c'est de mauvaise foi que tu interprètes les intentions des autres, tu n'as pas le droit d'exiger de la compréhension pour toi-même [11] ».

La compréhension incline à vivre aimablement, ouverts envers les autres, à regarder toute chose avec sympathie, à atteindre les profondeurs du cœur et y découvrir la part de bonté qu'il y a toujours en toute personne.

Mais en sera capable celui qui est humble. Sinon, les fautes les plus banales des autres seront exagérées, les siennes sous-estimées, auto-justifiées. L'orgueil est comme un miroir concave ou convexe qui déforme la réalité.

Qui est humble devient objectif, il vit le respect et la compréhension envers les autres, il excuse facilement leurs défauts, sans jamais se scandaliser. « Il n'y a pas de péché, écrit saint Augustin, ni de crime commis par un autre homme que je ne sois capable de commettre en raison de ma fragilité, et si je ne l'ai pas encore commis, c'est parce que Dieu, dans sa miséricorde, ne l'a pas permis et m'a préservé dans le bien [12] ». De plus, « nous apprendrons aussi à découvrir bien des vertus chez ceux qui nous entourent — ils nous donnent des leçons de travail, d'abnégation, de joie… —, et nous ne nous attarderons pas trop à leurs défauts, sauf lorsque ce sera indispensable, afin de les aider par la correction fraternelle [13] ».

La Vierge nous apprendra tout cela, si nous le lui demandons. A Cana, elle ne critique pas le fait qu'il n'y ait plus de vin, *mais elle aide à trouver une solution à ce problème.* Elle nous suggère de nous entraîner, dans notre vie personnelle, à vivre ces vertus qui nous paraissent parfois manquer chez les autres, à éviter nous-mêmes les déficiences qui, chez eux, nous font souffrir. Nous serons alors en conditions de pouvoir les aider.

1. Mt 18, 21-35. — 2. Saint Thomas, *Summa Theologiae*, I, q. 25, a. 3, ad 3. — 3. Saint Jean Chrysostome, *Homélies sur saint Matthieu*, 30, 5. — 4. Bienheureux Josemaría Escrivá, *Amis de Dieu*, 309. — 5. Cf. Lc 17, 4. — 6. 1 Cor 13, 7. — 7. Cf. Mt 18, 24 et s. — 8. Bienheureux Josemaría Escrivá, *Sillon*, n. 762. — 9. *Idem*, *Quand le Christ passe*, 182. — 10. Saint Bernard, *Sermon 40 sur le Cantique des Cantiques*. — 11. Bienheureux Josemaría Escrivá, *Sillon*, n. 635. — 12. Saint Augustin, *Confessions*, 2, 7. — 13. Bienheureux Josemaría Escrivá, *Amis de Dieu*, 20.

CARÊME. 3º SEMAINE. MERCREDI

22. LA CROISSANCE DES VERTUS

Les vertus et la sainteté.

Tu m'as montré, Seigneur, la route de la vie ; en ta présence, la joie est sans mesure [1].

Diverses images évangéliques montrent que le chemin qui conduit à la Vie, à la sainteté, passe par le plein développement de la vie spirituelle : la plus petite des graines, le grain de moutarde croît et parvient à être un grand arbre où se posent les oiseaux du ciel ; le blé arrive à maturité et produit des épis remplis de grains... Croissance, qui n'est pas exempte de difficultés, de régressions, qui paraît forcément lente, exactement comme le développement des vertus. Sanctifier chaque journée, c'est vivre de nombreuses vertus humaines et surnaturelles : la foi, l'espérance, la charité, la justice, la force..., la laboriosité, la loyauté, l'optimisme...

Comment croissent les vertus ? Essentiellement grâce à la répétition de leurs actes, car chacun de ces actes laisse une disposition dans l'âme qui rend plus facile l'acte suivant. Par exemple, quelqu'un qui, dès qu'il se lève, respecte la *minute héroïque*, et domine la paresse dès le premier moment de la journée [2], aura bien plus de facilité à être diligent dans toutes ses autres activités, de la même manière que le sportif améliore sa forme physique quand il s'entraîne et acquiert une plus grande aptitude pour répéter ses exercices. Les vertus perfectionnent l'homme, et lui facilitent la réalisation d'actions moralement bonnes. Ainsi peut-il donner une réponse rapide et appropriée au vouloir de Dieu à chaque instant. Sans ces bonnes habitudes acquises par répétition des actes et avec l'aide de la grâce, chaque action positive reste coûteuse et plus ou moins ardue, et le plus souvent épisodique ; sans elles, il est plus facile de tomber dans des négligences, des imperfections, voire des péchés qui nous éloignent de Dieu. La répétition d'actes semblables crée dans l'âme des habitudes, qui prédisposent au bien (ou au mal) dans les actions futures, selon que les actes précédents aient été bons (ou mauvais). Devant une difficulté, celui qui agit *habituellement* bien continuera sans doute de le faire : car la vertu correspondante le soutient. La pénitence joue ici un rôle déterminant, puisqu'elle efface les traces des péchés passés : pour qu'ils ne recommencent pas à incliner au mal. Plus graves auront été les chutes et plus long le temps où l'on a été séparé de Dieu, plus intense devra logiquement être la pénitence (puisque la trace laissée dans l'âme sera plus profonde).

La pratique des vertus est pour nous le sentier qui conduit au Seigneur. Un chrétien s'efforce donc, avec l'aide de la grâce, non seulement de se tenir à distance des occasions de péché, de résister aux tentations, mais encore d'atteindre la sainteté, conscient de ce que la vie chrétienne implique le développement des vertus comme la purification des péchés et des manques de correspondance à la grâce. Tel est le sens du Carême, où l'Église nous invite précisément à croître en vertus, c'est-à-dire en habitudes de faire le bien.

Les vertus humaines et les vertus surnaturelles.

La sainteté consiste à pratiquer les vertus jour après jour. Les « vertus humaines (...) sont le fondement des vertus surnaturelles ; et celles-ci amènent à leur tour à se conduire avec honnêteté. Mais, de toute façon, le désir de posséder ces vertus ne suffit pas : il est nécessaire d'apprendre à les pratiquer. *Discite benefacere* (Is 1, 17), apprenez à faire le bien. Il faut s'y exercer de façon habituelle par les actes appropriés — des actes réels de sincérité, de véracité, d'équanimité, de sérénité, de patience —, parce que les œuvres sont amour, et que l'on ne peut aimer Dieu seulement en paroles, mais *en actes, véritablement* (1 Jn 3, 18)[3] ».

Bien que la sanctification vienne de Dieu, dans sa bonté infinie, Il a voulu la correspondance humaine, et Il a mis dans la nature la capacité de se disposer à l'action surnaturelle de la grâce. La pratique des vertus humaines — la force, la loyauté, la véracité, la cordialité, l'affabilité... — disposent l'âme à l'action de l'Esprit Saint. L'on comprend ainsi qu'il « n'est pas possible de croire en la sainteté de ceux qui ne vivent pas les vertus humaines les plus élémentaires[4] ».

La vie ordinaire offre un champ immense à cette pratique, qu'elle soit facile, difficile ou très difficile. « Aujourd'hui comme hier, c'est l'héroïsme que l'on attend d'un chrétien. Héroïsme dans les grandes luttes, s'il le faut. Héroïsme — et c'est cela qui est normal — dans les petites batailles de chaque jour[5]. » Si la plante s'alimente de la terre où elle se trouve, la vie surnaturelle et les vertus étendent leurs racines dans le monde concret, leur terreau naturel : celui du travail, de la famille, des joies et des peines, semé de bonnes et mauvaises nouvelles... Tout peut servir à aimer Dieu et à faire de l'apostolat. Certains événements appellent l'action de grâce, d'autres la filiation divine, d'autres la force, d'autres la confiance en Dieu... Comme les vertus sont entrelacées entre elles comme les fils d'un tapis, croître en une d'elles, c'est faire un pas en avant dans les autres. Audessus « c'est la charité qui produit l'unité de toutes les vertus qui rendent l'homme parfait [6] ».

Si l'on attendait des situations idéales, des circonstances plus favorables, pour chercher la sainteté et faire de l'apostolat, on ne ferait pas grand'chose dans la vie ! « (...) lorsqu'un chrétien accomplit les actions quotidiennes les moins transcendantes, ce qu'il fait déborde de transcendance divine (...). Laissez donc les rêves, les faux idéalismes, les fantaisies, en un mot, ce que j'ai coutume d'appeler la *mystique du si* — ah ! si je ne m'étais pas marié, ah ! si je n'avais pas cette profession, ah ! si j'avais une meilleure santé, ah ! si j'étais jeune, ah ! si j'étais vieux ! —, et, en revanche, tenez-vous en à la réalité la plus matérielle et la plus immédiate, car c'est là que se trouve le Seigneur [7] ».

Attendre des situations et des circonstances plus favorables (pour devenir saint), c'est risquer de passer sa vie dans le vide. Du calme, de la prière monte peut-être une interrogation : mon désir de m'identifier au Christ est-il réel ? Je profite des incidents de chaque jour pour m'exercer dans la pratique des vertus humaines et surnaturelles ? J'essaie d'aimer Dieu davantage, en faisant les mêmes choses peut-être, mais de mieux en mieux et avec une plus grande rectitude d'intention ?

Le Seigneur donne toujours la grâce nécessaire pour vivre la foi chrétienne en toute plénitude.

Le Seigneur ne demande jamais l'impossible. L'intégrité des vertus est possible même dans les milieux éloignés de toute référence chrétienne. Les grâces nécessaires dans ces situations difficiles sont toujours assurées à qui les demande. Par ailleurs, une vie discrètement exemplaire, quel bon moyen de rendre attrayante la doctrine du Christ et de réévangéliser le monde !

Celui qui perd le sens surnaturel se prive de l'influence de la grâce dans sa vie, pense sans doute que l'idéal proposé par le Christ a besoin d'adaptations audacieuses pour être accepté par les hommes de notre temps. Il cède avec condescendance quand il est confronté à des exigences éthique dans le travail, dans la morale conjugale, ou devant la pression de l'ambiance de permissivité et de sensualité...

Inversement, c'est la vie avec ses défaillances, mais sans résignation, qui confirme que les vertus chrétiennes peuvent s'appliquer à toutes les tâches humaines. C'est dans la vie concrète que l'on montre qu'être compréhensifs envers les défauts et les erreurs des autres ne suppose pas rabaisser les exigences de l'Évangile.

La croissance des vertus humaines et surnaturelles, s'appuie, en plus de la grâce, sur l'effort personnel pour les déployer dans la vie ordinaire, jusqu'à obtenir d'authentiques habitudes, pas seulement des apparences de vertu : « La façade n'est qu'énergie et solidité. —Mais quelle faiblesse et quel manque de volonté à l'intérieur ! — Décide-toi plus fortement à faire de tes vertus non pas des faux-semblants, mais des habitudes qui dessinent ton caractère [8] ».

Saint Jean Chrysostome citait l'exemple des tout-petits à l'école : « Ils apprennent d'abord la forme des lettres, puis à distinguer les lettres déformées, pas à pas ils finissent par lire. Divisons nous aussi la vertu en parties, apprenons d'abord (par exemple) à ne pas parler mal ; puis (en passant à une autre lettre) à n'envier personne, à ne pas être esclave du corps, à ne pas nous laisser mener par la gourmandise… Ensuite (arrivant aux lettres spirituelles) étudions la sobriété, la mortification des sens, la chasteté, la justice, le mépris de la vaine gloire ; la modestie, la contrition dans notre cœur. En reliant ces vertus avec d'autres, écrivons-les dans notre âme. Pratiquons tout cela chez nous-mêmes, avec les amis, avec notre conjoint, avec les enfants [9]. »

Voilà l'important : que nous nous décidions à cultiver les vertus dans la vie de tous les jours, convaincus que, plus on exerce ces actes bons, plus facilement on réalise les actes suivants. Marie, Notre Dame, « modèle et école de toutes les vertus [10] », est là pour nous apprendre à mener à bien ces efforts. Avec Elle, il nous sera plus facile de toucher au but, ce but choisi dans l'examen particulier de conscience, si utile pour acquérir telle ou telle vertu *concrète*.

1. *Antienne de la communion*, Ps 15, 11. — 2. Cf. Bienheureux Josemaría Escrivá, *Chemin*, n. 206. — 3. Idem, *Amis de Dieu*, 91. — 4. A. del Portillo, *Vocation et mission du prêtre*. — 5. Bienheureux Josemaría Escrivá, *Quand le Christ passe*, 82. — 6. Saint Alphonse de Ligori, *Pratique de l'amour de Jésus-Christ*, I. — 7. *Entretiens avec Monseigneur Escrivá de Balaguer*, 116 — 8. Bienheureux Josemaría Escrivá, *Sillon*, n. 777. — 9. Saint Jean Chrysostome, *Homélies sur les Psaumes*, 11, 8. — 10. Saint Ambroise, *Traité sur les vierges*, 2.

23. LA SINCERITÉ ET LA VERACITÉ

Le *démon muet* dans l'Évangile. La sincérité.

Jésus expulsait un démon qui rendait un homme muet, raconte l'Évangile de la Messe d'aujourd'hui. *Lorsque le démon fut sorti, le muet se mit à parler, et la foule fut dans l'admiration*[1].

La maladie est un mal physique qui n'a, normalement, aucune relation avec le péché. Mais c'est aussi un symbole de l'état dans lequel se trouve l'homme pécheur, spirituellement plus ou moins aveugle, sourd, voire paralysé. Les guérisons que réalise Jésus sont donc des faits historiques mais aussi un symbole : guérisons spirituelles qu'il vient réaliser dans l'homme. Nombre de ses gestes envers les malades sont une image des sacrements à venir.

Le passage de l'Évangile d'aujourd'hui inspire à Saint Jean Chrysostome cette réflexion : un tel homme « ne pouvait pas présenter lui-même sa prière, car il était muet ; et il ne pouvait pas non plus demander aux autres, puisque le démon avait immobilisé sa langue, et avec la langue était aussi liée son âme [2] ». Le diable semblait le retenir solidement.

Si dans sa prière on ne parle pas au Seigneur de ses misères et on ne lui demande pas de guérir, si l'on reste dans le vague dans la direction spirituelle, qu'on se taise par amour-propre, comment les maladies de l'âme vont-elles guérir ? Si l'on ne parle pas de son mal, on n'écoute pas beaucoup non plus. L'âme devient progressivement sourde aux requêtes de Dieu, et elle refuse les arguments et les raisons qui pourraient la faire revenir sur la bonne route. On est facilement guetté par la présomption (je me tirerai bien tout seul des problèmes… !) antichambre du découragement.

« … Ne t'effraie pas si tu ressens le poids de ce pauvre corps et des passions humaines : il serait sot et naïvement puéril de te rendre compte maintenant que *cela* existe. Ta misère ne doit pas être un obstacle, mais bien un stimulant qui te pousse à t'unir davantage à Dieu, à mettre toute ta constance à le rechercher, parce que c'est Lui qui nous purifie[3]. »

Le Psaume responsorial de la Messe s'y réfère justement : *Aujourd'hui, ne fermons pas notre cœur, mais écoutons la voix du Seigneur*[4], renouvelons la résolution de ne pas nous dérober à la grâce, en étant toujours sincères.

L'amour de la vérité. Sincérité envers soi et envers Dieu. Sincérité dans la direction spirituelle et dans la confession. Moyens pour acquérir cette vertu.

Une vie authentiquement humaine, apprécie plus que tout la vérité qui est, d'une certaine manière, sacrée, digne de respect et d'amour. La vérité est malheureusement parfois obscurcie par le péché, les passions, le matérialisme. Le mensonge est si pratique pour favoriser la paresse, la vanité, la sensualité, un consensus de sympathie à son profit… !

Ecoutons le Seigneur proclamer : *Je suis la Vérité*[5]. Et du démon, Il dira que cet ange déchu est *menteur et père du mensonge*[6]. En plus, Il demande au Père pour les siens, pour nous, qu'ils soient *sanctifiés dans la vérité*[7].

Aujourd'hui, le *parler vrai*, l'authenticité, la sincérité, ont bonne presse et cependant l'anonymat collectif des responsabilités personnelles, le déguisement des vrais raisons d'agir, sont monnaie courante. Conséquence logique : devant Dieu aussi on tend à rester dans l'anonymat, on évite la rencontre personnelle avec Lui, dans la prière et dans l'examen de conscience. La vérité fait parfois peur parce qu'elle est exigeante, parce qu'elle engage toute la personne, et l'on cherche à esquiver ses effets les plus rudes par la dissimulation, la tromperie, la demi-vérité, voire un mensonge ; d'autres fois une subtile manipulation des faits et des choses par crainte de choquer...

Sincérité. Vertu chrétienne de premier ordre, aimable jusqu'à ses dernières conséquences. La sincérité envers soi-même reconnaît ses fautes, sans les cacher, sans fausses justifications, sans *fabriquer* sa vérité (prétendre qu'est vrai ce qui nous convient), sans étendre le *moi, j'ai mes opinions* au domaine de la morale fondée sur la loi de Dieu, et non sur les pensées humaines. La subjectivité, les passions, la tiédeur contribuent à fausser la sincérité envers soi-même. Au terme de ce processus, la conscience peut se déformer, jusqu'à la cécité pour les choses de Dieu.

Ai-je le courage de tirer les conséquences de la vérité, de les affronter, de dire toute la vérité ? « Tu ne veux jamais aller au fond de la vérité. — Tantôt par courtoisie ; le plus souvent, pour éviter de passer un mauvais quart d'heure ; parfois, pour ne pas le faire passer à d'autres. Et, toujours, par lâcheté. Ainsi, cette peur d'approfondir t'empêchera toujours d'être un homme au jugement sûr [8] ».

Le moyen le plus sûr de ne pas se tromper ni tromper, c'est la prière : c'est demander au Seigneur la lumière et la force de distinguer les préjugés, les oublis, les erreurs, les défauts de caractère..., les mesures à prendre. En second lieu un examen de conscience quotidien, bref et efficace. Ensuite, nous en avons souvent parlé, la direction spirituelle et la confession, où l'âme s'ouvre à *toute la vérité*, sans crainte que celui qui écoute connaisse notre intimité, pour mieux dessiner l'itinéraire qui mène à Dieu. « ... Quand l'eau coule, elle est propre ; quand elle stagne, elle forme une mare remplie de saletés repoussantes et, d'eau potable qu'elle était, elle devient un bouillon de culture [9]. » Il nous sera plus facile d'être sincères si nous disons tout d'abord ce qui nous coûte le plus.

Quand on repousse le *démon muet*, avec l'aide de la grâce, on constate vite que l'un des fruits de la sincérité est la joie et la paix de l'âme. Que demander de mieux pour soi et pour les autres ?

La sincérité et la véracité envers les autres sont le ciment de la confiance.

Sincères envers Dieu, pour l'aimer et le servir, envers nous-mêmes, pour avoir une conscience solidement formée, (qui aime le bien et repousse le mal) ; envers les autres, pour que la vie ensemble soit harmonieuse .

Ceux qui nous entourent ont-ils découvert que nous aimons beaucoup la vérité, qu'on peut vraiment compter sur nous, que parole de chrétiens et d'hommes et femmes honnêtes a une valeur irréfutable ? *Que ta parole soit : oui, oui ; non, non ! Le surplus vient du malin* [10], prévient le Seigneur. La parole d'une personne de bonne volonté, qui se sent engagée par ce qu'elle dit, c'est aussi un reflet de nos rapports avec Dieu.

Rapports instables, peut-être, mais renforcés par la capacité de rectifier quand on se trompe. « Prends l'habitude de ne jamais mentir sciemment, ni pour t'excuser, ni d'une autre manière, et pour cela n'oublie pas que Dieu est le Dieu de la vérité. Si par hasard tu manques à la vérité par erreur, corrige la chose sur-le-champ, si tu peux, avec une explication ou en faisant une réparation appropriée ; fais-le ainsi, car une vraie excuse a plus de grâce et de force pour pardonner que le mensonge [11]. »

Une autre vertu capitale rattachée à la véracité et à la sincérité c'est la *loyauté*, véracité dans la conduite, le soin de la parole donnée, une promesse, un pacte, un contrat. La *fidélité* est la loyauté à un engagement contracté envers Dieu ou devant Lui, au profit du prochain. Jésus est appelé *Fidèle et Véridique* [12]. La sainte Ecriture parle de Dieu comme de celui qui est fidèle au pacte qu'Il a fait avec son peuple, celui qui accomplit avec fidélité le plan du salut qu'Il a promis [13].

C'est une tragédie domestique et sociale que l'infidélité, toujours une tromperie, tandis que la fidélité engendre une sereine et irremplaçable confiance entre les êtres. C'est sur elle que reposent, par exemple, l'amour de Dieu, le mariage, l'accomplissement des contrats, les programmes de ceux qui ont été élus pour gouverner...

L'attachement à la vérité conduit aussi à ne pas former

de jugements précipités, viciés par une information superficielle, sur les personnes et les événements, face aux nouvelles diffusées par la radio, la télévision, la presse, ces avalanches d'informations brouillonnes, souvent tendancieuses ou incomplètes. Les faits objectifs parviennent fréquemment enveloppés d'opinions ou d'interprétations qui peuvent donner une vision déformée de la réalité. Soyons particulièrement circonspects à l'égard des nouvelles qui font référence, directement ou indirectement, à l'Église, laissons de côté les canaux d'information qui polluent les eaux pures, et faisons l'effort de chercher des informations objectives, véridiques, au jugement sûr, pour contribuer aussi à donner aux autres une information correcte. Alors deviendra réalité cette merveilleuse promesse de Jésus : *La vérité vous rendra libres*[14].

1. Lc 11, 14 ; Mt 9, 32-33. — 2. Saint Jean Chrysostome, *Homélies sur les Évangiles*, 32, 1. — 3. Bienheureux Josemaría Escrivá, *Sillon*, n. 134. — 4. Ps 94. — 5. Jn 14, 6. — 6. Jn 8, 44. — 7. Cf. Jn 17, 17 et s. — 8. Bienheureux Josemaría Escrivá, *Chemin*, n. 33. — 9. *Idem*, *Amis de Dieu*, 181. — 10. Mt 5, 37. — 11. Saint François de Sales, *Introduction à la vie dévote*, III, 30. — 12. Ap 19, 11. — 13. Cf. Rm 3, 7. — 14. Jn 8, 32.

24. L'AMOUR DE DIEU

L'amour infini de Dieu pour chaque homme.

Toute la sainte Écriture — rappelle le Catéchisme de l'Église Catholique — atteste continuellement de l'amour de Dieu pour nous. *Est-ce qu'une femme peut oublier son petit enfant* (...) *? Même si elle pouvait l'oublier, moi, je ne t'oublierai jamais* (...) *car je t'ai gravé sur les paumes de mes mains*[1].

Aujourd'hui, dans la première lecture de la Messe, nous avons entendu l'un des nombreux témoignages du triomphe bouleversant de l'amour de Dieu sur les infidélités et les conversions hypocrites de son peuple. Israël reconnaît enfin que ni les alliances humaines — fondées sur le calcul —, ni les dieux fabriqués de ses mains — par compromission avec le milieu ambiant ou par conformisme —[2], ni les holocaustes et les promesses sans lendemain ne le sauveront. C'est bien l'amour qui le sauvera, l'amour exprimé par la fidélité à l'Alliance avec Dieu, celui qui fait pressentir un bonheur sans limites. Cette conversion elle-même, est l'œuvre de l'amour de Dieu ; car tout naît de lui qui nous aime d'un amour sans mesure. *Je les guérirai de leur infidélité, je leur prodiguerai mon amour, car je suis revenu de ma colère. Je serai pour Israël comme la rosée, il fleurira comme le lis, il étendra ses racines comme les arbres du Liban. Ses jeunes pousses vont grandir, sa parure sera comme celle de l'olivier, son parfum comme celui de la forêt du Liban. Ils reviendront s'asseoir à son ombre, ils feront revivre le blé, ils fleuriront comme la vigne, ils seront renommés comme le vin du Liban*[3].

Dieu a tant aimé le monde qu'il donna son Fils unique pour que tous ceux qui croient en lui ne périssent pas mais aient la vie éternelle [4]. « Si un homme était mort pour me délivrer de la mort !... Dieu est mort. Et je reste indifférent [5]. » Ce même amour l'incite encore à se donner entièrement à nous, d'une manière habituelle, en habitant dans l'âme en état de grâce : *Si quelqu'un m'aime il gardera ma parole, et mon Père l'aimera, et nous viendrons à lui et nous ferons en lui notre demeure* [6]. Ainsi le Seigneur communique-t-il avec nous au plus intime de notre cœur, dans les moments de prière comme à n'importe quel instant de la journée.

« Je te servirai, parce que je suis venu *pour servir et non pour être servi*. Je suis un ami, et un membre et la tête, et un frère et une sœur, et une mère ; je suis tout cela, et je ne veux de toi que l'intimité. Et moi, pauvre pour toi, je mendie pour toi, j'ai été crucifié pour toi, enseveli pour toi ; au ciel j'intercède pour toi devant Dieu le Père ; et sur la terre je suis son envoyé auprès de toi. Tu es tout pour moi, frère et cohéritier, ami et membre. Que veux-tu de plus [7] ? » Que peux-tu désirer de plus grand, de plus précieux ? Quand tu contemples le Seigneur dans chacune des scènes du Chemin de Croix, n'est-il pas logique que ces mots surgissent de ton cœur : « Savoir que tu m'aimes tant, mon Dieu, et... je n'en suis pas devenu fou ? [8]»

Dieu fait miséricorde aux pécheurs.

Tu es grand et tu fais des merveilles, toi qui es le seul Dieu[9]. L'amour que Dieu a pour nous est la plus grande merveille qui soit ! Amour personnel et individuel, qui jamais ne faiblit ; qui toujours aide, et protège, et se donne ; qui jamais ne se lasse, même dans les moments où le cœur humain se fait plus ingrat ou quand il commet volontairement les péchés les plus graves. Dans ces tristes circonstances, au contraire, le Seigneur redouble d'attention, comme il le prouve dans les paraboles qui expriment son infinie miséricorde : la brebis perdue (fuyarde ? révoltée ? étourdie ? présomptueuse ?) est la seule quc le bon pasteur porte sur ses épaules ; c'est en l'honneur de celui de ses fils qui a gaspillé bêtement tout l'héritage — mais qui a su revenir, épuisé et repenti — que le père organise une grande fête ; la drachme perdue est soigneusement cherchée jusqu'à ce qu'elle soit retrouvée par sa propriétaire qui ne se contente pas de jouir des neuf autres pièces d'or… [10]

Il en va de même pour chacun de nous. L'attention et l'amour de Dieu sont constants, quels que soient les circonstances ou les événements, et même si nous ne le percevons pas. *Je serai avec vous toujours, jusqu'à la fin du monde* [11]. Je le crois Seigneur ! Tu es près de moi à chaque instant !

Tu m'as si souvent croisé en faisant comme si c'était par hasard ! Combien de fois as-tu effleuré ma conscience ? inspiré mes réactions ? dans la joie et dans la douleur, au cours d'une conversation intime avec un ami, un compagnon de travail, ou avec le prêtre à qui je me confie… ? « Considérez, avec moi, cette merveille de l'amour de Dieu : le Seigneur vient à notre rencontre, il attend, il se place au bord du chemin pour que nous ne puissions pas ne pas le voir. Et il nous appelle, personnellement, en nous parlant de nos affaires, qui sont aussi les siennes, en invitant notre conscience au repentir intime, en l'ouvrant à la générosité, en imprimant dans nos âmes le désir ardent d'être fidèles, de pouvoir nous appeler ses disciples [12].»

Folie d'amour, le Seigneur nous laisse les sacrements, visibles « canaux de la miséricorde divine ». Parmi eux, la confession sacramentelle où il pardonne les péchés et la sainte Eucharistie dans laquelle il demeure pour manifester très singulièrement son amour pour les hommes. Reçois-les souvent et profite de ce moment de prière pour l'en remercier encore une fois. « Mon Dieu, je t'aime, mais… apprends-moi à aimer [13]. »

Autre manifestation extraordinaire de son amour : le Seigneur nous donne sa Mère pour Mère. Il nous confie aussi à un ange pour qu'il nous protège, nous conseille et nous aide jusqu'à ce qu'arrive la fin de notre voyage sur la terre. Alors, il nous donnera le Ciel promis, un bonheur sans limites et sans fin, car il nous a précédés pour nous préparer une place [14].

Dis-lui maintenant, en faisant tienne une des prières de la Messe d'aujourd'hui : *Que ta propre énergie, Seigneur, transforme nos esprits et nos corps ; ainsi serons-nous sauvés tout entiers dans cette communion à ton Fils* [15]. Et remercie-le pour tant d'amour, et tant d'attentions imméritées, car « l'amour se paie avec de l'amour, chante le mystique. Si je les avais, je donnerais mille vies pour te posséder et mille (...) et mille (...). Je les donnerais (...) pour t'aimer, si je le pouvais (...) avec cet amour pur et fort avec lequel toi qui es Dieu (...) tu nous aimes continuellement [16] . »

Le premier commandement ? L'amour de Dieu dans les petites choses de chaque jour.

C'est bien ce qu'explique le Seigneur: *Un scribe s'avança vers Jésus et lui demanda : « Quel est le premier de tous les commandements ? » Jésus lui fit cette réponse : « Voici le premier : " Ecoute, Israël : le Seigneur notre Dieu est l'unique Seigneur. Tu aimeras le Seigneur ton Dieu de tout ton cœur, de toute ton âme, de tout ton esprit et de toute ta force. " (...)* [17] *. »* Le Seigneur attend de toi, de moi et de nous tous, une réponse généreuse à son amour.

Manifestons-lui notre désir de l'aimer en lui offrant chaque instant de nos journées : un travail intense et bien fait, notre effort pour servir dans la vie de famille, la joie ou quelquefois le poids des relations sociales, la fatigue et le repos... Tout peut se convertir en œuvres d'amour. « Tandis que nous réalisons avec la plus grande perfection possible, malgré nos erreurs et nos limites, les occupations propres à notre condition et à notre métier, notre âme désire ardemment s'échapper. Elle va vers Dieu comme le fer attiré par la force de l'aimant. L'on commence à aimer Jésus de façon plus efficace et à ressentir une tendre émotion [18]. »

Quand tu protèges ce climat intérieur, les obstacles sont-ils vraiment insurmontables ? Ne crois-tu pas que c'est lorsque manque l'amour que même les plus petites difficultés paraissent odieuses, parce que, alors, la seule chose qui compte est de ne pas être dérangé dans la tranquillité que l'on garde égoïstement comme un trésor ? L'union à Dieu rend absolument tout à peu près supportable.

« Toutes ces choses (...) que ceux qui n'aiment pas trouvent difficiles, paraissent au contraire légères à ceux qui aiment. Il n'y a pas de souffrance, aussi cruelle et démesurée qu'elle soit, que l'amour ne rende supportable et presque nulle [19]. » Les difficultés physiques ou morales, personnelles ou collectives, ne peuvent pas troubler la joie surnaturelle si l'amour de Dieu informe toute notre vie ; car, commente saint Augustin, « en ce que l'on aime, soit on ne sent pas la difficulté, soit on aime la difficulté même (...). Les travaux de ceux qui aiment ne sont jamais pénibles [20]. »

L'amour de Dieu ne peut être qu'absolu, au sommet de toutes nos affections ; et ce, quelles que soient les circonstances, car tous les amours nobles et purs de la terre y ont leur place selon la vocation de chacun. « Il ne serait pas juste de dire : " ou Dieu ou l'homme ". On doit aimer " et Dieu et l'homme " ; et ce dernier, jamais plus que Dieu ou contre Dieu ou pareil que Dieu. En d'autres termes, l'amour de Dieu prévaut certainement, mais n'est pas exclusif. La Bible déclare que Jacob est saint et aimé de Dieu ; elle raconte comment sept ans lui ont été nécessaires pour conquérir Rachel, sa femme, et combien ces années lui ont paru peu nombreuses, tant était fort son amour pour elle. Saint François de Sales commente :

« Jacob aime Rachel de toutes ses forces, et de toutes se forces il aime Dieu ; mais ce n'est pas pour cela qu'il aime Rachel comme Dieu, ni Dieu comme Rachel. Il aime Dieu comme son Dieu sur toutes les choses et plus que lui-même ; il aime Rachel comme sa femme sur toutes les autres femmes et comme lui-même. Il aime Dieu avec un amour absolu et souverainement suprême, et Rachel avec un amour marital ; un amour n'est pas contraire à l'autre, car son amour de Rachel n'empêche pas la suprême transcendance de son amour de Dieu[21]. »

Saint Jean, écrivant aux premiers chrétiens, explique d'une manière particulièrement vigoureuse que l'on ne peut prétendre aimer Dieu sans aimer les autres ; car la charité envers le prochain est le signe extérieur de l'union à Dieu : *« C'est à cela que tous reconnaîtront que vous êtes mes disciples...* [22], dit Jésus, à la délicatesse aimable et forte dans vos rapports avec les autres, au respect mutuel dans le domaine de la libre opinion, à votre bonté et à votre bienveillance, à votre promptitude à servir malgré la fatigue, à la correction fraternelle aimable et opportune, à votre prière pour celui qui en a le plus besoin...

Sainte Vierge Marie, une discrète allusion de l'ange Gabriel a suffi à te faire prendre la route en hâte pour la montagne de Judée, afin de t'occuper de ta cousine Elisabeth fatiguée par l'âge et l'attente de la naissance de saint Jean-Baptiste. Apprends-moi les inépuisables inventions du véritable amour, pour qu'à la suite de ton Fils, je sache aimer *in opere et veritate* — en actes et en vérite — tous ces frères et sœurs qui sont aussi les miens.

1. Is 49, 15-17. — 2. Cf. Os 14, 4. — 3. *Première lecture de la Messe*, Os 14, 2-10. — 4. Jn 3, 16. — 5. Bienheureux Josemaría Escrivá, *Chemin*, n. 437. — 6. Jn 14, 23. — 7. Saint Jean Chrysostome, *Homélies sur saint Matthieu*, 76. — 8. Bienheureux Josemaría Escrivá, *Chemin*, n. 425. — 9. *Antienne d'ouverture*, Ps 85, 8. 10. — 10. Cf. Lc 15, 1 et s. — 11. Mt 28, 20. — 12. Bienheureux Josemaría Escrivá, *Quand le Christ passe*, 59. — 13. Idem, *Chemin*, n. 423. — 14. Cf. Jn. 14. — 15. *Prière après la communion.* — 16. F.-J. del Valle, *Decenario al Espíritu Santo.* — 17. Mc 12, 28-30, Évangile de la Messe de ce jour. — 18. Bienheureux Josemaría Escrivá, *Amis de Dieu*, 296. — 19. Saint Augustin, *Sermon* 70. — 20. Saint Augustin, *De bono viduitatis*, 21, 26. — 21. Jean-Paul II, *Audience générale*, 27 septembre 1978. — 22. Jn 13, 35.

CARÊME. 3º SEMAINE. SAMEDI

25. LE PHARISIEN ET LE PUBLICAIN

La valeur de l'humilité.

Pitié pour moi, mon Dieu... Si j'offre un sacrifice, tu n'en veux pas, tu n'acceptes pas d'holocauste. Le sacrifice qui plaît à Dieu, c'est un esprit brisé ; tu ne repousses pas, ô mon Dieu, un cœur brisé et broyé[1]. La liturgie de la Parole nous montre aujourd'hui combien le Seigneur s'émeut et prodigue ses grâces devant un cœur humble. L'humilité n'a pas aussi bonne presse que l'efficacité, aujourd'hui comme hier, dans ce monde ancien impitoyable aux faibles et fasciné par la force. Vertu complexe, cachée, irremplaçable, que saint Luc nous présente, dans l'Évangile de la Messe d'aujourd'hui[2], à travers deux modèles, deux hommes qui montent au Temple pour prier : l'un pharisien et l'autre publicain. Les pharisiens se considéraient les plus fidèles interprètes de la religion de l'alliance, comme des personnes irréprochables qui accomplissaient parfaitement la loi mosaïque ; les publicains, eux, étaient des juifs chargés de percevoir les contributions. Ils étaient considérés comme des experts financiers, des hommes qui aimaient davantage leurs affaires que l'accomplissement de la loi religieuse. Avant de conter la parabole, l'Évangéliste prend bien soin de nous signaler que Jésus s'adressait à ce moment-là à *certains hommes qui étaient convaincus d'être justes et qui méprisaient tous les autres*. Pas forcément de manière visible d'ailleurs...

La parabole relève rapidement que le pharisien est entré dans le Temple avec de curieuses dispositions. Il a l'esprit clair, le verbe assuré, la conscience tranquille. Le centre de ses pensées, l'objet de son estime, c'est lui, tout simplement… : *Mon Dieu, je te rends grâce parce que je ne suis pas comme les autres hommes : voleurs, injustes, adultères, ou encore comme ce publicain. Je jeûne deux fois par semaine, et je verse le dixième de tout ce que je gagne*. Il pourrait commencer par louer Dieu, non, il a commencé seulement par juger les hommes et par se comparer à eux. Tout ce qu'il a fait, d'ailleurs, est authentiquement honnête et convenable : jeûner, payer le dixième de ce qu'il gagne. On l'imagine bon père de famille, notable estimé, collègue courtois et cultivé. N'empêche que la bonté de ses œuvres se trouve stérilisée par l'orgueil. Tout est attribué dans cette vie, à ses propres mérites. Tout ce que mérite autrui, c'est un mépris, plus ou moins accentué. Que manque-t-il ici ? L'humilité et sa sœur, la charité. Sans elles, peut-il vraiment y avoir une action moralement bonne, surnaturellement méritoire ?

Regardons bien, le pharisien est debout. Il prie, incontestablement, il rend grâce à Dieu pour ce qu'il fait. Mais que d'autocomplaisance pourtant dans son attitude ! comme il est “satisfait” de lui-même ! Il se compare aux autres et il considère qu'il leur est supérieur, qu'il est plus juste, qu'il accomplit mieux la loi religieuse, qui fait toute la noblesse de la vie. L'orgueil, le pire obstacle que l'homme puisse rencontrer, voire opposer à la grâce divine, s'insinue facilement et tend à s'infiltrer jusque dans les bonnes actions, en les vidant de leur valeur et de leur mérite surnaturel. Issu de la blessure originelle, caché dans la volonté, il est profondément enraciné dans l'homme, (dans son amour propre désordonné). Comme il est très subtil, l'orgueil est difficile à déraciner ou même seulement à reconnaître clairement. Mais si Dieu l'a laissé dans la nature humaine malgré le baptême, il y a une raison ! L'homme peut le vaincre, rectifier sa volonté librement, et ainsi coopérer par amour avec son créateur.

« *À moi-même, avec l'admiration que je me dois.* — Ecrit sur la première page d'un livre. Et c'est cela même que beaucoup d'autres malheureux pourraient apposer sur la dernière page du livre de leur vie. Quel dommage, si toi et moi nous vivions ou finissions de cette manière ! — Alors faisons un sérieux examen de conscience ! [3] » Demandons au Seigneur d'avoir compassion de nous et de ne pas nous laisser tomber dans cet état. Implorons de Lui la vertu de l'humilité et prenons aujourd'hui la résolution d'être attentifs aux multiples expressions où se manifeste le péché capital de l'orgueil, et de rectifier l'intention dans nos actions aussi souvent qu'il le faut.

L'hypocrisie pharisienne, une des manifestations de l'orgueil.

Beaucoup de pharisiens se convertirent, et sont devenus des amis et des fidèles disciples du Seigneur, mais d'autres ne surent pas reconnaître le Messie qui passait dans leurs rues et leurs places. L'orgueil leur fit perdre le nord et cette vie religieuse, dont ils étaient si fiers, finit par rester creuse et vide. Pratiques de piété consumées en formalismes, en apparences, pour la galerie. Et le Seigneur, comme celui qu'on aime et en qui on a confiance, n'y va pas de main morte dans ses réponses : Quand ils jeûnent, ils prennent une mine défaite pour que les autres le sachent[4] ; quand ils prient, ils aiment le faire debout et avec ostentation dans les synagogues ou au milieu des places[5] ; quand ils font l'aumône au pauvres, ils l'annoncent avec des trompettes[6].

Le Seigneur recommandera fermement à ses disciples : *Ne faites pas comme les pharisiens !* Et Il explique pourquoi ils ne doivent pas suivre leur exemple : *Tout ce qu'ils font, ils le font pour se donner en spectacle aux gens*[7]. Pour les faire réagir, Jésus lance un mot très fort : hypocrites ! Vous êtes semblables à des sépulcres blanchis, de belle apparence au dehors, mais pleins de pourriture au dedans ![8]

La vaine gloire, dira saint Jean Chrysostome, « fut ce qui les sépara de Dieu ; elle les fit chercher un autre théâtre pour leurs luttes et les perdit. Car, de même que l'on essaie de plaire aux spectateurs que l'on a, de même les combats qui se réalisent sont selon ce que sont les spectateurs[9] ». Qui désire parvenir à être humble qu'il n'oublie pas que quelqu'un assiste à sa vie et à toutes ses actions : le Seigneur Lui-même. C'est à Lui qu'il convient de plaire intérieurement, quelles que soient les circonstances, comme à quelqu'un qu'on aime.

A cause de leur orgueil, les pharisiens devinrent peu à peu durs, inflexibles, exigeants avec leurs semblables, et naturellement compréhensifs avec eux-mêmes : *Vous chargez les gens de fardeaux accablants, mais vous-mêmes, vous ne touchez ces fardeaux que du bout de votre doigt*[10]. Le remède souverain ? Il se résume en une phrase, une seule, accessible à tout le monde : *Le plus grand d'entre vous sera votre serviteur* [11]. Et l'Esprit Saint ajoute, par l'intermédiaire de saint Paul : *portez les fardeaux les uns des autres et ainsi vous accomplirez la loi du Christ* [12]. Une des manifestations les plus authentiques de l'humilité, quelque soit le caractère, le tempérament, fougueux ou pacifique, c'est de servir et d'aider les autres, non seulement par des actions isolées, mais d'une manière constante, et dans les domaines les plus ordinaires, les actions les plus communes.

Arrêtons-nous un instant sur l'un des reproches les plus durs que le Seigneur adresse aux pharisiens : *Vous-mêmes n'êtes pas entrés, et vous avez empêché d'entrer ceux qui se présentaient* [13]. Ils ont fermé le chemin de la charité à ceux qu'ils devaient guider. *Aveugles qui conduisent des aveugles !* [14], leur répondra Jésus impitoyablement, autrefois. Car l'orgueil fait perdre la lumière surnaturelle non seulement pour soi mais, hélas, pour les autres aussi.

Comme un gaz desséchant qui s'infiltre partout, l'orgueil se propage dans tous les domaines : « Dans les relations avec le prochain, l'amour propre nous rend susceptibles, inflexibles, orgueilleux, impatients, exagérés dans l'affirmation du propre moi et des propres droits, froids, indifférents, injustes dans nos jugements et dans nos paroles. On prend un vif plaisir à parler de ses propres actions, des lumières et expériences intérieures, des difficultés, des souffrances, même sans besoin de le faire. Dans les pratiques de piété, on se plaît à regarder les autres, à les observer et à les juger ; on est incliné à se comparer avec les autres et à se croire meilleur qu'eux, à ne leur voir que des défauts et à leur nier les bonnes qualités, à leur attribuer des désirs et des intentions peu nobles, en arrivant même à leur désirer du mal. L'amour propre (...) fait que nous nous sentions offensés quand nous sommes humiliés, insultés ou laissés de côté, ou quand nous ne nous voyons pas considérés, estimés et comblés de prévenance comme nous l'espérions[15]. »

Tout cela suffit amplement à apprécier l'exemple et la prière du pharisien, mais comprenons-nous bien l'attitude du publicain ? : *Mon Dieu, prends pitié du pécheur que je suis !* Il commence par une oraison jaculatoire émouvante. Nous vient-elle quelquefois ou même souvent aux lèvres ? Cherchons-nous à éveiller une humilité sincère lorsque nous nous mettons à prier ?

Qu'apprenons-nous du publicain de la parabole ?

Le Seigneur est près de ceux qui ont le cœur brisé, et Il sauve les humbles d'esprit[16], affirme le roi David. Le publicain aussi adresse à Dieu une humble prière, car il a au moins découvert la confiance non pas en ses mérites, mais en la miséricorde divine : *il se tenait à distance et n'osait même pas lever les yeux vers le ciel ; mais il se frappait la poitrine, en disant : Mon Dieu, prends pitié du pécheur que je suis !*

Et voilà que le Seigneur, *qui résiste aux orgueilleux et donne sa grâce aux humbles*[17], le pardonne instantanément et le justifie, c'est-à-dire le rend juste. *C'est lui, je vous le déclare, qui était devenu juste, et non pas l'autre*, commente Jésus.

Remarquons-le bien : le publicain « *se tenait à distance*, et c'est pourquoi Dieu s'approche de lui plus facilement… Que Dieu soit loin ou qu'Il ne le soit pas, cela dépend de toi. Aime et Il s'approchera ; aime et Il demeurera en toi », commente saint Augustin [18].

Apprenons-nous de ce publicain ce qu'est une bonne prière : humble, attentive, confiante. *Que ce ne soit pas un monologue dans lequel nous ne pensons qu'à nous*, aux vertus que nous croyons posséder, ou aux misères qui nous accablent.

Au fond, toute la parabole, est centrée sur une idée que le Seigneur veut voir poser comme fondement de tout l'édifice spirituel : le besoin de l'humilité, fondement de toutes nos relations avec Dieu et avec les autres. Première pierre de cet édifice en construction qu'est notre vie intérieure. « Ne souhaite pas de ressembler à la girouette dorée de ce grand édifice : si brillante et si haute soit-elle, elle n'importe pas à la solidité de l'œuvre.

« Sois plutôt comme la vieille pierre de taille, enfouie dans les fondations, sous terre, là où personne ne te verra : grâce à toi la maison ne s'écroulera pas [19]. »

Quand quelqu'un se sent douloureusement laissé de côté par les autres, blessé par de tout petits détails d'incorrection, pourquoi ne pas penser simplement qu'elle n'est pas encore vraiment humble ? N'est-ce pas l'occasion d'accepter sa propre petitesse d'être moins orgueilleux ? « Tu n'es pas humble lorsque tu t'humilies, mais bien lorsqu'on t'humilie et que tu le supportes pour le Christ [20]. »

L'aide de la très Sainte Vierge est la meilleure garantie pour aller de l'avant dans ce domaine.

« Marie est, en même temps, une Mère de miséricorde et de tendresse, à qui personne n'a recouru en vain ; abandonne-toi plein de confiance dans le sein maternel, demande-Lui qu'Elle t'obtienne cette vertu qu'Elle-même apprécia tant ; n'aie pas peur de ne pas être écouté, Marie la demandera pour toi à ce Dieu qui élève les humbles et réduit au néant les orgueilleux ; et comme Marie est toute-puissante auprès de son Fils, Elle sera à coup sûr écoutée [21]. » Après avoir considéré les enseignements du Seigneur et avoir contemplé l'exemple de Marie, notre prière s'achèvera aisément sur cette demande : « Seigneur, ôte de ma vie l'orgueil ; brise mon amour propre, cette volonté de m'affirmer moi-même et de m'imposer aux autres. Fais que le fond de ma personnalité soit de m'identifier à Toi [22]. » Et que ma vie se passe à aimer ce que tu aimes, m'affliger de ce qui t'afflige, faire ce que tu fais.

1. *Psaume responsorial*, Ps 50. — 2. Lc 18, 9-14. — 3. Bienheureux Josemaría Escrivá, *Sillon*, n. 719. — 4. Cf. Mt 6, 16. — 5. Cf. Mt 6, 5. — 6. Cf. Mt 6, 2. — 7. Mt 23, 5. — 8. Cf. Mt 23, 27. — 9. Saint Jean Chrysostome, *Homélies sur saint Matthieu*, 72, 1. — 10. Lc 11, 46. — 11. Mt 23, 11. — 12. Ga 6, 2. — 13. Lc 11, 52. — 14. Mt 15, 14. — 15. B. Baur, *Dans l'intimité avec Dieu* — 16. Ps 33, 19. — 17. Jc 4, 6. — 18. Saint Augustin, *Sermon 9, 21*. — 19. Bienheureux Josemaría Escrivá, *Chemin*, n. 590. — 20. *id.*, n. 594. — 21. J. Pecci — Léon XIII —, *La pratique de l'humilité*, 56. — 22. Bienheureux Josemaría Escrivá, *Quand le Christ passe*, 31.

CARÊME. QUATRIÈME DIMANCHE

26. LA JOIE ET LA CROIX

La joie est compatible avec le sacrifice et même avec la douleur, car elle s'oppose à la tristesse, mais pas à la pénitence.

Réjouissez-vous avec Jérusalem, exultez à cause d'elle, vous tous qui l'aimez ! Avec elle, soyez pleins d'allégresse..., chante l'antienne d'ouverture de la Messe d'aujourd'hui : *Laetare, Ierusalem...* [1].

La joie est une caractéristique essentielle de la vie chrétienne. L'Église nous le rappelle particulièrement en ce temps liturgique de l'approche du mystère pascal, pour qu'elle inonde toute notre vie. La joie a divers visages : discrète dans l'espérance de l'Avent, plus vive et rayonnante pendant le temps de la Nativité, enfin, éclatante, sans ombre ni fin, à l'annonce du Christ ressuscité. Aujourd'hui, quand le Carême nous invite à méditer sur le sens de la Croix, nous comprenons qu'unis au Christ, nous ne perdrons jamais la joie : « Ce n'est que de Lui que chacun de nous peut dire en toute vérité ce que dit saint Paul : *Il m'a aimé et s'est donné pour moi* (Gal 2, 20). De là doit partir votre joie la plus profonde, de là doit venir aussi votre force et votre soutien. Si par malheur vous devez trouver des amertumes, souffrir, expérimenter des incompréhensions et même tomber dans le péché, que rapidement votre pensée se dirige vers Celui qui vous aime toujours et qui avec son amour illimité, propre de Dieu, fait surpasser toute épreuve, remplit tout ce qui est vide en nous, pardonne tous nos péchés et nous pousse avec enthousiasme vers un chemin à nouveau sûr et joyeux [2]. »

Ce dimanche — entre l'hiver et le printemps — est traditionnellement appelé *dimanche « Laetare »*, d'après le premier mot de l'antienne d'ouverture. La gravité de la liturgie du Carême est suspendue par ce dimanche de toute joie. Aujourd'hui, les ornements sacerdotaux de couleur rose (si l'on en dispose !), peuvent remplacer les violets [3], et l'autel est orné de fleurs, pratique suspendue les autres jours de Carême [4].

La liturgie exprime ainsi l'enseignement apparemment paradoxal de Jésus : la joie est compatible avec le sacrifice et la douleur. En effet, la joie surnaturelle résulte de la possession de la grâce sanctifiante et de l'union à Dieu, qui demeure malgré la privation éventuelle des bien créés (santé, sécurité, affection, confiance, liberté...). Il ne faut pas la confondre avec le bien-être que procure ces biens et qui est contingent, à la merci de la première contrariété. C'est la tristesse qui s'oppose à la joie, pas la pénitence ! Si nous vivons avec sérieux ce temps liturgique qui mène à la Passion — à la douleur —, nous comprendrons que s'approcher de la Croix signifie aussi approcher de la Rédemption, motif de joie pour toute l'Église : *Laetare, Réjouissez-vous avec Jérusalem, exultez à cause d'elle, vous tous qui l'aimez !*

La mortification n'assombrit pas la joie intérieure, bien au contraire : elle la fait croître, car elle annonce la Rédemption, la profusion d'amour pour les hommes qu'est la Passion, et l'imminence de la joie de Pâques.

Unis au Seigneur, nous suivons le même chemin : parvenir, par la Passion et la Croix, à la gloire et à la joie de la Résurrection.

La joie a une origine surnaturelle : elle est l'état d'un cœur qui aime et se sent aimé de Dieu.

Réjouissez-vous toujours dans le Seigneur ! Je le répète : réjouissez-vous ! [5] Et rayonnez de cette joie humaine et surnaturelle équivalente au bonheur dont elle est inséparable.

« Comme on le sait, il existe divers degrés de ce *bonheur* . Son expression la plus noble est la joie ou *bonheur* au sens strict, qui se produit quand l'homme, au niveau de ses facultés supérieures, trouve la satisfaction dans la possession d'un bien connu et aimé (...). Il connaît à plus forte raison la joie et le bonheur spirituels quand son esprit entre en possession de Dieu, connu et aimé comme bien suprême et immuable[6]. » Paul VI explique encore : « La société technologique a réussi à multiplier les occasions de plaisir, mais il lui est très difficile de produire la joie. Car la joie a une autre origine : elle est spirituelle. L'argent, le confort, l'hygiène, la sécurité matérielle fréquemment ne manquent pas, quand l'ennui, l'affliction, la tristesse, font partie, malheureusement, de la vie de beaucoup[7]. »

Ces vérités exprimées par le Pontife romain éclairent considérablement le monde d'aujourd'hui où la soif de bien-être et sa possession s'accompagnent si souvent d'une insatisfaction diffuse et profonde. La joie surgit donc d'un cœur qui se sent aimé de Dieu et qui, à son tour, aime à la folie le Seigneur. Un cœur qui lutte pour que cet amour de Dieu *se traduise par des faits*, car il sait — comme dit le proverbe castillan — que « les œuvres sont amour, non les bonnes raisons ». Un cœur en union et en paix avec Dieu se sait pécheur, accourt fréquemment à la source du pardon, le sacrement de la Pénitence, où il rencontre le Christ source de toute joie.

Seigneur, nous te présentons dans la joie le sacrifice qui sauve notre vie, et nous te prions humblement...[8] Nous te présentons les souffrances et les tribulations qui accompagnent tout homme sur la terre. Nous savons que la souffrance, en elle-même, ne transforme pas et ne purifie pas. Elle peut même être parfois cause de révolte, de scandale et de totale carence d'amour. Plus triste encore, l'expérience de certains baptisés qui se séparent du Maître quand ils approchent de la Croix ; on dirait qu'ils n'attendaient de Lui qu'un bonheur purement humain, libre de toute douleur, comblé de biens naturels.

Le Seigneur nous demande, au contraire, de perdre la peur de la douleur, des tribulations et des complications et de nous unir à Lui, qui nous attend sur la Croix ; l'âme en sortira toujours purifiée, et notre amour plus ferme. La joie est bien proche de la Croix : nous finirons d'ailleurs par comprendre que nous ne serons jamais vraiment heureux si nous ne nous unissons pas au Christ sur la Croix, parce que nous ne saurons jamais aimer en vérité si, en même temps, nous n'aimons pas le sacrifice. Ces tribulations, qui avec la seule raison nous paraissent si injustes et sans aucun sens, sont pourtant nécessaires pour dépouiller l'homme de sa suffisance et de sa dureté, et le conduire vers la sainteté et le salut. Nous sommes au cœur du mystère de la corédemption. La douleur humaine, unie aux souffrances du Christ, acquiert une valeur incomparable pour l'Église et l'humanité entière. Si tu recours à lui avec humilité, le Seigneur te fera comprendre peu à peu, que tout — même ce qui a le moins d'explication humaine — contribue, un jour ou l'autre, au bien de ceux qui l'aiment [9]. La douleur, quand on lui donne tout son sens, quand elle sert à aimer davantage, produit une indicible paix et une joie profonde. Sinon, pourquoi le Seigneur bénirait-il si souvent avec la Croix ? Pourquoi l'Église l'offrirait-elle à la vénération des fidèles dans la liturgie du vendredi saint ?

Prenons la résolution de suivre, désormais, « le chemin du don de soi : la Croix sur tes épaules, le sourire aux lèvres et, dans l'âme, une grande lumière [10] ».

Dieu aime qui donne avec joie.

Point n'est besoin d'avoir des qualités extraordinaires pour s'engager sur ce chemin qui relie le Thabor et le Calvaire, pour se donner à Dieu et aux autres, ne pas craindre la mortification, être exigeant envers soi-même et supporter les contrariétés… avec joie. Oui, avec joie ! car tout cela perd de la valeur quand on le fait à contrecœur, en renâclant ou avec une mentalité de victime : *Dieu aime celui qui donne avec joie* [11]. Certes, la mortification et la pénitence coûtent beaucoup. Mais l'homme ne consent-il pas à beaucoup de peines pour réussir ses entreprises ou retrouver la santé ?

« “ Content ? ”— Cette question m'a laissé songeur. On n'a pas encore inventé les mots pour exprimer tout ce que l'on ressent, dans son cœur et dans sa volonté, lorsqu'on se sait enfant de Dieu [12]. » Il est logique que celui qui se sait enfant de Dieu ressente cette joie intérieure.

L'expérience que transmettent les saints à ce sujet est unanime. Rappelons-nous la confidence que fait saint Paul aux Corinthiens : ... *je suis pleinement consolé, je déborde de joie au milieu des épreuves que nous endurons* [13]. Et ce n'est ni du sentimentalisme, ni de l'enfantillage ; la vie de saint Paul ne fut ni facile ni commode : *Cinq fois j'ai reçu des juifs quarante coups de fouet moins un ; trois fois j'ai eu les verges ; une fois j'ai été lapidé ; trois fois j'ai fait naufrage ; j'ai passé un jour et une nuit sur l'abîme ; souvent en voyage, exposé aux dangers des fleuves, aux dangers des brigands, aux dangers venus de mes congénères, aux dangers venus des païens, aux dangers dans les villes, aux dangers dans le désert, aux dangers sur mer, aux dangers parmi les faux frères ; connaissant la fatigue et la peine des veilles répétées, la faim et la soif des jeûnes fréquents, le froid et la nudité* [14]. Pourtant, avec tout ce qu'il vient d'énumérer, saint Paul dit la vérité lorsqu'il affirme : *je suis pleinement consolé, je déborde de joie au milieu des épreuves que nous endurons.*

La Semaine Sainte approche. Pâques apporte pardon, miséricorde, compassion divine, surabondance de grâce. D'ici quelques jours le mystère de notre salut sera consommé, afin d'être appliqué à chaque âme dans le cours de l'histoire. S'il nous est arrivé d'avoir peur de la pénitence, de l'expiation — ou si nous les avons mal interprétées — armons-nous de courage : le temps est court, le prix est grand, sans comparaison avec la petitesse de nos efforts. Suivons avec joie Jésus jusqu'à Jérusalem, jusqu'au Calvaire, jusqu'à la Croix. « N'est-il pas vrai que, dès que tu cesses d'avoir peur de la Croix, de ce que les gens appellent croix, et que ta volonté s'applique à accepter la Volonté divine, tu es heureux, et que disparaissent tous tes soucis, toutes tes souffrances physiques ou morales[15] ? »

1. Is 66, 10-11. — 2. Jean Paul II, *Allocution*, 1er mars 1980. — 3. Missel Romain, *Ordonnance générale*, n. 308. — 4. *Cæremoniale Episcoporum*, 1984, n. 48. — 5. Ph 4, 4. — 6. Paul VI, Exhor. Apost. *Gaudete in Domino*, 1, 9 mai 1975. — 7. *Id.* — 8. *Prière sur les offrandes. Dimanche IV de Carême.* — 9. Cf. Rm 8, 28. — 10. Bienheureux Josemaría Escrivá, *Chemin de Croix*, II, 3. — 11. 2 Cor 9, 7. — 12. Bienheureux Josemaría Escrivá, *Sillon*, n. 61. — 13. 2 Cor 7, 4. — 14. 2 Cor 11, 24-27. — 15. Bienheureux Josemaría Escrivá, *Chemin de Croix*, II.

CARÊME. 4e SEMAINE. LUNDI

27. LA PRIÈRE

L'exemple de Jésus.

Un jour, alors que Jésus était en prière quelque part... [1] Nombreux sont les passages de l'Évangile qui nous montrent Jésus qui se retire et reste seul pour prier [2] ; particulièrement dans les moments les plus importants de son ministère public : lors de son Baptême [3], au moment de l'élection des apôtres [4], avant la première multiplication des pains [5], le jour de la Transfiguration [6]... Cela lui était manifestement habituel : « Il passait parfois la nuit entière en conversation intime avec son Père. Comme les premiers disciples aimaient la figure du Christ en prière [7] ! » Comme cela nous stimule, nous aussi !

Méditons un moment sur une scène que le saint Rosaire met en lumière : la prière de Jésus au Jardin des Oliviers. Immédiatement avant de se livrer Lui-même dans la Passion, le Seigneur emmène ses apôtres au Jardin de Gethsémani qui lui était très familier, précise saint Luc : *Il s'en alla pour se rendre, comme de coutume, au mont des Oliviers* [8]. Mais cette fois, la prière de Jésus est exceptionnelle, Il sait que l'heure de son agonie est arrivée.

Parvenu à la colline de Gethsémani qui longe les murailles de Jérusalem, Il leur dit : *Priez, pour ne pas entrer en tentation* [9]. Avant de se retirer à l'écart pour prier, le Seigneur demande aux apôtres de rester eux aussi en prière. Jésus sait bien, en effet, que la capture de leur

Maître sera pour eux une forte tentation de scandale. Il le leur a déjà annoncé pendant la dernière Cène, et maintenant Il les avertit : ils ne pourront pas résister à l'épreuve s'ils ne restent pas en veille et en prière.

La prière nous est aussi nécessaire qu'aux apôtres, car si nous laissons de côté nos rapports avec Dieu, notre vie spirituelle se met peu à peu à languir. « Si l'on abandonne la prière, on vit tout d'abord de ses réserves spirituelles… et ensuite, de tricheries [10]. » En revanche, la prière nous unit profondément à Dieu qui nous dit : « *Sans moi vous ne pouvez rien faire* [11], prie toujours, sans jamais te lasser [12], parle-moi et fréquente-moi beaucoup, dans toutes les circonstances de ta vie. » En outre, depuis que nous avons pris la résolution de suivre Jésus en ce temps de Carême, il nous faut beaucoup prier car « sans prier, qu'il est difficile de L'accompagner [13] ! ». Enfin, le Seigneur nous apprend par l'exemple de sa vie quelle attitude fondamentale est la plus féconde : dialoguer toujours avec Dieu dans un esprit filial. « Selon moi, la prière mentale n'est pas autre chose qu'une relation d'amitié, fréquenter très souvent seul à seul celui qui, comme nous le savons, nous aime [14]. » Essayons donc d'être toujours en présence de Dieu, de contempler les mystères de notre foi et de préserver ce dialogue avec Lui au milieu de toutes nos activités. Tâchons aussi de l'intensifier en ces moments consacrés chaque jour à la prière mentale, dialogue humain et divin où *Il nous voit et nous entend* vraiment. Avec la charité, le besoin de prière est sans doute l'un des points sur lequel le Seigneur a le plus insisté dans sa prédication.

La prière personnelle : un dialogue confiant avec Dieu.

Et Il s'éloigna d'eux à la distance d'un jet de pierre environ. Puis, s'étant mis à genoux, Il priait : Père, disait-il, si tu veux bien, écarte de moi cette coupe ! Cependant, que ce ne soit pas ma volonté qui se fasse, mais la tienne[15].

Quand la souffrance spirituelle devient si intense qu'elle le fait entrer en agonie, que fait le Seigneur ? Il s'adresse d'abord à son Père dans une prière ardente. Il l'appelle *Abba*, Père ! Il lui ouvre son cœur torturé. Et nous montre ainsi le chemin… Nous traversons tous des moments de paix spirituelle et d'autres de lutte intense, voire d'obscurité, de douleur physique ou de détresse morale, de découragement extrême… Jésus dans ce sinistre Jardin des Oliviers nous apprend à les affronter en priant avec confiance et persévérance. Pour avancer sur le rude chemin de la sainteté, particulièrement quand nous sentons le poids de la faiblesse humaine, recueillons-nous dans la prière, ne fuyons pas cette conversation intime avec le Seigneur.

Mais Dieu aime également voir ses enfants prier ensemble[16]. Recourons donc à Lui dans la prière publique, aussi sainte et nécessaire — bien qu'elle ne puisse jamais la remplacer — que l'oraison personnelle à laquelle nous invite Jésus : *pour toi, entre dans ta chambre, ferme ta porte et prie ton Père*[17].

La liturgie, prière publique par excellence, « est le sommet auquel tend l'action de l'Église, et en même temps la source d'où découle toute sa vertu (…). Cependant, la vie spirituelle n'est pas enfermée dans la participation à la seule liturgie. Car le chrétien est appelé à prier en commun ; néanmoins, il doit aussi entrer dans sa chambre pour prier le Père dans le secret, et, même, enseigne l'apôtre, il doit prier sans relâche (1 Th 5, 17)[18]. »

Quoi qu'il en soit, la prière commune à plusieurs chrétiens est aussi union personnelle au Père ; et, tandis que les lèvres la récitent posément, l'esprit met en elle toute son attention.

Quelle merveille de pouvoir parler avec Dieu dans une conversation amicale, en sachant qu'Il est présent, attentif à ce que nous disons, qu'Il écoute et répond ! Non de manière sensible — en paroles humaines intérieures — mais par des inspirations, des lumières, des grâces, en suggérant des mouvements du cœur, des rectifications de conduite, des audaces apostoliques, le Créateur et Seigneur de l'univers dialogue avec nous ! Dans cette conversation intime, comme celle de maintenant, nous ouvrons notre âme à notre Père, pour adorer, rendre grâces, lui demander son aide, pour approfondir, comme les apôtres, les enseignements divins. « Tu m'as écrit : “ Prier, c'est parler avec Dieu. Mais de quoi ? ”— De quoi ? De lui, de toi : joies, tristesses, succès et défaites, nobles ambitions, soucis quotidiens…, faiblesses ! actions de grâces et demandes, Amour et réparation. En deux mots, le connaître et te connaître : “ se fréquenter ! ” [19] »

Ta prière ne peut être anonyme, vague, impersonnelle, perdue parmi celles des autres, car Dieu qui a racheté chaque homme, désire maintenir un dialogue avec chacun d'eux, avec toi ! Et, à la fin de la vie terrestre, la joie ou la peine éternelle, le dialogue sans fin avec Dieu ou la mort, ne dépendront-ils pas de l'ultime réponse de chacun ? Cette réponse d'amour d'une personne concrète —unique, qui a un idéal, une profession déterminée, des engagements, des amitiés propres, des grâces spécifiques... —n'est-elle pas intrinsèquement liée au dialogue avec Dieu son Père ?

Il est vrai, précise le Catéchisme, que « la prière suppose un effort contre nous-mêmes et une lutte contre les ruses du Tentateur. Ce combat de la prière est inséparable du " combat spirituel " nécessaire pour agir habituellement selon l'esprit du Christ : on prie comme on vit, parce qu'on vit comme on prie.(...)

« (Aux) tentations qui jettent le doute sur l'utilité ou la possibilité même de la prière, il convient de répondre par l'humilité, la confiance et la persévérance. (...)

« *Priez sans cesse* (1 Th 5, 17). Prier est toujours possible. C'est même une nécessité vitale. Prière et vie chrétienne sont inséparables [20]. »

Prier avec recueillement, éviter les distractions.

S'étant relevé après avoir prié, Il vint vers ses disciples qu'Il trouva plongés dans le sommeil sous l'effet du chagrin. Il leur dit : Pourquoi dormez-vous ? Levez-vous et priez pour ne pas entrer en tentation [21].

Voilà trois ans qu'ils vivent à ses côtés, et pourtant les apôtres négligent encore un ordre du Seigneur ! Il les a laissés là, près de lui, pour qu'ils veillent, qu'ils prient et qu'ainsi ils ne tombent pas dans la tentation. Mais ils n'aiment pas encore suffisamment et se laissent vaincre par la tristesse et le sommeil. Ils abandonnent Jésus au pire moment. Le sommeil, image de la faiblesse, est à la fois l'effet et la cause de cette mauvaise tristesse, de l'abattement, du manque d'esprit de lutte, de l'abandon de la piété filiale. Allons-nous tomber nous aussi dans cette situation ? Non, si nous dialoguons vraiment avec Dieu dans chaque moment de prière. Non, si nous utilisons des Évangiles ou d'autres livres — comme celui que tu as dans les mains, ami qui pries avec moi —, pour qu'ils nous aident à orienter ce dialogue, à nous approcher davantage du Seigneur.

En cela, rien ni personne ne peut nous remplacer ! Ainsi firent d'innombrables saints prestigieux ou inconnus : « Excepté si je venais de communier, dit sainte Thérèse d'Avila, je n'osais jamais commencer un moment de prière sans livre ; mon âme craignait d'être sans livre dans la prière autant que si je devais combattre une foule de gens. Avec ce remède, qui était comme une compagnie ou comme un bouclier sur lequel je devais recevoir les coups de nombreuses pensées, je me trouvais consolée[22]. »

Fais, de préférence, la prière mentale, avec recueillement, dans le lieu le plus approprié — selon tes circonstances — autant que faire se peut, près du Seigneur présent dans le tabernacle ; à l'heure — fixe, si possible — que tu auras choisie à l'avance selon ton plan de vie quotidien. Prévenu contre les distractions, tu peux te préparer à les éloigner par la mortification de la mémoire et de l'imagination, mortification qui écarte ce qui empêche d'être attentif à Dieu. Car c'est un peu triste d'avoir « les sens éveillés et l'âme endormie[23] ».

A qui lutte avec décision contre les distractions, le Seigneur facilite le retour à la vraie prière. En plus, ton ange gardien est là et prie pour toi [24]. Soyons précis : l'essentiel est de ne pas vouloir être distrait, par négligence ou tiédeur, et de ne pas l'être volontairement, car les distractions involontaires ou obstinées, qui viennent malgré tout, et que l'on essaie de repousser dès que l'on en est conscient, n'enlèvent rien au profit ni au mérite de la prière. Un père et une mère se fâchent-ils lorsque l'enfant qui ne sait pas encore parler, balbutie, gazouille, pleure, marmonne et produit des sons sans aucun sens mais de façon infatigable, et le jour et la nuit ? En prient-ils moins bien, ou cet involontaire obstacle au silence n'enrichit-il pas leur patience et leur amour ? Dieu connaît mieux notre bonne volonté comme notre faiblesse, il est patient, seul compte à ses yeux notre appel : « concède-nous l'esprit de prière [25] ».

Offrons aujourd'hui au Seigneur notre résolution de Lui plaire en soignant, chaque jour davantage, la prière mentale ! et ce, particulièrement, dans les inévitables occasions où elle nous coûte, où elle nous semble difficile et aride, car « le problème de la prière n'est pas de parler ou de ressentir, mais d'aimer. Et l'on aime en s'efforçant de dire quelque chose au Seigneur, même si on ne lui dit rien [26] ».

La prière est un phare puissant qui donne la lumière pour mieux clarifier les problèmes, connaître les personnes et les aider sur le chemin qui mène au Christ, remettre à leur vraie place les affaires qui nous préoccupent… La prière laisse dans l'âme une atmosphère de sérénité et de paix qui se transmet aux autres. La joie qu'elle apporte est une anticipation du bonheur du Ciel.

Quelqu'un sur terre a-t-il davantage fréquenté Jésus que sa Mère, sainte Marie, qui passait de longues heures à le regarder, à parler avec Lui en toute simplicité ? Plaçons-nous à côté de notre Mère du Ciel, apprenons d'elle à parler en confiance avec Jésus, à le suivre de près, unis à sa Croix. Un jour viendra où nous comprendrons réellement l'expérience de Moïse, d'Abraham, d'Isaïe… qui parlaient *face à face* avec Yahvé, *comme un ami à son ami*, parce que cette expérience sera devenue la nôtre [27].

1. Lc 11, 1-3. — 2. Cf. Mt 14, 23 ; Mc 1, 35 ; Lc 5, 16 ; etc. — 3. Cf. Lc 3, 21. — 4. Cf. Lc 6, 12. — 5. Cf. Mc 6, 46. — 6. Cf. Lc 9, 29. — 7. Bienheureux Josemaría Escrivá, *Quand le Christ passe*, 119. — 8. Lc 22, 39. — 9. Lc 22, 40. — 10. Bienheureux Josemaría Escrivá, *Sillon*, n. 445. — 11. Jn 15, 5. — 12. Cf. Lc 18, 1. — 13. Bienheureux Josemaría Escrivá, *Chemin*, n. 89. — 14. Sainte Thérèse, *Vie*, 8, 2. — 15. Lc 22, 41-42. — 16. Cf. Mt 18, 19-20. — 17. Mt 6, 6. — 18. Concile Vatican II, Const. *Sacrosanctum Concilium*, 10 et 12. — 19. Bienheureux Josemaría Escrivá, *Chemin*, n. 91. — 20. *Catéchisme de l'Église Catholique* (1992), nn. 2752, 2753, 2757. — 21. Lc 22, 45-46. — 22. Sainte Thérèse, *Vie*, 6, 3. — 23. Cf. Bienheureux Josemaría Escrivá, *Chemin*, n. 368. — 24. Cf. *Catéchisme de l'Église Catholique*, n. 336 : L'existence des anges n'est pas une fable surannée. — 25. *Liturgie des Heures. Laudes. Lundi de la quatrième semaine de Carême*. — 26. Bienheureux Josemaría Escrivá, *Sillon*, n. 464. — 27. Ex 32.

CARÊME. 4º SEMAINE. MARDI

28. L'ART D'UTILISER SES FAUTES

Accepter les autres tels qu'ils sont.

L'Évangile de la Messe d'aujourd'hui nous présente un homme malade depuis trente-huit ans, et qui pourtant, continue d'espérer sa guérison miraculeuse des eaux de la piscine de Bézatha[1]. *Jésus, le voyant couché là, et apprenant qu'il était dans cet état depuis longtemps, lui dit : Est-ce que tu veux retrouver la santé ?* Question paradoxale : pourquoi ne le voudrait-il pas ? Cc qui est extraordinaire c'est que, sans manifester ni accablement, ni fatalisme, ni rébellion, ni amertume... (le malade ne gémit pas et reste objectif) il répond simplement à Jésus : *Seigneur, je n'ai eu personne pour me plonger dans la piscine au moment où l'eau bouillonne ; et pendant que j'y vais, un autre descend avant moi. Jésus lui dit : Lève-toi, prends ton brancard, et marche*. Le paralytique ne doute pas et obéit instantanément : *Et aussitôt l'homme retrouva la santé. Il prit son brancard : il marchait !*

Cet épisode n'est pas le seul, le Seigneur est toujours disposé à écouter et à donner à l'homme de cœur ce dont il a besoin dans chaque situation. La bonté de notre Dieu fait homme, dépasse toujours nos prévisions bien souvent frileuses. Il nous demande cependant une réponse personnelle : que nous lui montrions que nous ne voulons pas demeurer dans la situation dans laquelle Il nous trouve, en le manifestant par l'emploi de tous les moyens à notre portée pour en sortir. Le Seigneur n'aime pas que l'on pactise avec les défauts ou les erreurs, et que l'on se dispense de tout effort pour les surmonter. Est-ce qu'au fond, nous ne nous résignons pas à abdiquer devant nos défauts et nos faiblesses qui nous séparent bien de Dieu et des autres, mais que l'on cherche à excuser sous prétexte qu'ils font partie de notre manière d'être, ou que nous avons déjà essayé tant de fois de les combattre sans résultat positif apparent ?

Le but véritable du Carême est précisément de nous inviter à améliorer nos dispositions intérieures par *la conversion* du cœur à Dieu et par les œuvres de pénitence. Comme on prépare la maison pour un ami de passage, nous préparons notre âme à recevoir les grâces que le Seigneur veut nous donner pour nous aider sur le chemin de la sainteté.

Par la voix de la liturgie, c'est Jésus Lui-même qui nous rappelle l'importance de la persévérance dans la lutte et la nécessité de recommencer chaque fois qu'il le faudra, puisque la lutte pour la fidélité est la pierre de touche de l'amour. « Le Seigneur n'interroge pas le paralytique pour savoir ce qui lui arrive — c'était superflu —, mais pour mettre en évidence la patience de cet homme qui, pendant trente-huit ans, sans arrêt, a insisté, en espérant se voir libéré de sa maladie[2]. »

Oui, l'amour authentique pour le Christ, se manifeste à travers ces décisions et ces efforts pour déraciner un défaut précis ou grandir dans une vertu déterminée si difficile, semble-t-il, à obtenir. Mais il se manifeste encore davantage *dans la patience* que l'on met dans la lutte intérieure, car il est possible qu'il nous faille beaucoup de temps, peut-être *trente-huit ans*, pour croître en telle ou telle vertu, ou pour surmonter tel aspect plus ou moins négatif de notre vie intérieure.

Un auteur spirituel, bien connu de ce siècle et à qui nous avons emprunté le titre de notre méditation d'aujourd'hui, soulignait l'importance de savoir être patient avec ses défauts. L'importance d'avoir *l'art de profiter de ses fautes*[3], de ne pas être surpris — *ni se troubler* — lorsque, ayant mis tous les moyens raisonnablement à notre portée, nous n'arrivons pas à atteindre tel but surnaturel que nous nous étions proposé. Le temps — la mesure du mouvement — peut être apprécié objectivement — tout change lentement mais sûrement dans la création —, ou subjectivement — il nous paraît alors exagérément court dans le bonheur et démesurément long dans le malheur. Il faut évidemment corriger notre vision et prendre la mesure exacte des choses, en un mot, ne pas nous habituer aux situations négatives, mais apprendre à *profiter de nos fautes* pour croître en humilité, en expérience, en maturité de jugement…

Ce malheureux paralysé que l'Évangile de la Messe nous présente a vécu la constance pendant trente-huit ans ! Il est très probable qu'il l'aurait vécue jusqu'à la fin de ses jours, car la vertu s'acquiert peu à peu, par répétition d'actes qui l'enracinent dans l'âme. Le prix de cette constance ? Avant tout, une rencontre avec Jésus !

Patience dans la lutte intérieure, recommencer aussi souvent que nécessaire.

Prenez donc patience, frères, jusqu'à la venue du Seigneur. Voyez : le cultivateur attend les précieux fruits de la terre, tout en patientant jusqu'à ce qu'il ait reçu la pluie de l'automne et la pluie du printemps[4].

Ce qui est bon pour l'univers créé, explique saint Jacques, l'est aussi pour l'homme qui en est le sommet. Il faut savoir attendre et lutter avec une patiente persévérance, convaincus que c'est ainsi que nous plaisons à Dieu. « Il faut souffrir avec patience les retards dans notre perfection, disait saint François de Sales, en faisant toujours ce que nous pouvons pour progresser, avec courage. Attendons avec patience, et au lieu de nous inquiéter d'avoir fait si peu dans le passé, essayons avec diligence de faire davantage dans le futur[5]. »

Une vertu ne s'obtient pas, d'habitude, par de violents efforts sporadiques. Elle procède plutôt de la constance dans la lutte, (recommencer chaque jour, chaque semaine) aidés par la grâce sacramentelle. « Pour ces batailles de l'âme, la stratégie est souvent une question de temps et consiste à appliquer le remède adéquat avec patience, avec obstination. Il faut faire davantage d'actes d'espérance. Encore une fois, vous connaîtrez des défaites, ou vous passerez par des hauts et des bas dans votre vie intérieure — que Dieu veuille bien les rendre imperceptibles ! Personne ne se trouve à l'abri de ces contretemps. Mais le Seigneur, qui est tout-puissant et miséricordieux, nous a accordé les moyens convenables pour vaincre. Il ne nous reste qu'à les employer (...) avec la résolution de commencer et de recommencer, à chaque instant s'il le fallait[6]. » Seigneur, permets que saint Joseph, maître de force silencieuse dans la vie intérieure, nous le rappelle jour et nuit ! L'âme de la constance, c'est l'amour ! Ce n'est que par amour que l'on peut être patient[7] et que l'on lutte sans accepter les défauts et les fautes comme des imperfections inévitables et sans remède. Ne soyons pas, dit sainte Thérèse d'Avila, des chrétiens qui, après d'innombrables batailles « s'arrêtent dans leur effort et manquent de courage » quand ils sont déjà « à deux pas de la source d'eau vive[8] ».

Etre patient avec soi-même quand on essaie de déraciner les mauvaises tendances et les défauts de caractère, implique également de fuir le conformisme, d'accepter de se présenter très souvent devant le Seigneur comme ce serviteur *qui n'avait pas de quoi payer*[9], en demandant, avec humilité, de nouvelles grâces. Sur le chemin qui mène à la plénitude de la vie chrétienne, nous souffrirons certaines défaites ; beaucoup n'auront pas d'importance ; d'autres si, mais la réparation et la contrition nous approcheront encore plus de Dieu. Douleur et repentir qui ne sont pas du tout tristesse, parce qu'ils sont douleur, et parfois larmes, d'amour. Chagrin d'amour, certes, mais... de ne pas rendre autant d'amour que le Seigneur mérite ! Douleur, oui, mais de rendre le mal pour le bien à qui nous aime tant.

Le paralytique de Bézatha : un seul adversaire véritable, le découragement.

Si tu sais être patient avec toi-même tu le seras plus facilement avec ceux que tu côtoies fréquemment, particulièrement si tu es responsable de leur éducation, leur formation, leur soin dans la maladie… Tu tiendras compte des défauts de ceux qui t'entourent, car ta lutte personnelle te rendra plus compréhensif. La force t'aidera à rester calme, sans omettre de rectifier ou de corriger quand ce sera nécessaire, au moment le plus opportun. Attends un peu avant de corriger, laisse tomber la surprise ou l'indignation, donne une réponse agréable — claire, mais brève et positive — éclairée d'un sourire ou d'un regard affectueux…, ces délicatesses permettront à tes paroles d'arriver au cœur de la personne à laquelle tu t'adresses ; dans le cas contraire, brusqué, maltraité, son cœur se fermera et deviendra imperméable à toute vérité.

C'est la raison pour laquelle l'impatience rend si difficiles les relations avec les autres, inefficace l'aide offerte et la correction pourtant utile. « Continue de faire les mêmes exhortations, nous recommande saint Jean Chrysostome, et jamais avec paresse ; agis toujours avec amabilité et grâce. Ne vois-tu pas avec quel soin les peintres effacent parfois les traits qu'ils ont faits, d'autres fois les retouchent, quand ils essaient de reproduire un beau visage ? Ne te laisse pas dépasser par les peintres. Car si eux mettent tant de soin à peindre une image corporelle, combien plus nous-mêmes, qui essayons de former l'image d'une âme, ne manquerons-nous pas de lutter contre tous les obstacles qui se présenteront afin de la rendre parfaite[10]. »

La constance et la patience sont particulièrement nécessaires dans l'évangélisation ecclésiale et dans l'apostolat personnel, car toute personne a besoin de temps (de découverte et de maturation) pour s'approcher du Seigneur, et que Dieu est infiniment patient. A tout moment de la vie, Il donne sa grâce, pardonne et encourage à aller de l'avant. N'a-t-Il pas a été patient avec nous ? Ne devons-nous pas l'être comme Lui, avec les amis que nous voulons Lui amener ? Il est vrai qu'il semble parfois qu'ils n'écoutent pas, que les choses de Dieu ne les intéressent guère, qu'ils se passeraient même facilement de l'amitié d'autrui... Est-ce une raison pour abandonner ? N'est-ce pas plutôt le moment d'intensifier la prière, la mortification, la charité et l'amitié sincère ?

Vivons au moins de telle sorte qu'aucun de nos amis, aucune de nos connaissances ne puisse dire un jour au Seigneur ce que regrette tant cet homme paralysé : « je n'ai personne qui m'aide ». Car, c'est ce que pourraient affirmer malheureusement bien des malades et des paralytiques de l'esprit, qui peuvent servir... et doivent servir. « Seigneur, que jamais je ne demeure indifférent devant les âmes [11]. »

Profitons de ce moment de prière pour faire un bon examen. Nous intéressons-nous sincèrement aux personnes qui nous accompagnent sur le chemin de la vie ? à leur formation humaine et chrétienne ? Nous laissons-nous aller à nous habituer à leurs défauts, leurs préjugés, leurs limitations comme s'ils étaient irrémédiables ? Et, en même temps, comment vivons-nous la patience ?

L'Église a toujours enseigné, qu'en vertu de la communion des saints, l'on peut réparer aussi pour les fautes d'autrui, par la pénitence et la mortification personnelles.

On peut ainsi mériter pour eux, d'une certaine manière, la grâce de la foi, de la conversion, d'un plus grand don de soi à Dieu.

C'est en Jésus-Christ que se trouve le remède à tous les maux qui affligent l'humanité. C'est en Lui que tous les hommes peuvent trouver le salut et la vie. Il est la source des eaux qui vivifient tout, proclame le prophète Ezéchiel dans la lecture de la Messe : *Cette eau coule vers la région de l'orient, elle descend dans la vallée du Jourdain, et se déverse dans la mer Morte, dont elle assainit les eaux. En tout lieu où parviendra le torrent, tous les animaux pourront vivre et foisonner. Le poisson sera très abondant, car cette eau assainit tout ce qu'elle pénètre, et la vie apparaît en tout lieu où arrive le torrent*[12]. A travers ce symbolisme poétique propre aux régions arides où l'eau est un trésor, se dégage un sens spirituel merveilleux qui nous envahit d'une espérance indestructible : le Christ est venu rendre la vie à tout ce qui était mort ; transformer tout défaut, toute erreur en vertu et en force.

1. Jn 5, 1-16. — 2. Saint Jean Chrysostome, *Homélies sur l'Évangile de saint Jean*, 36. — 3. J. Tissot, *L'Art d'utiliser nos fautes*. — 4. Jc 5, 7. — 5. J. Tissot, *loc. cit.* — 6. Bienheureux Josemaría Escrivá, *Amis de Dieu*, 219. — 7. Cf. saint Thomas, *Summa Theologiae*, II-II, q. 136, a. 3. — 8. Cf. sainte Thérèse, *Chemin de perfection*, 19, 2. — 9. Cf. Mt 18, 23 et s. — 10. Saint Jean Chrysostome, *Homélies sur l'Évangile de saint Matthieu*, 30. — 11. Bienheureux Josemaría Escrivá, *Sillon*, n. 212. — 12. Ez 47, 8-9.

CARÊME. 4e SEMAINE. MERCREDI

29. L'UNITÉ DE VIE

Le christianisme, lumière du monde et sel de la terre.

Dieu a envoyé son Fils dans le monde, non pas pour condamner le monde, mais pour que, par lui, le monde soit sauvé[1]. Le Christ est venu au monde pour que les hommes aient la lumière et cessent de se débattre dans les ténèbres[2] ; puis pour qu'ayant la lumière, ils puissent faire du monde un lieu où toutes choses rendent gloire à Dieu et aident l'homme à atteindre la plénitude de sa vocation. Mais *la lumière brille dans les ténèbres, et les ténèbres ne l'ont pas reçue*[3]. Ce sont des mots toujours actuels, au moins pour une bonne partie de l'humanité qui n'arrive pas à se libérer de l'obscurité ; comment atteindre, en effet, la paix, le bonheur, le salut ? Hors du Christ il semble bien difficile d'émerger des ténèbres et du péché. Si l'on repousse le Christ, on court le risque de rester sans lumière et de perdre le bon chemin. On est triste et désorienté jusqu'au plus profond de son être.

La tentation de séparer la vie, le travail, l'étude, les affaires, les goûts, les affections, les antipathies,… et la foi n'est pas nouvelle ! Aujourd'hui encore on n'en mesure pas toujours les conséquences : sans la lumière de la Révélation, les réalités temporelles perdent leur valeur et s'édifient en dehors voire contre Dieu. Car sans cette lumière on en arrive facilement à considérer le monde comme une fin en soi en le dépouillant de toute référence à son créateur, et pour ce faire, on finit par déformer les vérités les plus élémentaires. Il faut corriger cette tragique séparation entre vie et foi, et particulièrement dans les pays occidentaux — matériellement les plus développés ! — « parce que nombreuses sont, à notre époque, les générations en train de se perdre pour le Christ et pour l'Église, et parce que, malheureusement à partir de ces lieux, l'ivraie d'un nouveau paganisme est envoyée au monde entier. Ce paganisme contemporain se caractérise par la recherche du bien-être matériel à tout prix, et par l'oubli correspondant — il vaudrait mieux dire la peur — de tout ce qui peut causer de la souffrance. Avec cette perspective, des mots comme Dieu, péché, croix, mortification, vie éternelle... deviennent incompréhensibles à un grand nombre de personnes qui ignorent leur sens et leur contenu. Vous avez contemplé cette réalité saisissante : beaucoup commencèrent peut-être à mettre Dieu entre parenthèses, dans certains détails de leur vie personnelle, familiale et professionnelle ; mais, comme Dieu exige, aime, demande, ils finissent par le rejeter — comme si c'était un intrus — des lois civiles et de la vie des peuples. Avec un orgueil ridicule et présomptueux, ils veulent élever à sa place la pauvre créature qui a perdu sa dignité surnaturelle et sa dignité humaine et qui est réduite — ce n'est pas une exagération (il suffit d'ouvrir les yeux) : — au ventre, au sexe, à l'argent[4]. »

Le monde reste dans l'obscurité si les chrétiens, par manque d'*unité de vie*, ne l'illuminent pas et ne rendent pas leur sens aux réalités concrètes de la vie. L'attitude des vrais disciples du Christ devant le monde (et spécifiquement des laïcs) n'est ni la séparation, ni la dissolution, mais une présence efficace qui transforme le monde de l'intérieur comme le levain dans la pâte. Le *chrétien cohérent avec sa foi* est le sel qui donne de la saveur et préserve de la corruption, tout particulièrement par son témoignage exemplaire dans la vie ordinaire. « Si nous les chrétiens, nous vivions vraiment selon notre foi, il se produirait la plus grande révolution de tous les temps… L'efficacité de la corédemption dépend aussi de chacun de nous ! — Médite-cela[5]. »Et toi, demande-toi : est-ce que je cherche l'*unité de vie* à chaque instant de mon existence, du lever au coucher, en vacances ou dans le travail, quand je suis malade ou en bonne santé… ?

Les conséquences du péché originel dans le monde. Rendre au Christ toutes les réalités terrestres

La Sagesse divine a établi le règne de l'homme sur toutes les créatures. Mais Adam a introduit le péché dans le monde. Il a brisé l'ordre de la création et l'harmonie de l'être humain. L'intelligence a commencé alors à faire l'expérience de l'erreur, la volonté s'est affaiblie et la liberté (qui consiste à choisir le bien) est tombée malade. Bien que la corruption n'ait pas radicalement détruit sa nature, l'homme fut profondément blessé ; désormais, la connaissance et la quête de son vrai bien le déconcertent. « L'Alliance avec Dieu a été rompue, avec comme conséquence, d'une part la désintégration intérieure et d'autre part, l'incapacité de construire la communion avec les autres[6]. » Le désordre introduit par le péché ne touche pas seulement l'homme, il affecte aussi la nature par ses effets. Cependant, le monde est bon, puisqu'il a été fait par Dieu pour contribuer à ce que l'homme atteigne sa fin dernière. Depuis le péché originel, les choses matérielles, le talent, la technique, la recherche scientifique, les lois, et même l'engagement spirituel... peuvent être déviés de leur droite disposition et se convertir en maux pour l'homme, en obscurcissant sa vocation, en le séparant de Dieu au lieu de l'approcher de Lui. Cela engendre d'innombrables déséquilibres, des injustices, des oppressions... qui trouvent leur origine dans le péché. « Le péché de l'homme, c'est-à-dire sa rupture avec Dieu, est la cause radicale des tragédies qui marquent l'histoire de la liberté. Pour comprendre cela, bon nombre de nos contemporains doivent découvrir à nouveau le sens du péché[7]. »

Et toi, comprends-tu combien Dieu, dans son infinie miséricorde, a eu compassion de l'état dans lequel était tombée la créature ? Il nous a tous rachetés en Jésus-Christ ! Il nous a rendu son amitié, à nous qui l'avons trahi ! Qui plus est, il nous a réconciliés avec lui au point de *pouvoir nous appeler fils de Dieu : et nous le sommes effectivement*[8]. Il nous a destinés à la splendeur de la vie éternelle, à demeurer avec lui pour toujours dans le Ciel. Comprends-tu maintenant pourquoi nous sommes ses débiteurs et quelle doit être notre réponse filiale ?

Réponse filiale ? Nous les chrétiens, nous pouvons transformer toutes les réalités terrestres en moyens de salut, surtout par notre travail converti en prière. C'est ainsi qu'elles serviront vraiment l'homme. « Nous devons imprégner d'esprit chrétien tous les milieux de la société. N'en restez pas seulement au bon désir : chacune, chacun, là où il travaille, doit donner un contenu divin à sa tâche, et doit se préoccuper — avec sa prière, sa mortification, son travail professionnel bien terminé — de se former et de former d'autres âmes dans la Vérité du Christ, pour qu'Il soit proclamé Seigneur de toutes les occupations terrestres[9]. » Certes ! Mais sommes-nous, toi et moi, en train de faire vraiment tout ce que nous pouvons pour mettre cela en pratique ? Est-ce que tu te rends compte que, pour y arriver, nous avons besoin de fortifier de plus en plus profondément « notre *unité de vie* ? »

La vie de piété et le travail, clés de la sainteté au milieu du monde.

Le Christ confie cette mission à tous les baptisés. Nous devons communiquer à toute la société ce dessein du Seigneur, parce que ce n'est qu'à cette condition que les structures, les lois, les institutions, les loisirs, rendront gloire à Dieu et seront vraiment au service de l'homme. « Nous, les disciples de Jésus-Christ, nous devons être des semeurs de fraternité à tout moment et dans toutes les circonstances de notre vie. Quand un homme ou une femme vivent intensément l'esprit chrétien, toutes leurs activités et relations reflètent et communiquent la charité de Dieu et les biens du Royaume. Il faut que nous, les chrétiens, sachions mettre dans nos relations quotidiennes de famille, d'amitié, de voisinage, de travail et de distraction, le sceau de l'amour chrétien, qui est simplicité, véracité, fidélité, douceur, générosité, solidarité et joie[10]. »

Par conséquent, les pratiques personnelles de piété ne

doivent pas être isolées de nos autres occupations : ces moments où la référence à Dieu se fait plus intense et profonde doivent donner un ton plus surnaturel à nos activités quotidiennes. Car chercher la sainteté au milieu du monde *ne consiste pas simplement à faire ou à multiplier* les dévotions ou les pratiques de piété ! Cela consiste en *l'union effective avec le Seigneur que ces actes suscitent et à laquelle ils sont ordonnés*. Or, quand l'union est bien réelle, elle influence tout ce que fait une personne. « Ces pratiques te mèneront presque insensiblement à la prière contemplative. Des actes d'amour plus nombreux naîtront dans ton âme : jaculatoires, actions de grâce, actes de réparation, communions spirituelles. Et cela, tout en accomplissant tes obligations : en décrochant ton téléphone, en prenant un moyen de transport, en ouvrant ou en fermant la porte, en passant devant une église, avant de te mettre au travail, en le réalisant ou en l'achevant (…)[11]. » Vivre avec le Christ et dans le Christ, chacun des instants de notre existence : dans le travail, dans la famille, dans la rue, avec nos amis — voilà *l'unité de vie* !

La piété personnelle pousse à l'action et lui donne son impulsion et son contenu, jusqu'à convertir l'occupation en un acte (supplémentaire) d'amour de Dieu. Simultanément, le travail et les tâches de chaque jour rendent plus faciles les rapports avec Dieu et l'exercice de toutes les vertus. Essayons de mieux travailler, de mettre dans nos occupations la dimension surnaturelle que donne l'amour de Dieu ; alors, toutes nos tâches coopéreront au salut des hommes, et nous ferons un monde vraiment plus humain.

Au nom de quoi respectera-t-on l'homme — en vertu de quoi doit-on l'aimer — si l'on refuse Dieu ou si on le combat ? Car c'est de Dieu que l'individu tire sa dignité, son identité, sa valeur : l'homme n'est vraiment homme que lorsqu'il est reconnu comme image de Dieu. Hélas, « la présence de Satan dans l'histoire de l'humanité augmente dans la même mesure où l'homme et la société s'éloignent de Dieu [12] ».

Heureusement, les chrétiens, ne sont pas seuls à assumer la sanctification des réalités terrestres. Beaucoup d'hommes de bonne volonté se soucient sincèrement de trouver de vraies solutions aux problèmes économiques, familiaux, personnels ou collectifs... Mais surtout, rétablir l'ordre voulu par Dieu et conduire le monde entier à sa plénitude, est principalement l'œuvre de l'Esprit Saint, le vrai Seigneur de l'histoire : « *Non est abbreviata manus Domini*, le bras de Dieu ne s'est pas raccourci (Is 59, 1). Dieu n'est pas moins puissant aujourd'hui qu'en d'autres époques, son amour pour les hommes n'en est pas moins véritable ! La foi montre que la création tout entière, le mouvement de la terre et des astres, les actions droites des créatures et tout ce qu'il y a de positif dans le déroulement de l'histoire, en un mot tout vient de Dieu et se dirige vers Lui [13]. »

Demandons à l'Esprit Saint d'éclairer et de mouvoir d'innombrables âmes — hommes, femmes, jeunes, âgées, saines, malades... — pour qu'elles soient vraiment sel et lumière au sein de toutes les réalités terrestres.

1. *Antienne de la communion*, Jn 3, 17. — 2. Cf. Jn 8, 12. — 3. Jn 1,

5. — 4. A. del Portillo, *Lettre pastorale*, 25 décembre 1985, n. 4. — 5. Bienheureux Josemaría Escrivá, *Sillon*, n. 945. — 6. Jean Paul II, *Audience générale*, 6 août 1983. — 7. S. C. pour la doctrine de la foi, Inst. *Libertatis contientiae*, 22 mars 1986, 37. — 8. Cf. 1 Jn 3, 1. — 9. A. del Portillo, *loc. cit.*, n. 10. — 10. Instruction pastorale *Les Catholiques dans la vie publique*, 22 avril 1986, 111, Conférence Épiscopale Espagnole. — 11. Bienheureux Josemaría Escrivá, *Amis de Dieu*, 149. — 12. Jean Paul II, *Audience générale*, 20 août 1986. — 13. Bienheureux Josemaría Escrivá, *Quand le Christ passe*, 130.

30. LA SAINTE MESSE ET LE DON DE SOI

Dans le sacrifice du Calvaire, Jésus-Christ s'offrit lui-même pour tous les hommes. Qu'en est-il du don de nous-mêmes à Dieu ?

Aujourd'hui, la première lecture de la Messe raconte comment Moïse a apaisé la colère de Yahweh devant l'infidélité de son peuple. Moïse, avec finesse et confiance, invoque des arguments émouvants : la renommée du Seigneur parmi les gentils, sa fidélité à l'alliance conclue avec Abraham et ses descendants… et, malgré les infidélités et les folies du Peuple élu qui peine dans le désert, le Seigneur pardonne une fois de plus ! Plus tard, l'amour de Dieu pour son Peuple et, à travers lui, pour tout le genre humain atteindra la manifestation suprême : *Dieu a tant aimé le monde qu'il donna son Fils unique pour que tous ceux qui croient en lui ne périssent pas, mais aient la vie éternelle*[1].

Au Calvaire, le Christ se donne totalement au Père par amour pour nous. C'est de là qu'il nous invite à répondre à son appel. *Il m'a aimé et s'est livré pour moi*[2] ! Devant ce mystère insondable d'amour, demandons-nous, toi et moi : qu'est-ce que je fais, moi, pour lui ? Comment est-ce que je réponds à cet amour ?

Pour accomplir jusqu'au bout la volonté du Dieu Un et Trine, Notre Seigneur, Prêtre et Victime, s'offre à son Père céleste, en répandant son Sang qui resta alors séparé de son Corps.

C'était le mystérieux et libre désir de la Trinité sainte que la Rédemption se réalisât de cette manière ; Jésus l'accepte avec un amour et une soumission sans limites. Cette offrande intérieure de soi-même est l'essence même de son sacrifice.

Tout vrai sacrifice comporte quatre éléments essentiels qui sont justement présents dans celui de la Croix : *un prêtre, une victime, une offrande intérieure et une manifestation extérieure du sacrifice*. La manifestation extérieure est l'expression normale de l'attitude intérieure d'amour ou d'adoration. Jésus meurt sur la Croix en manifestant extérieurement — par ses paroles et ses actions — son don intérieur d'amour. *Père, je remets mon esprit entre tes mains*[3] : la mission que tu m'as confiée est achevée, j'ai accompli ta volonté. A ce moment-là — comme maintenant d'ailleurs — il est en même temps le Prêtre et la Victime : *Ainsi, puisque nous avons un grand prêtre suréminent qui a pénétré au plus haut des cieux, Jésus, le Fils de Dieu, tenons ferme en la confession de notre foi. Aussi bien, le grand prêtre que nous avons n'est pas incapable de compatir à nos faiblesses, lui qui a été éprouvé en tout de la même manière que nous, le péché exclu*[4].

Cette offrande intérieure de Jésus donne son plein sens à tous les éléments visibles et tragiques de son sacrifice volontaire : la solitude angoissante, la spoliation, les insultes, la crucifixion…

Le Sacrifice de la Croix est absolument unique. Prêtre et Victime sont une seule et même personne divine, le Fils de Dieu fait homme. Jésus n'a pas été livré de force au

Père par Pilate ou par Caïphe, ou par la foule rassemblée à ses pieds. C'est lui qui se donne lui-même. Et ce n'est pas nouveau : à tout moment de sa vie terrestre, Jésus a vécu une parfaite identification à la volonté du Père, et tous ses actes, humains et divins à la fois, ont une valeur infinie de rachat et de rédemption de l'humanité. Mais c'est sur le Calvaire, que le don de lui-même atteint sa suprême expression, puisqu'il nous prouve dans sa chair qu'il n'y a pas de plus grand amour que de livrer sa vie pour ses amis.

Si tu veux imiter Jésus, ne désire rien d'autre que d'être un aimable reflet de sa vie. Ecoute-le dans ce moment d'oraison: essaies-tu de t'unir à l'offrande de Jésus au Père, en acceptant en toutes choses la volonté de Dieu ? Dans les joies et dans les contrariétés, dans les affaires courantes de la journée ? Dans les moments plus difficiles, de l'échec, de l'humiliation, de la douleur ou de la maladie comme dans les moments faciles quand l'âme vibre de joie ?

« O ma Mère et ma Souveraine, apprends-moi à prononcer un *oui* qui, comme le tien, s'identifie au cri que Jésus adressa à son Père : *non mea voluntas*... (Lc 22,42) : que ce ne soit pas ma volonté qui se fasse mais celle de Dieu [5]. »

La sainte Messe, renouvellement du sacrifice de la Croix.

Méditons aujourd'hui sur l'unité qui existe entre le Sacrifice de la Croix et la sainte Messe. Allons à l'essentiel : l'oblation intérieure que Jésus-Christ fait de lui-même, dans un total don de soi et une amoureuse soumission à son Père, notre Père. La Messe et le Sacrifice de la Croix sont le même et unique sacrifice, bien qu'ils soient séparés dans le temps. La totale soumission amoureuse de Notre Seigneur à la volonté du Père se renouvelle, même si ce n'est pas dans les circonstances douloureuses et sanglantes du Calvaire. Il n'en demeure pas moins que cette offrande intérieure de lui-même est essentiellement la même au Calvaire et dans la Messe : c'est *l'oblation du Christ*. C'est le même Prêtre, la même Victime, la même oblation, la même soumission à la volonté du Père. Seule change la manifestation extérieure de ce même don de soi : sur le Calvaire, il se traduit par la Passion et la Mort de Jésus ; dans la Messe, il est manifesté par la séparation sacramentelle, non sanglante, du Corps et du Sang du Christ lors de la transsubstantiation du pain et du vin.

Ainsi donc, le prêtre n'est dans la Messe que l'instrument du Christ, Suprême et Éternel Prêtre. Le Fils de Dieu s'offre lui-même dans chacune des Messes, de la même manière qu'il le fit sur le Calvaire, bien qu'il le fasse maintenant par l'intermédiaire d'un prêtre qui agit *in persona Christi*. C'est la raison pour laquelle « toute Messe, bien qu'elle soit célébrée en privé par un prêtre, n'est pas une action privée, mais une action du Christ et de l'Église. Dans le sacrifice qu'elle offre, l'Église apprend à s'offrir elle-même comme sacrifice universel, et applique au salut du monde entier l'unique et infinie vertu rédemptrice du sacrifice de la Croix [6]. » Voilà comment tu peux t'unir à Jésus, qui dans chaque Messe, s'offre en manifestant le don amoureux de lui-même à son Père céleste, don de soi exprimé maintenant par la Consécration du pain et, séparément, la Consécration du vin. Moment culminant, essence et noyau de la sainte Messe.

Notre prière d'aujourd'hui t'offre une bonne occasion d'examiner tes dispositions intérieures ainsi que la manière dont tu y participes. « Etes-vous à la Messe avec les mêmes dispositions qu'avait la très Sainte Vierge sur le Calvaire, puisqu'il s'agit de la présence du même Dieu et de la consommation du même sacrifice[7] ? » Tu te demandes quelles peuvent être ces dispositions ? Elles sont : amour, identification continuelle à la volonté de Dieu, offrande de soi-même, désir de co-racheter avec Jésus.

La valeur infinie de la Messe, centre de la vie de l'Église et du chrétien.

Puisqu'il est essentiellement identique au Sacrifice de la Croix, le Sacrifice de la Messe a une valeur infinie. Chaque Messe offre à Dieu une adoration, une action de grâces et une réparation infinies, indépendamment des dispositions des fidèles et même du célébrant. Il en est ainsi parce que le Christ est l'Offrant principal et la Victime. L'Église a toujours considéré comme une opinion gravement erronée le rigorisme qui fait dépendre la validité du sacrement de la sainteté des ministres. Non ! Si l'essentiel du sacrement — ce qui est établi par le Christ — est respecté, le sacrement agit *ex opere operato* par sa puissance propre, non *ex opere operantis*, par le mérite du célébrant (ou son indignité). Il n'existe donc pas de manière plus parfaite d'*adorer* Dieu que l'offrande de la Messe, dans laquelle son Fils Jésus-Christ est offert comme Victime et agit en même temps lui-même comme Grand Prêtre.

Il n'y a pas non plus de manière plus parfaite de *rendre grâce* à Dieu pour tout ce qu'il est et pour sa miséricorde envers nous : rien sur la terre ne peut être plus agréable à Dieu que le Sacrifice de l'autel. Chaque fois qu'on célèbre la sainte Messe, on rend présente l'infinie dignité du Prêtre et de la Victime, on répare pour tous les péchés du monde. Il s'agit de la seule *réparation* parfaite et appropriée à laquelle s'unissent nos actes de réparation. Y a-t-il sacrifice plus approprié pour nous, les hommes, et par lequel peuvent prendre une valeur infinie nos occupations quotidiennes, nos douleur et nos joies ? La sainte Messe « est réellement le cœur et le centre du monde chrétien [8] », Sacrifice où « est gravé ce qu'il y a de plus profond dans la vie de chacun des hommes : la vie du père, de la mère, de l'enfant, du vieillard, du jeune garçon et de la jeune fille, du professeur et de l'étudiant, de l'homme cultivé et de l'homme simple, de la religieuse et du prêtre. De chacun sans exception. Voici que la vie de l'homme est insérée, par l'Eucharistie, dans le mystère du Dieu vivant [9] ».

Les fruits de la Messe sont infinis, mais en nous ils sont en proportion à nos dispositions personnelles, et donc hélas, souvent limitées ! De même que le vin s'écoule plus ou moins vite selon la taille de la carafe, de même l'effusion de la grâce est-elle mesurée par l'ouverture du cœur humain au mystère divin.

C'est la raison pour laquelle l'Église nous presse

maternellement de participer de façon consciente, active et pieuse [10] à l'acte le plus sublime qui ait lieu chaque jour dans le monde : la Messe. Concentrons encore davantage nos efforts au moment précis de la Consécration, sommet de l'action liturgique. Essayons alors de pénétrer dans l'âme de celui qui est en même temps le Prêtre et la Victime, dans son amoureuse oblation à Dieu le Père, la même que celle du Calvaire où nous nous imaginons à côté de Marie. Ce Sacrifice de la Messe deviendra alors le point central de notre vie quotidienne, comme il l'est de toute la vie de l'Église. Plus grande sera notre identification à la volonté de Dieu, plus vive sera notre propension à nous donner, plus complète sera alors notre union avec le Christ au moment de la Consécration. C'est en union avec le Fils que nous offrons au Père la sainte Messe, et en même temps nous nous offrons nous-mêmes par lui, avec lui et en lui. Cet acte d'union peut être si profond et si vrai qu'il pénètre toute notre journée et exerce une influence décisive sur notre travail, nos relations avec les autres, nos joies et nos échecs, absolument tout ce que nous faisons.

Si, au moment de la Communion, Jésus te trouve avec la volonté de te livrer tout entier à lui dans un désir d'identification aimante à la volonté de Dieu le Père, que ne fera-t-il pas pour répandre l'Esprit Saint dans ton âme, avec son cortège de dons et de grâces ? As-tu besoin d'aide pour bien vivre la Messe ? As-tu songé à celle des anges, qui « sont toujours présents pour honorer ce saint mystère. Si nous nous unissons à eux et à leur intention, nous recevrons de nombreuses faveurs par leur intercession. Les chœurs de l'Église triomphante et de l'Église militante s'unissent et se joignent à Notre Seigneur, en cet acte divin, pour toucher en lui, avec lui et par lui, le cœur de Dieu le Père, et pour faire éternellement nôtre sa miséricorde [11]. » Recours à eux pour lutter contre les distractions et soigner avec un plus grand amour ce moment unique dans lequel, baptisé, tu participes au Sacrifice de la Croix. *Regina angelorum*, Marie, ma Mère, Reine des anges… prie pour nous.

1. Jn 3, 16. — 2. Ga 2, 20. — 3. Lc 23, 46. — 4. Hb 4, 14-15. — 5. Bienheureux Josemaría Escrivá, *Chemin de Croix*, IV, 1. — 6. Paul VI, Enc. *Mysterium Fidei*, 3 septembre 1965, n. 4. — 7. Saint curé d'Ars, *Sermon sur le péché.* — 8. Jean Paul II, *Homélie dans le Séminaire de Venegonon*, 21 mai 1983. — 9 . Idem., *Homélie à la clôture du 20ᵉ Congrès eucharistique national d'Italie*, 22 mai 1983. — 10. Cf. Concile Vatican II, Const. *Sacrosanctum Concilium*, n. 11 et 48. — 11. Saint François de Sales, *Introduction à la vie dévote.*

31. RECONNAÎTRE LE CHRIST DANS LE MALADE ET DANS LA MALADIE

Jésus se rend présent dans les malades.

Au coucher du soleil, tous ceux qui avaient des gens atteints de maux divers les lui amenèrent. Imposant les mains à chacun d'eux, Il les guérissait[1].

Les malades étaient si nombreux que *la ville entière se trouvait rassemblée auprès de la porte*[2]. Ils apportent les malades *après le coucher du soleil*[3]. Pourquoi pas avant ? Sans doute parce que ce jour-là était un samedi. Après le coucher du soleil un nouveau jour liturgique commençait, où cessait l'obligation du repos sabbatique que les juifs pieux gardaient avec tant de fidélité.

L'Évangile de saint Luc laisse le témoignage ineffaçable de ce geste émouvant du Christ : Il les guérit *en imposant les mains à chacun d'eux*. Jésus s'occupe attentivement de chacun des malades, il leur consacre toute son attention, parce que chaque personne, et d'une manière toute particulière celle qui souffre, est très importante pour Lui. Il n'est pas d'homme — quelle que soit sa race, son milieu, son état physique et moral — qui ne soit toujours bien reçu par Jésus, ce cœur divin, compatissant et miséricordieux pour tous, mais d'abord pour ceux qui sont le plus dans le besoin.

N'a-t-il pas manifesté sa présence parmi nous en *proclamant le Bon message du royaume et guérissant toute maladie et toute infirmité*[4] ? *Si bien que les foules étaient dans l'admiration en voyant des muets qui parlaient, des estropiés qui recouvraient la santé, des boiteux qui marchaient et des aveugles qui voyaient. Et elles rendaient gloire au Dieu d'Israël*[5].

« Dans son activité messianique au milieu d'Israël, rappelle Jean Paul II, le Christ s'approcha sans cesse du monde de la souffrance humaine. *Il est passé en faisant le bien*(Ac 10, 38), et cette manière d'agir s'appliquait, avant tout, aux malades et à ceux qui espéraient son aide. Il soignait les malades, Il consolait les affligés, Il nourrissait les affamés, Il libérait les hommes de la surdité, de la cécité, de la lèpre, du démon et de divers handicaps physiques ; en trois occasions il rendit la vie aux morts. Il était sensible à toute souffrance humaine, aussi bien du corps que de l'âme. En même temps Il instruisait, en mettant au centre de son enseignement les huit béatitudes, qui concernent les hommes éprouvés par diverses souffrances dans leur vie temporelle[6] ».

Qui veut être un fidèle disciples du Christ, ne peut laisser aux spécialistes — moins encore esquiver — cette mission dont l'étendue augmente dans des proportions autrefois inimaginables. Pendant des siècles, les moyens médicaux si limités, rendaient paradoxalement la souffrance plus dure… mais plus brève ! La durée de vie s'allonge, mais la précarité humaine, physique et mentale, demeure aussi lancinante. Le séjour prolongé à l'hôpital, les traitements thérapeutiques lourds, les risques d'outrepasser les limites du bien, le tentation de l'*euthanasie*, d'une mort *douce* mais non plus digne, de la manipulation des cellules génétiques, la tentation de se débarrasser des faibles, des handicapés… Voilà une série de réalités nouvelles où la conscience chrétienne doit particulièrement chercher quelle est la volonté de Dieu. Voilà pourquoi se pose d'une manière toute nouvelle, l'éternelle question : Comment traiter et aimer les malades ? Le besoin de foi, de respect, d'affection, n'est-il pas plus essentiel ? La charité n'a-t-elle pas un espace bien plus vaste pour rendre service, en leur rendant visite, en leur tenant compagnie, pour faire généreusement don de son temps, en préparant l'âme patiemment à recevoir les sacrements au moment opportun ? Une réalité permanente demeure : dans le maladc, le prisonnier, le Créateur marque à jamais l'œuvre de ses mains. *Seigneur, quand t'avons-nous vu, demandera-t-on au jugement dernier. « J'étais malade, prisonnier, nu… Chaque fois que vous l'avez fait au plus petit d'entre mes frères, c'est à moi que vous l'avez fait… »* « Un enfant. — Un malade. — N'éprouvez-vous pas la tentation d'écrire ces mots avec des majuscules ? Pour une âme éprise, un enfant, un malade, c'est Lui [7]. »

Dans la vie de chacun, il peut surgir des moments où la maladie opresse, à moins qu'elle ne touche des personnes de son entourage. Est-ce une calamité, ou un trésor de Dieu qui sanctifie ses élus par ce moyen ?

Le Seigneur se sert de tout, absolument de tout, pour que nous aimions davantage et que nous sachions aussi le trouver , Lui, dans la maladie. Dans les relations avec ceux qui souffrent et qui supportent une dure maladie, ces paroles décisives deviennent réalité : *ce que vous avez fait pour le moindre de mes frères que voici, c'est à moi que vous l'avez fait*[8].

Sanctifier la maladie ? Comment être un bon malade ?

La maladie, supportée par amour de Dieu, est un moyen de sanctification, d'apostolat, une manière excellente de participer à la Croix rédemptrice du Seigneur, et d'assumer toutes choses, les bonnes comme les mauvaises, dans la lumière de la foi.

La douleur physique accompagne souvent la vie de l'homme, et si elle est permise par la Providence, c'est qu'elle est *aussi* un moyen dont Dieu se sert pour purifier les fautes et les imperfections, pour exercer et fortifier les vertus. C'est une occasion de s'unir aux souffrances du Christ qui, étant innocent, porta sur Lui le châtiment que méritaient les péchés des hommes[9].

C'est dans la maladie que l'on peut être le plus près du Christ. « Dis-moi, ami, demanda l'Aimé, seras-tu patient si je double tes souffrances ? Oui, répondit l'ami, à condition que tu doubles ma capacité d'aimer[10]. » Plus douloureuse sera la maladie, plus nous aurons besoin de grâce — Dieu le sait bien —, plus nous aurons aussi besoin de capacité d'aimer. La maladie est une occasion singulière que le Seigneur permet pour co-racheter avec Lui et pour se purifier des traces que le péché a laissé dans l'âme.

Alors, si un jour survient la maladie, nous serons capable, en plus, d'être de *bons malades*. En premier lieu, en acceptant de ne plus pouvoir agir, de ne plus être productif, voire indispensable, sans pour cela se croire devenu inutile... « Il faut souffrir avec patience non seulement d'être malades, mais de l'être de la maladie que Dieu veut, parmi les personnes qu'Il veut, et avec les incommodités qu'Il veut. Et je dis la même chose des autres tribulations [11]. »

L'aide du Seigneur nous sera nécessaire pour supporter cette maladie avec élégance morale, en évitant de trop se plaindre, en obéissant au médecin. Car « lorsque nous sommes malades nous pouvons être assommants : *on ne fait pas attention à moi, personne ne pense à moi, on ne me soigne pas comme je le mérite, personne ne me comprend*... Le diable toujours à l'affût, attaque par n'importe quel côté ; et dans la maladie sa tactique consiste à créer une espèce de psychose qui éloigne de Dieu, qui rend l'ambiance amère ou qui détruit ce trésor de mérites qu'on obtient pour le bien de toutes les âmes lorsque l'on supporte la souffrance avec un optimisme surnaturel, lorsqu'on aime ! Donc si la volonté de Dieu est que le coup de griffe de l'épreuve nous atteigne, acceptez-le comme le signe de ce qu'Il nous juge suffisamment mûrs pour nous associer plus étroitement à sa Croix rédemptrice [12]. »

Celui qui souffre en union avec le Seigneur, *complète* mystérieusement avec sa souffrance ce qui manque aux souffrances du Christ [13].

« La souffrance du Christ a créé le bien de la rédemption du monde. Ce bien est en lui-même inépuisable et infini. Aucun homme ne peut lui ajouter quoi que ce soit. Mais, en même temps, dans le mystère de l'Église qui est son corps, le Christ a ouvert dans un certain sens sa propre souffrance rédemptrice à toute souffrance de l'homme[14]. »

Ainsi, avec le Christ, la douleur et la maladie atteignent leur pleine signification. *Fais, Seigneur, que tes fidèles participent à la Passion par les souffrances de leur vie, pour que se manifestent en eux les fruits de ton Salut*[15], demande la liturgie des Heures.

L'onction des malades et les fruits de ce sacrement. Y préparer les malades, preuve de charité et, parfois, de justice.

Parmi les missions confiées aux apôtres, la tâche d'enseigner et de soigner les malades a une indiscutable primauté. *Ayant convoqué les Douze, Il leur conféra puissance et plein pouvoir sur tous les démons, ainsi que le don de guérir les maladies… Ils partirent et passèrent de bourg en bourg, annonçant la Bonne nouvelle et opérant partout des guérisons*[16]. La mission confiée aux disciples après la Résurrection contient cette admirable promesse : *ceux qui auront cru imposeront les mains aux malades, et ceux-ci seront en bonne santé*[17].

Les disciples accomplirent cette tâche en suivant l'exemple du Maître. Les *Actes des Apôtres* et les *Lettres* du Nouveau Testament décrivent et nous font méditer la préoccupation pour les malades parmi les premiers chrétiens. Le sacrement de l'Onction des malades, institué par Jésus-Christ et proclamé par l'apôtre saint Jacques dans sa *Lettre*[18], rend présente de manière efficace la sollicitude du Seigneur pour tous ceux qui souffrent d'une grave maladie. « La présence du prêtre près du malade est un signe de la présence du Christ, non seulement parce qu'il est ministre de l'Onction, de la Pénitence et de l'Eucharistie, mais aussi parce qu'il est un serviteur spécial de la paix et de la consolation du Christ[19]. »

La maladie, est entrée dans le monde à cause du péché. Elle est donc aussi vaincue par le Christ parce qu'elle peut se convertir en un bien beaucoup plus grand que la santé physique elle-même. Par l'onction des malades, d'innombrables biens sont dispensés par le Seigneur, pour sanctifier la maladie grave. Le premier effet de ce sacrement c'est d'*augmenter* la grâce sanctifiante dans l'âme (il convient donc de se confesser avant de le recevoir). Cependant, si une personne n'est pas en état de grâce et s'il lui était impossible de se confesser (par exemple, en cas d'accident suivi de perte de connaissance), cette sainte onction efface aussi les péchés mortels : il suffit que le malade fasse ou ait fait avant un acte de contrition, même si cette contrition est imparfaite, voire présumée.

En plus d'augmenter la grâce, le sacrement lave les traces du péché dans l'âme, donne une grâce particulière pour vaincre les tentations qui se présentent souvent dans cette situation, et confère la santé du corps, si cela convient pour le salut[20]. Ainsi l'âme se prépare à entrer dans le Royaume de Dieu. Très souvent le malade en retire une grande paix, une joie sereine, la confiance de se savoir déjà très près de son Père.

Faisons nôtre, sans respect humain, l'écho de cette recommandation de notre mère l'Église : que les malades et les personnes avancées en âge reçoivent ce sacrement au moment opportun, sans retarder son administration (pour de fausses raisons de miséricorde, de compassion, ...) jusqu'à la phase finale. Quelle peine si des personnes qui pourraient avoir reçu l'Onction, mourraient sans elle par ignorance, par négligence ou à cause d'une affection mal comprise des parents et des amis. Préparer un malade, avec délicatesse, progressivement, à recevoir ce sacrement est une bonne preuve de charité et, parfois, de justice.

« La présence de Marie et son aide maternelle en ces moments (de grave maladie) ne doit pas être considérée comme une chose marginale et simplement parallèle au sacrement de l'Onction. C'est plutôt une présence et une aide qui s'actualisent et se transmettent par l'onction elle-même [21]. »

Puisque nous sommes en Carême, ouvrons nos yeux, d'une manière plus intense en ce temps liturgique, à la douleur qui nous entoure. Le Christ veut se rendre présent dans sa Passion, dans cette douleur, dans la maladie, et leur donner une valeur rédemptrice. Marie, notre Mère, l'a accompagné jusqu'au bout. Elle a tout supporté et accepté avec Lui, pour Lui et pour nous. Saint Vierge, nous allons prendre la relève avec toi.

1. Lc 4, 40. — 2. Mc 1, 33. — 3. Mc 1, 32. — 4. Mt 9, 35. — 5. Mt 15, 31. — 6. Jean Paul II, Lettre Apost. *Salvifici doloris*, 11 février 1984, 16. — 7. Bienheureux Josemaría Escrivá, *Chemin*, n. 419. — 8. Mt 25, 40. — 9. Cf. 1 Jn 4, 10. — 10. R. Llull, *Livre de l'Ami et de l'Aimé*, 8. — 11. Saint François de Sales, *Introduction à la vie dévote*, III, 3. — 12. Bienheureux Josemaría Escrivá, *Amis de Dieu*, 124. — 13. Cf. Col 1, 24. — 14. Jean Paul II, *loc. cit.*, 24. — 5. *Liturgie des heures. Vêpres. Vendredi de la 4ª semaine de Carême*. — 16. Lc 9, 1. 6. — 17. Mc 16, 18. — 18. Jc 5, 14-15. — 19. *Rituel de l'Onction des malades*, 6. — 20. Cf. Concile de Trente, Dz 909 ; *Rituel de l'Onction des malades*, 6. — 21. A. Bandera, *La Vierge Marie et les Sacrements*.

32. FAIRE CONNAÎTRE LA DOCTRINE DE JÉSUS-CHRIST

L'enseignement de Jésus aujourd'hui. Est-ce que je suis témoin de sa doctrine ?

C'est vraiment lui le Prophète qui devait venir... Jamais homme n'a parlé comme cet homme[1]. Les foules le disent spontanément, car le Seigneur parle simplicité des choses les plus profondes, et d'une manière particulièrement attrayante et suggestive ! Ses paroles sont comprises aussi bien par les élites que par les gens du peuple. Comment fait-il ?

D'abord Il se sert de toutes les ressources de la nature humaine. Sa parole est agréable, positive, opportune ; Il insiste sur la même doctrine, mais en choisissant les comparaisons les plus appropriées à ses auditeurs: le grain de blé qui doit mourir pour donner du fruit, la joie de retrouver des monnaies perdues, la découverte d'un trésor caché... Par des images et par des paraboles qui atteignent la sensibilité en même temps que l'intelligence, Il montre d'une manière incomparable la souveraineté de Dieu Créateur et, en même temps, sa condition de Père qui traite amoureusement chacun de ses fils. Personne n'a su comme Lui proclamer la vérité fondamentale de l'homme, sa liberté et sa dignité surnaturelle, tout ce qui vient par la grâce de la filiation divine.

Les foules le cherchaient pour l'écouter, et très souvent il fallait les renvoyer pour qu'elles s'en aillent. Le

Christ a *les paroles de vie éternelle*[2], et Il nous a laissé la mission de les transmettre à toutes les générations jusqu'à la fin des temps.

Aujourd'hui aussi, beaucoup de gens sont assoiffés — consciemment ou non — des paroles de Jésus, parce que ce sont les seules qui peuvent donner la paix aux âmes, les seules qui enseignent le chemin du Ciel. Et nous participons tous à cette mission de faire connaître le Christ. « Tous les fidèles, depuis le Pape jusqu'au dernier baptisé, participent à la même vocation, la même foi, le même Esprit, la même grâce... Tous participent activement et au même degré de responsabilité — dans la nécessaire pluralité des ministères — à l'unique mission du Christ et de l'Église[3]. »

Grande est l'urgence de faire connaître cette doctrine, car l'ignorance est un puissant ennemi de Dieu dans le monde, la « cause et comme la racine de tous les maux qui empoisonnent les peuples[4] ». Cette urgence est encore plus grande dans les pays d'occident : « Nous nous trouvons, dit le Pape Jean Paul II, dans une Europe dans laquelle devient de plus en plus forte la tentation de l'athéisme et du scepticisme ; où s'enracine une douloureuse incertitude morale, avec la destruction de la famille et la dégénérescence des coutumes ; dans laquelle domine un dangereux conflit d'idées et de mouvements[5] ».

Si Dieu le sait bien et le permet, c'est qu'Il a confié à chaque chrétien le témoignage de la bonne doctrine, du message évangélique, non seulement par l'exemple, mais aussi par la parole. Ne devons-nous pas profiter de toutes les occasions qui se présentent — les créer aussi avec prudence — avec les membres de la famille, les amis, les collègues, les voisins... ; cou encore eux que l'on fréquente plus épisodiquement, à l'occasion des vacances, d'un voyage, d'un congrès, d'une manifestation sportive, culturelle, municipale...

Pour qui désire parcourir le chemin qui mène à la sainteté, la vie ne peut pas être comme une grande avenue d'occasions manquées ! Le Seigneur veut ardemment que les paroles des chrétiens fassent écho à ses propres enseignements pour remuer les cœurs. « Il est vrai que Dieu respecte la liberté humaine, et qu'il peut y avoir des personnes qui *ne veulent pas* tourner leurs yeux vers la lumière du Seigneur. Mais beaucoup plus forte, et abondante, et généreuse, est la grâce que Jésus-Christ veut répandre sur la terre, en se servant — maintenant, comme avant et comme toujours — de la collaboration des apôtres que Lui-même a choisis pour qu'ils portent sa lumière de partout[6]. »

Imiter la pédagogie du Seigneur : aller à la rencontre de l'autre.

En mettant en œuvre cette nouvelle évangélisation, cet apostolat de la doctrine et de la vie, on ne craindra pas de revenir fréquemment sur les mêmes idées, on présentera les enseignements du Seigneur de manière attrayante (y a-t-il quelque chose de plus attrayant ?). Les foules d'aujourd'hui ne semblent-elles pas aussi *comme des brebis sans berger*[7], sans guide, sans savoir où aller, perdues parmi tant d'idéologies caduques ? Aucun chrétien ne peut rester passif, encore moins s'abstenir, dans cette tâche, la plus importante dans le monde. Aucun ne peut se dissimuler derrière un paravent d'excuses : « je ne suis pas fait pour cela, je ne sens pas doué, je n'ai pas le temps, je n'en ressens pas l'envie… » La vocation chrétienne est vocation à l'apostolat, et Dieu donne la grâce pour pouvoir y répondre.

Seigneur, suis-je vraiment un foyer de lumière au milieu de l'obscurité, ou bien suis-je retenu par la paresse ou le respect humain ? Pour nous aider à être plus apostoliques, considérons dans la présence du Seigneur à quel point les personnes qui ont croisé le chemin de notre vie ont droit à ce que nous les aidions, en toute nécessité, y compris à mieux connaître Jésus. Ai-je rempli ce devoir de chrétien, ou je risque de m'entendre reprocher un jour, dans cette vie ou dans l'autre, d'avoir privé quelqu'un de cette aide : *hominem non habeo*[8], je n'ai eu personne qui me donne un peu de lumière… ?

La parole de Dieu est vive et efficace, plus affilée qu'un glaive à deux tranchants[9], affirme saint Paul. Elle arrivera jusqu'au plus profond de l'âme, à la source de la vie et des coutumes des hommes.

Un jour, raconte l'Évangile de la Messe d'aujourd'hui, les juifs envoyèrent les gardes du Temple pour arrêter Jésus. À leur retour, à la question de leurs chefs : *Pourquoi ne l'avez-vous pas ramené ?*, les gardes répondent : *Jamais un homme n'a parlé comme cet homme !*[10] On peut supposer que ces simples serviteurs sont restés un moment parmi la foule, en attendant le moment opportun pour arrêter le Seigneur ; mais ils ont fini par s'émerveiller de sa doctrine. Nombreux seront ceux qui changeront d'attitude si nous arrivions à refléter et à faire connaître la vraie figure du Christ, son image authentique que professe notre mère l'Église ! Quelle ignorance il y a dans ce monde après vingt siècles, même parmi de les chrétiens !

Saint Luc dit de notre Seigneur qu'Il commença *à faire et à enseigner*[11]. Le Concile Vatican II confirme que la Révélation se réalisa *gestis verbisque*, avec des actions et des paroles intrinsèquement reliées[12]. Les actions de Jésus sont les actions de Dieu faites en son nom. Et quels commentaires faisaient les gens simples ! : *Nous avons vu des merveilles aujourd'hui*[13].

Nous allons montrer, nous aussi, avec l'aide de la grâce, ce que signifie suivre vraiment Jésus. « Qui a la mission de dire de grandes choses est égalcment obligé de les pratiquer », exhortait saint Grégoire le Grand[14]. Les amis, les parents, les collègues de travail, les connaissances se rendront compte que nous voulons être plus loyaux, sincères, joyeux, optimistes, efficaces dans le travail, résistants, affables, courageux... Sains craindre, en même temps, avec simplicité et naturel de montrer notre foi en Jésus-Christ. « Nous avons besoin, dit Jean Paul II, de hérauts de l'Évangile experts en humanité, qui connaissent à fond le cœur de l'homme d'aujourd'hui, partagent ses joies et espérances, ses angoisses et tristesses, et qui en même temps soient contemplatifs, amoureux de Dieu. Pour cela nous avons besoin de nouveaux saints. *Les grands évangélisateurs d'Europe ont été les saints*. Nous devons supplier le Seigneur d'augmenter l'esprit de sainteté dans l'Église et de nous envoyer de nouveaux saints pour évangéliser le monde d'aujourd'hui[15]. ».

Mille manières de faire connaître les enseignements de Jésus, même dans les situations difficiles.

« Certains ignorent tout de Dieu..., parce qu'on ne leur en a pas parlé en termes compréhensibles [16]. » Il y a mille manières de faire connaître aimablement la figure et les enseignements de Jésus et de son Église : une conversation en famille, la participation à la catéchèse paroissiale ou familiale, l'explication avec clarté et sympathie d'un dogme dans une conversation, l'éloge d'un livre clair ou d'un bon article... Parfois ce sera le silence que les autres apprécient, ou bien une lettre simple à un organe de communication sociale pour le féliciter d'un travail réussi... Cela fait toujours du bien , d'une manière que l'on ne perçoit pas forcément. En tous cas, il vaut la peine de se demander en ce moment de prière : « comment puis-je être un peu plus efficace, un meilleur instrument ? quels sont les obstacles que je mets à la grâce ? à quels milieux sociaux, à quelles personnes pourrais-je arriver, si j'étais moins paresseux — davantage amoureux de Dieu ! — et si j'avais plus d'esprit de sacrifice ? [17] »

Tenons aussi compte du fait que très souvent il faut aller à contre-courant, comme l'ont fait tant de chrétiens tout au long des siècles, être forts, avec l'aide du Seigneur, pour ne pas se laisser entraîner par des erreurs en vogue ou par des modes de vie permissifs et libertins, qui contredisent la loi morale naturelle et chrétienne. Dans ce climat aussi, on peut parler de Dieu à nos frères les hommes, sans laisser passer les occasions favorables : « Tous les événements de la vie, ceux de chaque existence particulière et, d'une certaine façon, ceux des grands moments de l'histoire, m'apparaissent comme autant d'appels que Dieu lance aux hommes, pour qu'ils affrontent la vérité, et comme autant d'occasions données aux chrétiens pour annoncer en parole et en acte, et avec l'aide de la grâce, l'Esprit auquel ils appartiennent (Cf. Lc 9, 55).

« Chaque génération de chrétiens doit racheter, doit sanctifier son temps ; elle doit, pour cela, comprendre et partager les aspirations des autres hommes, ses égaux, afin de leur apprendre, en usant du *don des langues*, comment ils doivent répondre à l'action du Saint-Esprit, à l'effusion permanente des richesses du Cœur divin. C'est à nous, chrétiens, qu'il incombe d'annoncer, en ces jours et à ce monde dont nous faisons partie et dans lequel nous vivons, ce message, aussi vieux que nouveau, de l'Évangile [18] ».

Nous ne sommes pas seuls dans cette grande entreprise. L'Esprit Saint, don du Père envoyé par le Fils, illumine toujours, surtout dans les situations difficiles, et nous saurons, de mieux en mieux, ce qu'il faut dire et comment le dire [19].

1. Jn 7, 46. — 2. Jn 6, 68. — 3. A. del Portillo, *Fidèles et laïcs dans l'Église*. — 4. Jean XXIII, Enc. *Ad Petri cathedram*, 29 juin 1959. — 5. Jean Paul II, *Discours*, 6 novembre 1981. — 6. A. del Portillo, *Lettre pastorale*, 25 décembre 1985, n. 7. — 7. Mc 6, 34. — 8. Jn 5, 7. — 9. Hb 4, 12. — 10. Jn 7, 45-46. — 11. Ac 1, 1. — 12. Concile Vatican II, Const. *Dei Verbum*, 2. — 13. Lc 5, 26. — 14. Saint Grégoire le Grand, *Règle pastorale*, 2, 3. — 15. Jean Paul II, *Discours au Symposium des Évêques Européens*, 11 octobre 1985. — 16. Bienheureux Josemaría Escrivá, *Sillon*, n. 941. — 17. A. del Portillo, *Lettre pastorale*, 25 décembre 1985, n. 9. — 18. Bienheureux Josemaría Escrivá, *Quand le Christ passe*, 132. — 19. Cf. Lc 12, 11-12.

CARÊME. CINQUIÈME DIMANCHE

33. UNE CLAMEUR DE JUSTICE

Un désir efficace de justice et de paix dans le monde.

Rends-moi justice, ô mon Dieu, soutiens ma cause... Dieu qui es mon recours[1], tel est l'appel qui jaillit de l'antienne d'ouverture de la Messe.

Dans une grande partie de l'humanité résonne une clameur plus intense que par le passé, pour « une meilleure paix assurée dans un climat de respect mutuel entre les hommes et entre les peuples[2] ». Ce désir de construire un monde plus juste dans lequel on respecte davantage l'homme, créé par Dieu à son image et ressemblance, est une part très fondamentale de *la faim et soif de justice*[3] qui existent dans le cœur d'un chrétien.

Toute la prédication de Jésus est un appel à la justice (dans sa plénitude), et à la miséricorde. Le Seigneur condamne les pharisiens *qui dévorent les biens des veuves, tout en affectant de faire de longues prières*[4]. Et c'est l'apôtre saint Jacques qui adresse ce sévère reproche à ceux qui s'enrichissent par la fraude et l'injustice : *Vos richesses sont pourries (...). Voici que crie le salaire des ouvriers qui ont moissonné vos champs, le salaire que vous avez retenu, et les clameurs des moissonneurs sont parvenues aux oreilles du Seigneur des armées*[5].

L'Eglise, indéfectiblemnt fidèle à l'enseignement de la sainte Ecriture, nous presse de nous unir à cette clameur du monde et la transformer en une prière qui arrive jusqu'à Dieu notre Père. En même temps elle nous presse de vivre les exigences de la justice d'abord dans notre vie personnelle, professionnelle et sociale, et de prendre la défense de ceux qui, étant plus faibles, ne peuvent pas faire valoir leurs droits. Les lamentations stériles ne sont pas dignes du chrétien : au lieu de plaintes inutiles, le Seigneur veut que l'on répare les injustices qui se commettent chaque jour dans le monde, que l'on essaie de remédier à toutes celles qui sont à notre portée, dans notre milieu de vie : la mère de famille donnera plus à celui de ses enfants qui a moins reçu, le chef d'entreprise gérera les conflits en écoutant toutes les parties concernées, le professeur, dans son école ou dans son université…

La solution radicale pour promouvoir la justice à tous les niveaux se trouve dans le cœur de chaque homme, car c'est là où se trament toutes les injustices, et où se trouve la possibilité de rendre droites toutes les relations humaines. « L'homme, lorsqu'il nie ou essaie de nier Dieu, qui est son Principe et sa Fin, altère profondément son ordre et équilibre intérieurs, ceux de la société et même ceux de la création visible.

« C'est dans leur connexion avec le péché que l'Écriture considère les calamités qui affligent l'homme en son être individuel et social. [6] » Un chrétien qui approche un homme de Dieu par son apostolat personnel, contribue donc à construire un monde plus humain et plus juste. De plus, la foi nous presse de ne jamais éluder l'engagement personnel à défendre la justice, surtout dans ses manifestations les plus rattachées aux droits fondamentaux de la personne : le droit à la vie, au travail, à l'éducation, à la bonne réputation… « Nous devons défendre le droit de tout homme à vivre, à posséder ce dont il a besoin pour mener une existence digne, le droit à travailler et à se reposer, à choisir un état, à fonder un foyer, à mettre des enfants au monde dans le mariage et à pouvoir les élever, à traverser avec sérénité les périodes de maladie et la vieillesse ; à accéder à la culture, à s'associer aux autres citoyens pour parvenir à des fins licites et, au premier chef, le droit à connaître et à aimer Dieu en toute liberté [7]. »

Dans le domaine de l'action personnelle, tout chrétien doit se demander s'il réalise avec la plus grande perfection possible le travail pour lequel il perçoit un salaire, s'il paie comme il se doit les personnes qui lui rendent un service, s'il exerce de manière responsable les droits et les devoirs qui influencent la configuration des institutions auxquelles il appartient, s'il travaille en tirant le meilleur parti de son temps, s'il défend l'image de marque, la bonne réputation des autres, s'il prend la juste défense des plus faibles, s'il fait taire les critiques diffamatoires qui surgissent autour de lui… Le fait-il ? Alors il aime vraiment la justice !

Les droits et les devoirs professionnels et sociaux.

Les devoirs professionnels sont un cadre exceptionnel pour vivre la vertu de la justice. Donner à chacun ce qui lui revient, ce qui est le propre de cette vertu, signifie dans le domaine de la vie professionnelle, accomplir ce qui est stipulé. Le chef d'entreprise, la maîtresse de maison avec les employées, le chef de service, ont la grave obligation de donner la juste rétribution aux personnes qui travaillent avec eux, en accord avec les lois civiles justes et avec ce que dicte la conscience droite. Celle-ci peut les conduire en certaines occasions au delà même des lois. Pour leur part, l'ouvrier, l'employé ont le devoir correspondant de travailler de manière responsable, avec compétence professionnelle, en tirant le meilleur parti du temps. L'application au travail se présente ainsi comme une manifestation pratique de la justice. « Je ne crois pas en la justice des paresseux, disait le bienheureux Escrivá, car (...) ils manquent, et parfois gravement, au principe d'équité le plus fondamental : celui du travail[8]. »

Le même principe s'applique naturellement aux jeunes, aux lycéens, aux étudiants. Même sérieux devoir d'étudier, c'est leur travail, eux qui ont contracté une véritable obligation de justice envers la famille et la société, qui les équipent et les soutiennent économiquement, pour qu'ils se préparent, le mieux possible, et rendent des services efficaces.

Les devoirs professionnels sont, habituellement, un excellent instrument pour collaborer à la solution des problèmes sociaux et pour intervenir dans la construction d'un monde plus juste.

Le chrétien, dans son désir ardent de construire ce monde, au coude à coude avec tous les hommes de bonne volonté, se doit d'être exemplaire dans l'accomplissement des lois civiles légitimes, parce que si elles sont justes, elles sont voulues par Dieu et constituent le fondement de la vie en commun des hommes. Citoyen courant, il est inspiré par le souci d'exemplarité, à l'heure de payer les impôts justes, nécessaires pour que la société organisée puisse arriver à faire ce que l'individu seul ne pourrait jamais obtenir.

Rendez à chacun ce qui lui est dû : à qui l'impôt, l'impôt ; à qui la taxe, la taxe ; à qui la crainte, la crainte ; à qui l'honneur, l'honneur[9]. *Et ils font cela*, dit saint Paul, *non seulement par crainte, mais encore par devoir de conscience*[10]. C'est ainsi que, dès le début, les chrétiens ont vécu leurs engagements sociaux, même au milieu des persécutions et du paganisme des pouvoirs publics. « Comme nous l'avons appris de Lui (du Christ), écrivait saint Justin martyr au milieu du deuxième siècle, nous tâchons de payer les taxes et les contributions, intégralement et rapidement, à ceux qui sont chargés de les recevoir[11]. »

Parmi les devoirs sociaux, le Concile Vatican II rappelle « le droit et en même temps le devoir (...) de voter en vue du bien commun[12] ». Ne pas manifester son opinion personnelle aux divers niveaux où l'on peut exercer ces droits sociaux et civiques, voilà encore une lésion à la justice. Parfois une faute grave même , si cet abstentionnisme favorisait des candidatures dont l'idéologie s'oppose aux principes essentiels de la doctrine chrétienne (s'agissant de l'élection d'un parlement, d'une assemblée des parents d'élèves, d'un comité directeur de collège professionnel, des représentants de l'entreprise...). Ce serait, à plus forte raison, de l'irresponsabilité, et une faute grave contre la justice peut-être, que d'appuyer des organisations ou des personnes , de quelque façon que ce soit, qui ne respectent pas dans leur comportement les fondements de la loi naturelle et de la dignité humaine, en ce qui concerne par exemple l'avortement, le divorce, l'euthanasie, la liberté d'enseignement, le respect de la famille, le racisme…

Sanctifier la société de l'intérieur. Les vertus spécifiques qui élargissent et le champ d'action de la justice.

« Le chrétien qui veut vivre sa foi dans une action politique conçue comme service, ne peut pas adhérer, sans se contredire lui-même, à des systèmes idéologiques qui s'opposent — radicalement ou en des points substantiels — à sa foi et à sa conception de l'homme. Il n'est donc pas licite de favoriser l'idéologie marxiste, son matérialisme athée, sa dialectique de violence et la manière qu'a cette idéologie de concevoir la liberté individuelle, en niant en même temps toute transcendance à l'homme et à son histoire personnelle et collective. Le chrétien ne peut pas non plus appuyer l'idéologie libérale, qui croit exalter la liberté individuelle en la soustrayant à toute limitation, en la stimulant avec la recherche exclusive de l'intérêt et du pouvoir, et en considérant les solidarités sociales comme conséquences plus ou moins automatiques d'initiatives individuelles, et non pas comme but et premier motif de la valeur de l'organisation sociale [13]. »

Notre prière aujourd'hui nous unit particulièrement à ce désir d'une plus grande justice, qui est une des plus sincères aspirations de notre temps [14]. Demandons au Seigneur une plus grande justice, une plus grande paix, n'hésitons pas à prier beaucoup pour ceux qui gouvernent, comme l'Église l'a toujours fait [15], pour qu'ils soient de loyaux et désintéressés promoteurs de justice, de paix, d'un plus grand respect de la dignité de la personne humaine. Prenons la résolution d'étendre toutes les exigences de l'Évangile à notre propre vie personnelle — à nos jugements, à nos actions, à nos choix — au développement de la famille et du monde, à leur croissance matérielle et spirituelle.

Avec ce qui relève, au sens strict, de cette vertu, nous veillerons aussi à ces autres manifestations naturelles et surnaturelles qui la complètent et l'enrichissent : la loyauté, l'affabilité, la joie... Nous veillerons surtout à la foi, qui fait connaître la vraie valeur de la personne, et à la charité, qui invite à se comporter avec les autres biens au-delà de ce que demande la stricte justice ; parce qu'on voit, dans les autres, avant tout, des fils et des filles de Dieu ; on voit en eux le Christ Lui-même qui nous dit : *autant de fois que vous l'avez fait pour le moindre de mes frères que voici, c'est à moi que vous l'avez fait*[16].

1 Ps 42, 1. — 2 Paul VI, Lettre Apost. *Octogesima adveniens*, 14 mai 1971. — 3 Cf. Mt 5, 6. — 4 Mc 12, 40. — 5 Jc 5, 2-4. — 6 S. C. pour la Doctrine de la foi, Inst. *Liberté chrétienne et libération*, 22 mars 1986, n. 38. — 7 Bienheureux Josemaría Escrivá, *Amis de Dieu*, 171. — 8 *Id.*, 169. — 9 Rm 13, 7. — 10 Cf. Rm 13, 5. — 11 Saint Justin , *Apologie*, 1, 7. — 12 Concile Vatican II, Const. *Gaudium et spes*, 75. — 13 Paul VI, Lettre Apost. *Octogesima adveniens*, 14 mai 1971. — 14 Cf. S. C. pour la Doctrine de la foi, *loc. cit.*, 1. — 15 Cf. 1 Tim 2, 1-2. — 16 Cf. Mt 25, 40.

CARÊME. 5e SEMAINE. LUNDI

34. VA ET NE PÈCHE PLUS…

C'est le Christ, et lui seul, qui pardonne dans le sacrement de Pénitence

Jésus lui demanda : « Femme, personne ne t'a condamnée ? » Elle répondit : « Personne, Seigneur ». Et *Jésus lui dit : « Moi non plus, je ne te condamne pas. Va, et désormais ne pèche plus*[1]. » Les scribes et les pharisiens avaient amené à Jésus une femme surprise en flagrant délit d'adultère. Ils la firent avancer sans hésiter à l'humilier et, dénués de toute bienveillance, à lui faire honte à l'extrême. Ils rappellent durement au Seigneur que la Loi imposait pour ce péché le châtiment de la lapidation : « *Et toi, qu'en dis-tu ?* », lui demandent-ils avec mauvaise foi *afin de pouvoir l'accuser*. Mais Jésus les surprend tous, Il ne dit rien ! *Jésus s'était baissé, et du doigt, Il traçait des traits sur le sol.*

La femme devait être terrifiée au milieu de cette foule brusquement silencieuse mais hostile. Les scribes et les pharisiens, eux, redoublaient sans doute impatiemment de questions. *Alors, Jésus se redressa et leur dit : « Celui d'entre vous qui est sans péché, qu'il soit le premier à lui jeter la pierre. » Et Il se baissa de nouveau pour tracer des traits sur le sol.*

Cette seule phrase les atteint au plus intime de leurs cœurs. Ils s'en vont tous, l'un après l'autre, *en commençant par les plus âgés*. Ils n'ont plus bonne conscience et leur mesquinerie leur apparaît en pleine lumière : ce qu'ils cherchaient ce n'était pas la vérité, ils voulaient tendre un piège au Seigneur ! Ils s'en vont tous et *Jésus reste seul avec la femme en face de lui. Il se redresse et lui demande : « Femme, où sont-ils donc ? Alors, personne ne t'a condamnée ? »*

Les paroles de Jésus sont calmes, pleines de tendresse et d'indulgence, manifestation implicite du pardon et de la miséricorde. Inquiète elle répondit, encore incertaine : *« Personne, Seigneur. »* Et Jésus poursuit : *« Moi non plus, je ne te condamne pas. Va, et désormais ne pèche plus. »* Nous pouvons imaginer le soulagement puis la joie de cette femme devant cette invitation à recommencer une vie nouvelle, et sa profonde gratitude pour le Christ.

L'âme de cette femme, souillée par le péché et par l'opprobre public, est transformée si profondément que seule la lumière de la foi peut en admirer la conversion. C'est l'accomplissement de la prophétie d'Isaïe : *Ne vous souvenez plus du passé, et ne considérez plus le temps de jadis ! Voici que je fais du nouveau... Je mettrai un chemin dans le désert, des fleuves dans la terre aride... ; pour abreuver mon peuple, mon élu ; ce peuple, que j'ai formé pour moi, publiera ma louange*[2].

Chaque jour, dans tous les coins du monde, Jésus, se sert de ses ministres ordonnés pour continuer à dire : « Je te pardonne tous tes péchés... va et ne pèche plus. » Car c'est bien le Christ qui pardonne. « La formule sacramentelle (" Je te pardonne... "), l'imposition de la main et le signe de la croix tracée sur le pénitent, manifestent qu'*à ce moment précis* le pécheur contrit et converti entre en contact avec le pouvoir et la miséricorde de Dieu. C'est le moment où, en réponse au pénitent, la Très Sainte Trinité se rend présente à son âme pour effacer son péché et lui rendre l'innocence. La force de salut de la Passion, de la Mort et de la Résurrection de Jésus est communiquée au pénitent (...). Dieu est toujours le principal offensé par le péché — *tibi soli peccavi* — et seul Dieu peut pardonner[3]. »

Les paroles que prononce le prêtre ne sont pas une supplication pour implorer de Dieu le pardon de nos péchés, ni une simple attestation de ce que Dieu a daigné nous le concéder. Non ! ces paroles *causent* et *communiquent* vraiment le pardon à l'instant même où elles sont prononcées : « *à cet instant* tout péché est pardonné et effacé par la miséricordieuse intervention du Sauveur[4] ».

Quels mots peuvent produire plus de joie en ce monde que ces mots de l'absolution : « Je te pardonne tous tes péchés... » ? Saint Augustin affirme que le prodige qu'ils produisent est supérieur à la création même du monde[5]. Avec quelle joie les recevons-nous, toi et moi, quand nous sollicitons le sacrement du pardon ? Avec quelle gratitude ? Combien de fois avons-nous rendu grâce à Dieu qui nous a mis ce sacrement à la portée de la main ? Prie maintenant avec moi pour manifester ta gratitude au Seigneur pour un don si grand.

La gratitude pour l'absolution se manifeste dans l'apostolat de la Confession sacramentelle.

L'absolution unit l'homme au Christ Rédempteur qui a voulu se charger de ses péchés. Et, uni à Lui, le pécheur participe de nouveau à cette source de grâces qui jaillit sans cesse du côté ouvert de Jésus.

Pour écarter la tentation de la routine, intensifie au moment de l'absolution ta douleur d'avoir offensé Dieu. Pense, par exemple, aux paroles de saint Pierre : « Seigneur, tu sais tout, tu sais bien que je t'aime » ; ces paroles t'aideront à renouveler la résolution de te corriger et à écouter avec attention les conseils objectifs que le prêtre te donne accompagnés du pardon de Dieu.

Le sacrement de Pénitence doit te remplir de joie car il est source du bonheur d'être plus uni à Dieu ton Père, et fontaine de grâces. Saint Ambroise commente : « Voici que (le Père) vient à ta rencontre ; il s'inclinera sur ton épaule, te donnera un baiser, gage d'amour et de tendresse ; il ordonnera qu'on te donne un vêtement, des chaussures… Tu crains encore une réprimande… ; tu as peur d'entendre des mots remplis de colère, et il prépare pour toi un banquet[6]. » Ton *ainsi soit-il* qui clôt la formule de l'absolution, ton *amen* doivent se transformer en un grand désir de recommencer de nouveau une vie loyale et droite, même si tu n'as confessé que des péchés véniels.

Après chaque Confession, n'oublie pas de *rendre grâce à Dieu* pour la miséricorde qu'Il te manifeste et arrête-toi, ne serait-ce qu'un bref instant, pour *noter comment mettre en pratique les* conseils reçus, comment préciser plus concrètement ta résolution de t'améliorer. Pensons aussi, toi et moi, à cette autre manifestation de gratitude qui consiste à aider ceux que nous aimons à comprendre la valeur de cette source de grâces, à leur donner le désir d'y rencontrer le Christ. Vois la femme samaritaine : transformée par la grâce, elle court l'annoncer à ses compatriotes pour qu'ils profitent, eux aussi, de la singulière opportunité que supposait le passage de Jésus par leur ville. Elle fit si bien que beaucoup de *Samaritains crurent en Jésus à cause de ses paroles*.

Proche et facile, en vérité, est cette œuvre de charité : annoncer à ceux qui sont peut-être couverts de boue et sans force, que nous avons rencontré la source du salut, que nous sommes purifiés et réconciliés avec Dieu.

Seigneur éclaire-moi : suis-je vraiment ambitieux dans l'apostolat de la Confession sacramentelle ? Est-ce que j'aide mes amis à recourir à ce Tribunal de la miséricorde divine ? Est-ce que je fortifie le désir de me purifier en accourant fréquemment au sacrement de la Pénitence ? Je ne veux plus retarder, Seigneur, cette rencontre avec ta Miséricorde !

Générosité dans la réparation.

« La *satisfaction* est l'acte final qui couronne le signe sacramentel de la Pénitence. Dans certains pays ce que le pénitent pardonné et absous accepte d'accomplir après avoir reçu l'absolution, s'appelle précisément *pénitence*[7]. »

Car les péchés, même après avoir été pardonnés, méritent selon la justice, une peine temporelle de réparation de l'ordre que l'on a brisé ; c'est la *satisfaction* — au sens étymologique, *satis facere*, faire assez, faire ce qui est dû — que l'on accomplit en cette vie ou après la mort au purgatoire, où vont les âmes de ceux qui meurent en état de grâce, mais sans s'être purifiés totalement de leurs péchés [8].

De plus, après la réconciliation avec Dieu, restent encore dans l'âme les séquelles du péché : une certaine faiblesse de la volonté pour adhérer au bien, une certaine facilité à se tromper dans ses jugements, un désordre dans l'appétit sensible… Ce sont les blessures du péché, les tendances désordonnées laissées dans l'homme par le péché originel, et qui s'infectent avec les péchés personnels. « Il ne suffit pas de sortir la flèche du corps, dit saint Jean Chrysostome, mais il faut aussi soigner la plaie produite par la flèche ; de la même façon dans l'âme, après avoir reçu le pardon du péché, il faut soigner, par la pénitence, la plaie qui est restée [9]. »

Après avoir reçu l'absolution, enseigne Jean Paul II, « il reste dans le chrétien une zone d'ombre due aux blessures du péché, à l'imperfection de l'amour dans le repentir, à l'affaiblissement des facultés spirituelles. Dans ces facultés affaiblies agit un foyer infectieux de péché, qu'il faut toujours combattre par la mortification et la pénitence. C'est là le sens de l'humble mais sincère acte de satisfaction [10] ».

Toutes ces raisons incitent à mettre beaucoup d'amour dans l'accomplissement de la modeste pénitence que le prêtre impose avant de donner l'absolution. En effet, elle est d'ordinaire facile à accomplir et qui aime beaucoup le

Seigneur, se rend compte de la disproportion incommensurable qu'il y a entre ses péchés et la satisfaction. Raison de plus pour intensifier notre esprit de pénitence en ce temps de Carême, en y englobant l'acceptation des incommodités de la vie, les douleurs plus ou moins vives, les efforts volontaires ou imposés, l'esprit de service... !

« *Cor Mariae perdolentis, miserere nobis !* Invoque sans crainte le Cœur de sainte Marie, décidé à t'unir à sa douleur, en réparation pour tes péchés et pour ceux des hommes de tous les temps.

« Et, pour chaque âme, demande-lui que sa douleur augmente en nous l'aversion du péché, que nous sachions aimer, à titre d'expiation, les contrariétés physiques ou morales de chaque jour [11]. »

1. Jn 8, 10-11. — 2. Is 43, 16-21. — 3. Jean Paul II, Exhort. Apost. *Reconciliatio et paenitentia*, 2 décembre 1984, n. 31, III. — 4. *Idem.* — 5. Saint Augustin, *Commentaire de l'Évangile de saint Jean*, 72. — 6. Saint Ambroise, *Commentaire de l'Évangile de saint Luc*, 7. — 7. Jean Paul II, *loc. cit.* — 8. Cf. Concile de Florence, *Décret pour les Grecs*, Dz 673. — 9. Saint Jean Chrysostome, *Homélies sur saint Matthieu*, 3, 5. — 10. Jean Paul II, *loc. cit.*; cf. aussi *Audience générale*, 7 mars 1984. — 11. Bienheureux Josemaría Escrivá, *Sillon*, n. 258.

35. CONTEMPLER LE CHRIST

Le remède suprême aux ennemis de la grâce : la contemplation du Christ.

Quand j'aurai été élevé de terre, dit le Seigneur, *j'attirerai à moi tous les hommes*[1].

La première lecture de la Messe de ce jour nous présente un passage du *livre des Nombres*[2] qui raconte comment le peuple d'Israël a commencé à murmurer contre le Seigneur et contre Moïse. Que se passe-t-il ? — Bien qu'ils aient été libérés et soient sortis d'Égypte, les Hébreux se sentent de plus en plus fatigués de cheminer au milieu des épreuves vers la terre promise. Pour étouffer leur rébellion, le Seigneur en*voya des serpents à la morsure brûlante, et beaucoup en moururent dans le peuple d'Israël*, et le peuple revint vers Moïse contrit, reconnaissant ses péchés. Moïse implora alors de Dieu la disparition des serpents. Le Seigneur lui dit : *Fais-toi un serpent et dresse-le au sommet d'un mât ; tous ceux qui auront été mordus, qu'ils le regardent, et ils vivront ! Moïse fit un serpent de bronze et le dressa au sommet d'un mât. Quand un homme était mordu par un serpent, et qu'il regardait vers le serpent de bronze, il conservait la vie !*

Ce passage de l'Ancien Testament est un récit historique, mais comme beaucoup d'autres, il préfigure aussi ce qui devait avoir lieu plus tard avec la venue du Fils de Dieu. Dans l'intime conversation de Jésus avec Nicodème, le Seigneur fait directement référence à cet épisode : De même que Moïse a *élevé le serpent dans le désert, ainsi faut-il que le Fils de l'homme soit élevé, afin que tout homme qui croit ait en lui la vie éternelle*[3]. Le Christ sur la Croix sera le salut du genre humain, le remède à tous les maux. Il montera volontairement au Calvaire pour que *celui qui croit ait la vie éternelle*, pour attirer tout à lui.

Les serpents et le venin qui attaquent le peuple de Dieu, pèlerin en marche vers la terre promise, vers le Ciel, ont presque toujours les mêmes traits : l'égoïsme, la sensualité, la confusion et les erreurs théologiques et morales, la paresse, l'envie, la médisance, la calomnie… Le développement de la grâce sanctifiante reçue au Baptême, est toujours menacé par les mêmes ennemis. On peut relever à toutes les époques ces traces du péché originel et des péchés personnels.

Cherchons les remèdes et l'antidote — comme les Hébreux mordus par les serpents du désert — et de préférence au seul endroit où ils se trouvent : en Jésus-Christ, dans sa doctrine salvatrice. Et si nous désirons vraiment arriver à la terre promise, au bout de ce court chemin qu'est la vie, contemplons-le, sans relâche, élevé de terre sur la Croix. En plus, si nous sommes sincères, nous essaierons d'aider ceux qui nous entourent à regarder aussi vers Jésus en qui se trouve le salut, car nous voyons bien que c'est la seule chose qui, au fond, vaille vraiment la peine.

— Regarder Jésus ? — Oui ! Contempler sa Très Sainte Humanité dans les Évangiles, les Mystères du Rosaire, le Chemin de *Croix*, les commentaires des Pères de l'Église, et surtout, surtout dans le Tabernacle ! La piété authentique fortifie et fait mûrir de telle sorte que l'on maîtrise de mieux en mieux la pression d'un monde qui semble vouloir se séparer de plus en plus de Dieu et entraîner derrière lui tout ce qui ne se trouve pas en terrain ferme et sûr.

Comment détourner les yeux du Seigneur quand on voit les ravages qu'engendrent l'ignorance, les passions incontrôlées, la prétendue autonomie de la conscience... Comme nous ne portons pas le remède en nous-mêmes, tournons-nous vers Jésus : *Vultum tuum, Domine, requiram*, je chercherai ton visage, Seigneur, car je désire te voir[4]. L'amitié avec Jésus alimentée par la prière et la présence de Dieu au long de notre journée, enrichie par la visite quotidienne au saint Sacrement, nous rendra fort contre les attaques ; car le Seigneur, n'est pas seulement le remède à notre faiblesse, il est aussi l'Amour.

Demeurer toujours en présence du Seigneur en plein milieu du monde ? L'importance des « industries humaines ».

Seigneur tu veux que les laïcs aiment le monde où tu les as placés, et y travaillent sans relâche au service de leurs frères. Tu nous invites à te regarder et à te fréquenter dans les moments expressément consacrés à la prière, afin que nous ne t'oublions pas dans notre travail, pas plus que nous n'oublions les personnes que nous aimons ni les choses importantes de notre vie ; et toi, Jésus, tu es ce qu'il y a de plus important dans ma journée ! Ainsi, Seigneur, tu veux que chacun de nous soit « une âme de prière, et cela toujours, en n'importe quelle occasion et dans les circonstances les plus diverses, car (tu) ne nous abandonnes jamais. Il n'est pas chrétien de ne voir dans l'amitié (avec toi) qu'un ultime recours. Peut-il nous paraître normal d'ignorer ou de mépriser les personnes que nous aimons ? Évidemment non. Nos paroles, nos désirs, nos pensées vont continuellement vers ceux que nous aimons : c'est comme une présence continuelle. Il doit en être de même (avec toi, Seigneur) [5]. »

Pour cela, l'expérience chrétienne nous conseille de nous aider de très simples « industries humaines » : les oraisons jaculatoires, les actes d'amour et de réparation, les communions spirituelles, les « regards » aux représentations de Notre Dame [6], et toutes autres inventions humaines qui nous rappellent que le temps s'est écoulé (un peu trop vite pour l'amour) sans que nous nous soyons adressés à ceux qui sont toujours à côté de nous : le Seigneur, la Vierge, notre ange gardien, tous les saints… Ce sont des choses très simples, mais d'une réelle efficacité. On utilise bien des moyens mnémotechniques pour se rappeler les choses importantes de la journée… Pourquoi ne pas manifester le même intérêt à nous souvenir de la présence ininterrompue du Seigneur à nos côtés ?

Pourquoi ne pas mettre dans notre voiture une image de Notre Dame pour nous rappeler sa présence ? Tu n'as pas de voitures ? Alors, dans ton portefeuille, ton sac à main, ton agenda… Tu peux aussi avoir discrètement à portée de la main un petit crucifix qui t'aide à garder l'esprit de persévérance et de réparation et que tu peux embrasser discrètement pour te fortifier quand ton travail devient plus pénible ou que tu dois surmonter une difficulté avec le sourire.

Comme l'amour est ingénieux, tu trouveras une multitude d'idées selon tes activités ; que tu sois médecin en train d'opérer, mère de famille occupée à ranger la maison, enfant sur le chemin de l'école, ouvrier sur le chantier… Plus tard, au Ciel, tu verras combien l'ange gardien nous aide dans ces occupations habituelles. Conducteur d'un autobus, tu peux saluer intérieurement Jésus quand tu aperçois une église. Couturière, serveur dans un restaurant, secrétaire… qui restes plus statique, penses-y chaque fois que tu enfiles une nouvelle aiguille, que tu apportes un plat, que tu décroches le téléphone — en saluant mentalement l'ange gardien de la personne qui appelle… Et en plus, garde un esprit sportif, joyeux, amoureux, une grande liberté intérieure : « Les oraisons jaculatoires ne gênent pas plus le travail que le battement du cœur n'embarrasse le mouvement du corps[7]. »

Ces dispositions ne sont pas spontanées car elles relèvent de la volonté et non de la sensibilité, mais la persévérance te fera découvrir que la conscience de la présence de Dieu est chose normale et naturelle.

La vie de piété et les oraisons jaculatoires.

— C'est inutile, gratuit et dépassé ! — Ecoute : *au matin, s'étant levé bien avant le jour, Il sortit et partit pour un endroit solitaire ; là Il se mit à prier*[8] ; certes, le Seigneur se retire pour prier mais bien d'autres fois Il s'adresse à son Père dans une courte prière remplie d'amour, une oraison jaculatoire : *« Je te glorifie Père,*

Seigneur du ciel et de la terre...[9] » ; « *Père, je te rends grâce parce que tu m'as écouté...*[10]. » Regarde aussi combien Jésus s'émeut devant les demandes de ceux qui s'approchent de lui. Ces prières sont des oraisons jaculatoires ! Vois le lépreux qui s'écrie : « *Seigneur, si tu le veux, tu peux me guérir...* [11] » ; et l'aveugle de Jéricho : « *Jésus, fils de David, aie pitié de moi...* [12] » ; et le bon larron : « *Seigneur, souviens-toi de moi quand tu viendras dans ton royaume...* [13] ». Emu par ces prières nées de la foi, le Fils de Dieu ne tarde jamais à donner une réponse.

Ces expressions servent parfois à demander pardon, comme le publicain qui rentre chez lui justifié : « *Ô Dieu, sois miséricordieux pour le pécheur que je suis* [14] » ; ou à proclamer sa foi comme saint Pierre, après son triple reniement : « *Seigneur, tu sais tout, tu sais bien que je t'aime* [15], malgré mes fautes ». D'autres fois elles sont une supplique : « *Je crois, Seigneur, mais viens en aide à mon manque de foi* [16], fortifie-la » ; « *mon Seigneur et mon Dieu !* [17] » s'exclame saint Thomas, quand Jésus lui apparait ressuscité ; ces actes de foi, de don de soi, peuvent aussi manifester l'authenticité de ta génuflexion devant le Tabernacle. A toi de trouver les innombrables jaculatoires qui répondront aux multiples besoins ou situations par lesquels tu passeras.

Quelquefois, il est même inutile de les prononcer, un regard suffit, une pensée un peu décousue mais remplie d'amour, une demande intérieure... Le Seigneur capte tout, tout de suite. Une âme unie à Dieu utilise ces oraisons jaculatoires, ces actes d'amour, de façon naturelle, puis presque spontanée, comme une respiration surnaturelle qui alimente l'union avec Dieu au milieu des occupations les plus absorbantes. *Car Dieu attend de tous cette vie de prière et d'union avec lui.*

Sainte Thérèse d'Avila se souvient bien de la trace que laissa dans sa vie une oraison jaculatoire : « Il nous arrivait souvent d'être en train de parler de cela et il nous plaisait de répéter : “ Pour toujours, toujours, toujours ! ” Comme je prononçais cela inlassablement, le Seigneur voulut que, dans mon enfance, reste imprimé en moi le chemin de la vérité [18]. »

Bref, il y a toujours une bonne occasion de dire une oraison jaculatoire. La lecture des Évangiles, la prière elle-même, sont d'ailleurs souvent une source d'oraisons jaculatoires qui expriment l'amour de Jésus et de sa très sainte Mère, ainsi que tout autre élan de l'âme et du cœur.

Achevons notre prière avec les mots des disciples d'Emmaüs : *« Mane nobiscum, Domine, quoniam advesperascit* [19] — reste avec nous, Seigneur, car (lorsque tu n'es pas là) “ la nuit tombe ” autour de nous. Et vous, Marie, étoile du matin, montrez-nous la lumière qui nous arrache à l'obscurité, et accueillez nos jaculatoires filiales qui vous disent notre amour : *Je vous salue, Marie... Vous êtes bénie entre toutes les femmes...* »

1. *Antienne de la communion*, Jn 12, 32. — 2. *Première lecture.* Nm 21, 4-9. — 3. Jn 3, 14-15. — 4. Ps 26. — 5. Bienheureux Josemaría Escrivá, *Amis de Dieu*, 247. — 6. *Idem*, cf. *Chemin*, n. 272. — 7. Bienheureux Josemaría Escrivá, *Sillon*, n. 516. — 8. Mc 1, 35. — 9. Mt 11, 25. — 10. *Idem*. — 11. Mt 8, 2-3. — 12. Lc 18, 38-39. — 13. Lc 23, 42-43. — 14. Cf. Lc 18, 13. — 15. Jn 21, 17. — 16. Mc 9, 23. — 17. Jn 20, 28. — 18. Sainte Thérèse, *Vie*, 1, 4. — 19. Lc 24, 29.

CARÊME. 5º SEMAINE. MERCREDI

36. RACHETER AVEC LE CHRIST

Jésus-Christ a racheté et libéré tous les hommes du péché, racine de tous les maux. La douleur supportée par amour est co-rédemptrice.

Dieu nous a fait entrer dans le royaume de son Fils bien-aimé, par qui nous sommes rachetés et par qui nos péchés sont pardonnés[1], et racheter signifie libérer moyennant rançon.

« Or, nous dit Jésus, *tout homme qui commet le péché est esclave du péché* [2]. » Après le péché originel l'homme se retrouve comme prisonnier, esclave du péché et du démon, incapable d'atteindre le Ciel. Mais par un choix éternel de la Sagesse trinitaire, Jésus-Christ, Dieu parfait et Homme parfait, est venu payer la rançon par sa mort sur la Croix. Il a effacé d'une manière surabondante la dette contractée — selon la justice — par Adam. Cette rançon prend en compte tous les péchés personnels commis par les hommes et qui devraient être commis jusqu'à la fin des temps. Voilà pourquoi Jésus est appelé notre *Rédempteur* et son œuvre *Rédemption* et *Libération* : il nous a vraiment offert la liberté des fils de Dieu[3].

Jésus-Christ en libérant l'homme du péché, arrache la racine de tous les maux ; il rend ainsi possible la libération intégrale de l'humanité. Tu comprends maintenant ces paroles du Psaume : « *Dominus illuminatio mea et salus mea, quem timebo ?* » *Le Seigneur est ma lumière et mon salut, qui craindrais-je ? (...) Qu'une armée vienne camper contre moi, mon cœur ne craindra point ; que contre moi s'engage le combat, alors même j'aurai confiance*[4]. Si le mal n'avait pas été détruit à sa racine, le péché, l'homme n'aurait jamais pu être vraiment libre ni se sentir fort devant le mal. Volontairement et librement, Jésus voulut souffrir lui-même et vivre pauvrement pour nous montrer que le mal physique et le manque de moyens matériels ne sont pas de vrais maux. Le seul vrai mal, celui qui est la source de tous les autres, le premier à craindre et à repousser avec la grâce de Dieu, c'est le péché[5]. Son esclavage est le malheur le plus subtil et le plus grand de l'humanité.

Des autres maux (maladies, catastrophes naturelles, conflits...) qui affligent l'homme, il n'est possible de se libérer qu'à partir de la libération du péché — libération partielle en cette vie, puis définitive et totale au Ciel. Par exemple, quand les maux physiques sont supportés par amour du Christ, ils se transforment en vrais biens spirituels pour l'homme. C'est la plus grande révolution de tous les temps, qui ne peut se comprendre, en vérité, que dans la prière, à la lumière de la foi. « Je vais te dire, pour que tu ne les gaspilles pas, quels sont les trésors de l'homme sur la terre : la faim, la soif, la chaleur, le froid, la douleur, le déshonneur, la pauvreté, la solitude, la trahison, la calomnie, la prison...[6]. »

Médite cela : comment considères-tu la douleur physique ou morale ? Comme l'abomination suprême ou — parce que tu es marqué du signe de la Croix — comme un trésor qui t'unit au Christ ? Elle te révolte et tu t'en plains, ou elle te sanctifie ? Sais-tu offrir à Dieu avec sérénité les petites mortifications prévues ou inattendues, qui surgissent au long de la journée ?

Jésus-Christ vient apporter le salut. Tous les biens sont ordonnés à la vie éternelle.

Parce que la vie est comme un *sommeil* (on ne perçoit pas clairement les réalités les plus solides), la contemplation de Dieu *en te ramenant* à la réalité, rassasiera ton désir de bonheur. « *Vultum tuum, Domine, requiram*, je chercherai ton visage, Seigneur[7]. »

« *Mon royaume n'est pas de ce monde* [8] » prévient le Seigneur, et Il précise : « *Je suis venu pour qu'on ait la vie et qu'on l'ait en abondance* [9]. » Il ne parlait pas de la vie terrestre (que nous désirons tous facile et confortable), mais de la vie éternelle qui commence dès ici-bas. Il est venu nous libérer principalement de ce qui nous empêche d'atteindre le bonheur définitif : le péché (le seul mal absolu). « *Si c'est le Fils qui vous rend libres, vous serez vraiment libres* », dit le Seigneur dans l'Évangile d'aujourd'hui[10]. Car c'est le seul moyen de vaincre en même temps les autres maux, conséquences du péché : l'oppression, les injustices, les inégalités économiques démesurées, la discorde familiale, l'envie, la haine..., ou de les supporter patiemment pour Dieu quand on ne peut pas les éviter.

La vie que le Christ nous a gagnée est d'une telle grandeur ! Les biens terrestres peuvent-ils prétendre valoir davantage ? Mais cela ne te pousse pas à justifier la passivité face à la douleur et à l'injustice, bien au contraire !

Chacun, en maintenant prudemment cette subordination de tous les biens au bien absolu de l'homme, doit assumer tous les devoirs de la charité et de la justice, travailler à faire un monde plus humain et plus juste (donc plus conforme au plan originel du créateur), en commençant par ce dont il est directement responsable dans sa vie de tous les jours (profession, famille, vie de quartier....).

Le Christ n'a-t-Il pas donné sa propre vie pour nous racheter ? Cela ne nous montre-t-il pas la gravité du péché et *a contrario* la valeur infinie de la vie éternelle. Saint Paul le crie presque : *« Vous avez été achetés à grand prix !* » Et il conclut : *« glorifiez donc Dieu dans votre corps*[11] ». Le Seigneur est allé si loin surtout pour nous démontrer son amour, car personne n'a de plus grand amour *que celui qui donne sa vie pour ses amis*[12], puisque la vie est la plus grande chose que l'homme puisse donner. Le Messie ne s'est pas contenté de devenir pleinement l'un de nous, il a voulu donner sa vie en rançon pour nous sauver, nous a aimés et s'est donné Lui-même pour nous . « Dieu nous a fait entrer dans le royaume de son Fils bien-aimé, par qui nous sommes rachetés et par qui nos péchés sont pardonnés[13]. » Tu peux donc dire : *« le Fils de Dieu m'a aimé et s'est livré pour moi*[14]. »

Toi et moi, demandons-nous aujourd'hui : Est-ce que j'apprécie à sa juste valeur la vie de la grâce que le Christ m'a obtenue sur le Calvaire ? Est-ce que je la nourris par les sacrements, la prière, l'exercice de la charité ? Suis-je décidé à éviter les occasions de pécher, en entrant en guerre contre la sensualité, l'orgueil, la paresse... ? Est-ce que je prends le Seigneur au sérieux quand Il me dit : *tout homme qui commet le péché est esclave du péché…* ?

Les mérites du Christ, obtenus sur la Croix, doivent s'appliquer à chaque homme. La Rédemption se rend actuelle d'abord dans la Messe. Suis-je co-rédempteur avec le Christ ?

L'« échec » du Christ sur la Croix n'est qu'apparent, car en réalité, il est rédemption joyeuse pour tous les hommes de bonne volonté. Après deux millénaires, nous recevons toujours abondamment les fruits de cet amour de Jésus sur la Croix. « L'œuvre du salut éternel se dessine peu à peu au milieu dc ce théâtre du mal qu'est l'histoire humaine [15] », au milieu des oublis et des trahisons comme de l'amour. Le Carême est un moment privilégié pour rappeler que la Rédemption se perpétue jour après jour, et pour considérer les moments où elle se manifeste clairement : « Chaque fois que le sacrifice de la Croix, par lequel le Christ, notre Pâque, a été immolé, est célébré sur l'autel, l'œuvre de notre rédemption se réalise [16]. » Chaque Messe a une valeur infinie même si les dispositions de chaque fidèle conditionnent les fruits qu'il en retire personnellement. Appliquons à la Messe ces mots de saint Augustin : « il n'est pas permis d'aimer d'un amour timide (…), car vous devez porter gravé dans votre cœur celui qui pour vous est mort cloué sur la Croix [17]. » La Rédemption s'est accomplie en une seule fois par la Passion, la Mort et la Résurrection de Jésus-Christ, mais elle s'actualise en chacun de nous, et d'une façon particulièrement intense quand nous participons intimement au Sacrifice de la Messe. Elle se réalise aussi, d'une manière différente, en chacune de nos conversions intérieures ; par exemple, quand nous faisons une bonne Confession ou quand nous recevons avec piété les autres sacrements de la vie chrétienne…

D'autre part, la douleur offerte en réparation des péchés, les nôtres et ceux de tous les hommes — d'ailleurs, ne mériteraient-ils pas quelquefois une sanction plus sévère ? — rend *co-rédempteurs* avec le Christ. Ce qui était inutile, destructeur, révoltant, prend une valeur suréminente. Un malade dans un hôpital, une mère de famille qui affronte des problèmes qui apparemment la dépassent, la nouvelle d'un malheur qui nous blesse profondément, les obstacles (matériels ou humains) que nous rencontrons chaque jour, les mortifications que nous offrons — tout cela sert à la Rédemption du monde si nous le mettons dans la patène, près du pain que le prêtre offre dans la Messe. Ces très petites choses semblent parfois insignifiantes, banales, de peu de poids, comme cette goutte d'eau que le prêtre ajoute au vin dans l'Offertoire. Et pourtant, de la même manière que cette goutte d'eau se mêle au vin qui deviendra le Sang du Christ, nos actions ainsi offertes atteignent une valeur immense au yeux de Dieu quand elles sont unies au Sacrifice de Jésus-Christ, son *Fils bien-aimé*. « Le pécheur pardonné est capable d'unir sa propre mortification physique et spirituelle, cherchée ou au moins acceptée, à la Passion de Jésus qui lui a obtenu le pardon[18]. » Il devient ainsi *co-rédempteur* avec le Christ.

Marie, aide-nous à vivre pleinement et simplement notre vocation de co-rédempteurs avec le Christ au milieu de la vie ordinaire. « Qu'as-tu senti (toi qui es ma Mère) en voyant ton Fils ainsi crucifié ? Je te regarde et je ne trouve pas de mots pour parler de ta douleur. Mais je comprends bien qu'en voyant ton Fils qui le veut ainsi, et nous, tes enfants, qui en avons tant besoin, tu acceptes tout ce qui arrive sans vaciller. C'est un nouveau " fiat " dans ta vie. Une nouvelle façon, sans doute, d'accepter la co-rédemption. Merci, Mère ! Donne-moi cette attitude forte de don de soi, d'oubli de moi-même. Fais qu'en apprenant de toi ce qu'implique la vocation à *co-racheter*, tout ce que je puis faire pour rapprocher les âmes de Dieu me paraisse peu. Souviens-toi aussi de venir à ma rencontre sur le chemin, parce que seul je suis bien incapable d'aller de l'avant[19]. »

1. *Antienne de la communion*, Col 1, 13-14. — 2. Jn 8, 34. — 3. Cf. Gal 4, 31. — 4. Ps 26. — 5. Cf. Bienheureux Josemaría Escrivá, *Chemin*, n. 386. — 6. Idem, n. 194. — 7. Ps 26, liturgie des Heures de ce jour. — 8. Jn 18, 36. — 9. Jn 10, 10. — 10. Jn 8, 36. — 11. 1 Cor 6, 20. — 12. Jn 15, 13. — 13. Col 1, 3. — 14. *Antienne de la communion*, Col 1, 13-14. — 15. Bienheureux Josemaría Escrivá, *Quand le Christ passe*, 186. — 16. Concile Vatican II, Const. *Lumen gentium*, 3. — 17. Saint Augustin, *Sur la sainte virginité*, 55. — 18. Jean Paul II, Exhort. Apost. *Reconciliatio et Paenitentia*, 31. — 19. M. Montenegro, *Via Crucis*, IV.

CARÊME. 5º SEMAINE. JEUDI

37. CONTEMPLER LA PASSION

La coutume de méditer la Passion de Notre Seigneur n'est pas du dolorisme.

Ô mon peuple, que t'ai-je fait ? En quoi t'ai-je attristé ? Réponds-moi. Je t'ai donné à boire l'eau salvatrice qui jaillit du rocher ; toi, tu me donnes à boire fiel et vinaigre. O mon peuple, que t'ai-je fait... ? [1].

La liturgie de ces jours-ci est centrée sur le mystère fondamental de la foi, la Résurrection du Seigneur. Certes toute l'année liturgique est une montée vers Pâques, mais ce temps-ci « exige de nous une dévotion encore plus grande, vue la proximité des sublimes mystères de la miséricorde divine [2]. » « Ne parcourons pas cependant avec trop de hâte ce chemin ; ne laissons pas tomber dans l'oubli quelque chose de très simple qui, peut-être, nous échappe parfois : nous ne pourrons pas participer à la Résurrection du Seigneur si nous ne nous unissons pas à sa Passion et à sa Mort (Cf. Rm 8, 17). Pour accompagner le Christ dans sa gloire, à la fin de la Semaine Sainte, il est nécessaire que nous pénétrions auparavant dans son holocauste et que nous ne fassions qu'un avec lui, mort sur le Calvaire [3]. » C'est pourquoi, ces jours-ci, la prière suit Jésus au long de son chemin de douleur jusqu'à sa mort sur la Croix. Tenons-lui compagnie et n'oublions pas que nous sommes des protagonistes de ce drame, parce que Jésus a lui-même porté nos péchés en son corps[4]. Il nous a arrachés, *à grand prix* [5], au péché et à la mort éternelle, le Christ a payé de son Sang.

La coutume de méditer la Passion puise son origine à l'aube même du christianisme. Des milliers de fidèles de la première heure, habitants de Jérusalem, avaient un souvenir ineffaçable des souffrances de Jésus, puisqu'ils étaient présents au Calvaire. Ils ne pouvaient oublier son passage dans les rues de la ville la veille de la Pâque. Les évangélistes ont consacré une bonne partie de leurs écrits à raconter en détail ces événements. « Lisons constamment la Passion du Seigneur, recommandait saint Jean Chrysostome. Quel riche bénéfice nous en tirerons, quel grand profit ! Car en le contemplant sarcastiquement adoré, en gestes et en actions, en butte aux moqueries, et après cette farce, frappé et soumis aux derniers tourments, même si tu es plus dur qu'une pierre, tu deviendras plus doux que la cire, et tu chasseras tout orgueil de ton âme[6]. » Pense à tous ceux qui se sont convertis grâce à la méditation attentive de la Passion ! Saint Thomas d'Aquin disait : « la Passion du Christ suffit pour servir de guide et de modèle à toute notre vie[7]. »

Rendant un jour visite à saint Bonaventure, saint Thomas lui demanda de quels livres il avait tiré la si bonne doctrine qu'il exposait dans ses œuvres. On raconte que le franciscain lui présenta un Crucifix un peu noirci par les baisers qu'il lui avait donnés : « Voici le livre qui me dicte ce que j'écris ; le peu que je sais, c'est là que je l'ai appris[8]. » C'est de la Croix que les saints ont appris à souffrir et à aimer en vérité. Pourquoi pas toi ? « Ton crucifix. — En tant que chrétien, tu devrais toujours porter sur toi ton crucifix ; le poser sur la table de travail ; le baiser avant de t'endormir et à ton réveil ; et quand ton pauvre corps se rebellera contre ton âme, baise encore ton crucifix [9]. »

La méditation de la Passion du Seigneur n'est pas une manie des siècles doloristes de l'histoire. Elle mérite bien d'être fréquemment le sujet de notre prière, surtout à l'approche de Pâques. Et nous en serons les premiers bénéficiaires.

Y a-t-il une seule manière de méditer la Passion ?

« Quand nous faisons notre méditation, la Passion du Christ sort du cadre froid de l'histoire ou d'une pieuse considération, pour se présenter à nos yeux, terrible, accablante, cruelle, sanglante..., pleine d'Amour [10]. »

Contempler la Passion fait un bien considérable : que ce soit dans la méditation personnelle, la lecture de l'Évangile, la contemplation des mystères douloureux du Rosaire, dans le *Chemin de Croix*... Toute occasion est bonne pour entrer dans la foule qui augmente autour de Jésus... les reconstitutions historiques nous sont tellement profitables ! Viens t'asseoir à côté des apôtres pendant la dernière Cène au moment où notre Seigneur leur lave les pieds et qu'Il leur parle avec tendresse ; au moment suprême de l'institution de l'Eucharistie. Glisse-toi au milieux des trois qui s'endorment à Gethsémani, quand le Seigneur espérait tant qu'on l'accompagne dans sa terrible solitude ; imagine-toi présent à l'arrestation du Seigneur, ou entendant Pierre renier trois fois Jésus ; écoute les faux témoignages dans ce simulacre de procès et regarde le grand prêtre déchirer ses vêtements en réponse aux paroles de Jésus ; place-toi dans la foule qui demande déchaînée la mort du Messie ; contemple-le sur la Croix. Ainsi, toi et moi, nous verrons le visage déformé, mais toujours noble, de Jésus, son infinie patience… son amour.

« O ma Mère, Vierge des douleurs, aide-moi à vivre ces heures amères que ton Fils a voulu passer sur la terre, je veux souffrir tout ce qu'il a souffert, offrir mon pauvre cœur contrit [11]. » C'est impossible et de toutes façons sans commune mesure avec ce qui se passa réellement ? Demande la grâce et tu tireras de cette prière une richesse extraordinaire. D'après saint Léon le Grand : « celui qui voudrait vraiment vénérer la Passion du Seigneur doit contempler Jésus crucifié avec les yeux de l'âme, de telle manière qu'il reconnaisse sa propre chair dans la chair de Jésus [12]. »

Que ressentit la sainteté infinie de Jésus à Gethsémani, en se chargeant de tous les péchés du monde, les infamies, les trahisons, les sacrilèges… ? en restant seul face à ces trois disciples endormis dont il avait espéré être entouré ? en pensant à tous ces amis qui après eux s'endormiront, pendant que les ennemis, eux, veillent.

Les fruits de la méditation de la Passion.

Pour connaître et suivre le Christ, il faut apprendre peu à peu à s'émouvoir devant cette douleur et cet abandon, se sentir protagoniste et pas seulement spectateur des coups de fouet, des épines, des insultes, des abandons, car ce sont nos péchés qui le clouent au

Calvaire. « Il convient que nous nous pénétrions de ce que nous révèle la mort du Christ, sans nous arrêter à des formes extérieures ou à des phrases stéréotypées. Il faut que nous nous plongions véritablement dans les scènes que nous revivons (…) : la douleur de Jésus, les larmes de sa Mère, la fuite des disciples, le courage des saintes femmes, l'audace de Joseph et de Nicodème, qui demandent à Pilate le corps du Seigneur [13]. »

« Je voudrais ressentir ce que tu ressens, mais cela n'est pas possible. Ta sensibilité — tu es homme parfait — est beaucoup plus aiguë que la mienne. A ton côté, je constate, une fois de plus, que je ne sais pas souffrir. C'est pourquoi ta capacité de tout donner sans réserve me fait peur.

« Jésus, j'ai besoin de te dire que je suis lâche, très lâche. Mais en te contemplant cloué sur le bois de la Croix, " souffrant tout ce que l'on peut souffrir, avec les bras étendus dans un geste de Prêtre éternel " (Saint *Rosaire*, bienheureux Josemaría Escrivá), je vais te demander quelque chose de fou : je veux t'imiter, Seigneur. Je veux me donner une fois pour toutes, vraiment, être disposé à en arriver là où tu me mènes. Je sais, c'est bien au-dessus de mes forces ! Mais ce que je sais aussi, Jésus, c'est que je t'aime [14]. »

« Approchons-nous, en somme, de Jésus mort, de cette Croix qui se détache au sommet du Golgotha. Mais approchons-nous-en avec sincérité, en sachant trouver ce recueillement intérieur qui est un signe de maturité chrétienne. Les événements, divins et humains, de la Passion, pénétreront ainsi dans notre âme comme une parole que Dieu nous adresse, pour dévoiler les secrets de notre cœur et nous révéler ce qu'il attend de nos vies [15]. »

La méditation de la Passion du Christ comble l'âme d'innombrables fruits ; et en premier lieu, l'aversion du péché, car *Il a été transpercé pour nos infidélités, broyé pour nos péchés* [16]. Jésus crucifié. Voilà le livre dans lequel, à l'exemple des saints, nous apprendrons, toi et moi, à détester le péché, à nous enflammer d'amour pour un Dieu qui nous aime sans mesure ; parce que dans les plaies du Christ nous lisons la malice du péché, qui le condamna à souffrir une mort si cruelle et ignominieuse pour satisfaire la Justice divine. Dans ces plaies nous découvrons aussi les preuves de l'amour que Jésus-Christ a pour nous : Il a souffert tant de douleurs précisément pour nous montrer combien Il nous aimait [17].

« Et l'on sent bien alors que le péché ne se réduit pas à une petite " faute d'orthographe " : mais que c'est crucifier, déchirer à coups de marteaux les mains et les pieds du Fils de Dieu, et lui faire éclater le cœur [18]. » Un péché est beaucoup plus qu'une « erreur humaine », que l'inachèvement de l'être…

La souffrance du Christ doit nous rendre insupportable tout ce qui peut signifier embourgeoisement, indolence et paresse. Elle ravive l'amour, éloigne la tiédeur, aide à mortifier l'âme et à mieux veiller à la discipline des sens.

Si le Seigneur permet la maladie, la douleur ou une difficulté particulièrement importante, la considération de ses douleurs sera d'une aide profonde. Jésus a éprouvé toutes ces formes de souffrances physiques et morales, car « il a souffert de la part des gentils et des juifs, des hommes et des femmes, comme on le voit avec les servantes qui accusaient saint Pierre. Il a souffert aussi de la part des princes et de leurs ministres, ainsi que du peuple. (...) Il a aussi été affligé par ses proches et par ses amis, puisque Judas l'a trahi, et que Pierre l'a renié. Il souffrit tout ce qui peut faire souffrir l'homme. Car le Christ souffrit à cause de ses amis qui l'ont abandonné ; dans sa réputation, par les blasphèmes proférés contre lui ; dans son honneur et dans sa gloire, par les moqueries et les affronts qu'Il dut supporter ; dans ses biens, lorsqu'Il fut dépouillé de ses vêtements ; dans son âme, par la tristesse, le dégoût et la peur ; dans son corps, par les blessures et les coups de fouet [19]. »

« Marie, submergée par la douleur, est près de la Croix (...).

« — *Où est parti ton Bien-aimé, ô la plus belle des femmes ? Où s'est tourné ton Bien-aimé, que nous le cherchions avec toi ?* (Ct 5, 17).

« La très sainte Vierge est notre Mère, et nous ne voulons, ni ne pouvons la laisser seule [20]. »

1. *Liturgie du Vendredi Saint. Impropères.* — 2. Saint Léon le Grand, *Sermon* 47. — 3. Bienheureux Josemaría Escrivá, *Quand le Christ passe*, 95. — 4. Cf. 1 P 2, 24. — 5. Cf. 1 Cor 6, 20. — 6. Saint Jean Chrysostome, *Homélies sur saint Matthieu*, 87, 1. — 7. Saint Thomas, *Sur le Credo*, 6. — 8. Cité par saint Alphonse de Liguori, *Méditations sur la Passion*, 1, 4. — 9. Bienheureux Josemaría Escrivá, *Chemin*, n. 302. — 10. Bienheureux Josemaría Escrivá, *Sillon*, n. 993. — 11. Cf. Bienheureux Josemaría Escrivá, *Chemin de Croix* ; voir aussi R. A. Knox, *Retraite pour laïcs.* — 12. Saint Léon le Grand, *Sermon 15 sur la Passion.* — 13. Bienheureux Josemaría Escrivá, *Quand le Christ passe*, 101. — 14. M. Montenegro, *Chemin de Croix*,

XI. — 15. Bienheureux Josemaría Escrivá, *loc. cit.* — 16. Is 53, 5. — 17. Cf. saint Alphonse de Liguori, *o. c*, I, 4. — 18. Bienheureux Josemaría Escrivá, *Sillon*, n. 993. — 19. Saint Thomas, *Summa Theologiae*, III, q. 46, a. 5. — 20. Bienheureux Josemaría Escrivá, *Chemin de Croix*, XIII.

CARÊME. 5º SEMAINE. VENDREDI

38. LA PRIÈRE À GETHSÉMANI

Jésus à Gethsémani accomplit la Volonté du Père.

Après la dernière Cène, Jésus et les apôtres récitent les psaumes d'action de grâce, comme de coutume. Puis le petit groupe se met en marche en direction d'un jardin proche, le jardin des Oliviers. Jésus avait prévenu Pierre et les autres que tous, cette nuit-là, d'une manière ou d'une autre, l'abandonneraient.

Ils arrivent en un domaine du nom de Gethsémani, et Il dit à ses disciples : « Restez ici, tandis que je serai à prier. » Puis Il prend avec Lui Pierre, Jacques et Jean, et Il commence à ressentir de la crainte et de l'angoisse. Alors Il leur dit : « Mon âme est triste à en mourir. Demeurez ici et veillez[1]*. » Et Il s'éloigna d'eux à la distance d'un jet de pierre environ*[2]. Jésus ressent un immense besoin de prier. Il s'arrête près d'un rocher et tombe abattu : *Il se jeta à terre*[3], écrit saint Marc. Saint Luc note qu'il se mit *à genoux*[4], et saint Matthieu précise : *Il se jeta la face contre terre*[5], bien que les juifs prient d'ordinaire debout. Jésus s'adresse à son Père avec confiance et tendresse, Il s'abandonne totalement à Lui : *« Mon Père*, lui dit-Il, *si c'est possible, que cette coupe passe loin de moi ! Cependant, non comme je veux, moi, mais comme tu veux, toi. »*

Peu de temps auparavant, Il avait avoué à ses disciples : « *Mon âme est triste à en mourir* ». Jésus, qui est l'innocence même, se charge ainsi des péchés de tous les hommes. Il s'offre pour payer Lui-même la dette contractée par nos péchés. Toute la dette : celle due pour les péchés déjà commis, pour ceux que l'on commettait à ce moment-là, pour ceux qui devaient être commis jusqu'à la fin des temps. Sa tristesse est telle qu'il la dit capable de causer la mort.

Non seulement le Seigneur se porte garant des fautes d'autrui, mais Il se fait l'un des nôtres comme la tête avec le corps : « Il voulut que nos fautes soient appelées ses propres fautes ; pour cela non seulement Il paya avec son sang, mais aussi avec la honte due à ces péchés[6]. » Toutes ces causes de souffrance sont assumées, dans toute leur intensité, par le Christ.

En silence, regardons souffrir Jésus : *Et en proie à l'angoisse, Il priait de façon plus pressante*[7]. Combien devons-nous remercier aujourd'hui le Seigneur de ce sacrifice volontaire qui nous délivre du péché et de la mort éternelle !

Jésus agonise, son angoisse est telle qu'il sue du sang. « Jésus est seul, triste, Il souffre et trempe la terre de son sang.

« A genoux sur le sol dur, Il persévère dans la prière… Il pleure pour toi… et pour moi : le poids des péchés des hommes l'accable. [8] » Mais sa confiance en son Père ne chancelle pas, Il continue à prier. Quand son corps semble ne plus pouvoir résister, un ange vient le réconforter. La nature humaine du Seigneur nous apparait ici dans toute sa capacité de souffrir.

Il nous arrive de traverser des périodes de lutte plus

intense, d'obscurité, de douleur profonde. Il peut nous être alors difficile d'accepter la Volonté de Dieu et de ne pas nous décourager. Jésus, au Jardin des Oliviers, nous apprend au contraire que, dans ces moments-là, la meilleure chose à faire est d'étreindre la Volonté de Dieu, de nous identifier à elle, soutenus par une prière persévérante.

« Jésus prie dans le jardin : " *Pater mi* (Mt 26, 39), *Abba, Pater !* (Mc 14, 36) " Dieu est mon Père, même s'il m'envoie des souffrances. Il m'aime tendrement, alors même qu'il me blesse. Jésus souffre, pour accomplir la Volonté du Père... Et moi qui veux aussi accomplir la très sainte Volonté de Dieu en marchant dans les traces du Maître, pourrais-je me plaindre si je rencontre la souffrance comme compagne de route[9] ? »

Comment persévérer dans la vie chrétienne sans la prière ?

Cette nuit-là, Jésus pense à nous. Il regarde toutes les âmes, une à une, à la lumière de sa sagesse divine. Il voit le spectacle de tous les péchés des hommes, ses frères, l'absurde opposition de tant de personnes qui méprisent la rançon qu'il paie pour leur libération et le fait que pour beaucoup son sacrifice sera vain. Quelle solitude, quelle douleur devant la rébellion et l'indifférence de ceux qu'il aime !

A trois reprises, Il demande à ses trois disciples : « *Veillez avec moi*, soyez à mes côtés, ne me laissez pas seul. » *Et revenant, Il les trouva encore endormis, car ils avaient les yeux lourds ; et ils ne surent que Lui répon-*

dre [10]. Peut-être cherche-t-Il dans ce terrible abandon un peu de compagnie, de chaleur humaine. Mais les amis abandonnent l'Ami. C'est la nuit par excellence où ils auraient dû veiller, prier ; et ils s'endorment ! Ils n'aiment encore pas suffisamment. La faiblesse et la tristesse ont raison d'eux, ils laissent Jésus tout seul. Le Seigneur ne trouve plus d'appui en eux ; Il les avait choisis pour cela et ils ont échoué…

Nous savons qu'il faut toujours prier, mais il y a des moments où cette prière doit s'intensifier, car l'abandonner serait comme abandonner le Christ, rester à la merci de l'ennemi. « *Pourquoi dormez-vous, leur dit-Il* — nous dit-Il aussi à nous —. *Levez-vous et priez pour ne pas tomber en tentation* [11]. » Alors, disons à Jésus : « Si tu vois que je dors, si tu découvres que la douleur me fait peur, si tu remarques que je m'arrête quand je vois de plus près la Croix, ne me laisse pas ! Dis-moi comme à Pierre, comme à Jacques, comme à Jean, que tu as besoin de ma réponse, de mon amour. Dis-moi que pour te suivre, pour ne pas recommencer à t'abandonner à ceux qui complotent ta mort, je dois passer par-dessus mon sommeil, mes passions, ma commodité [12]. »

La méditation quotidienne authentique, maintient vigilant face à l'adversaire qui, lui, ne dort pas. C'est le secret de la force pour supporter et vaincre les tentations et les difficultés. La négliger, c'est rester seuls, livrés à nous-mêmes, perdre la joie et la force nécessaires pour accompagner Jésus.

Aujourd'hui Jésus désire plus que jamais notre compagnie. Or, « sans prier, qu'il est difficile de l'accompagner[13] ! » Mais si nous persévérons dans nos relations personnelles avec Lui, nous pourrons Lui dire avec certitude : *Même si je dois mourir avec toi, je ne te renierai jamais*[14]. Pierre ne fut pas capable d'accomplir sa promesse cette nuit-là parce que, entre autres choses, plongé dans le stress il avait sans doute cessé de prier, et s'était endormi de tristesse. Après son repentir, il restera fidèle jusqu'à donner sa vie pour Jésus des années plus tard, sous Néron, à Rome, où il sera crucifié la tête en bas par humilité.

Le premier mystère douloureux du Rosaire fortifie notre adhésion à la volonté de Dieu.

La contemplation de cette scène de Gethsémani nous rappelle l'importance de la prière quotidienne pour accomplir la Volonté de Dieu, particulièrement dans les choses qui nous coûtent. *Seigneur, que les choses ne se fassent pas comme je veux, mais comme tu veux, toi !* « Jésus, ce que tu veux..., je l'aime[15]. »

Les saints ont tiré grand profit de ce passage de la vie du Seigneur. Saint Thomas More a expérimenté lui-même combien la prière de Jésus à Gethsémani fortifie les chrétiens dans les difficultés : prisonnier à la tour de Londres, il attendait le martyre de sa décapitation par fidélité à sa foi et au pontife romain. Que son exemple nous soutienne dans notre vie ordinaire ! « Le Christ savait que beaucoup de personnes de faible constitution se rempliraient de terreur devant le danger d'être torturées, et Il voulut leur donner du courage par l'exemple de sa propre douleur, sa propre tristesse, son abattement et sa peur inégalable (...).

« Il semble que le Christ utilise sa propre agonie pour parler de vive voix à qui se trouverait en cette situation : “ Prends courage, toi qui es faible, et ne désespère pas. Tu es effrayé et triste, abattu par la fatigue et la peur du tourment. Aie confiance. J'ai vaincu le monde, et malgré cela j'ai souffert beaucoup plus par la crainte et j'étais chaque fois plus horrifié à mesure que s'approchait la souffrance (…).

« Regarde comment je marche devant toi sur ce sentier si rempli de craintes. Saisis le bord de mon vêtement, et tu sentiras venir de lui un pouvoir qui ne permettra pas au sang de ton cœur de se répandre en vaines craintes et angoisses ; Il rendra ton esprit plus joyeux, surtout quand tu te souviendras que tu suis de très près mes pas — je suis fidèle, je ne permettrai pas que tu sois tenté au delà de tes forces, je te donnerai, en même temps que l'épreuve, la grâce nécessaire pour la supporter. ” Et Il réjouira ton esprit quand tu te souviendras que cette tribulation légère et momentanée se transformera en un poids de gloire immense [16]. »

A la suite de ce chancelier de la Renaissance, humaniste, saint père de famille, renouvelons aujourd'hui la résolution de contempler fréquemment, peut-être chaque jour, l'Agonie du Seigneur décrit dans le premier mystère douloureux du Rosaire. Sujet particulièrement judicieux d'oraison quand il nous coûte un peu plus de découvrir la Volonté de Dieu dans des événements que nous ne comprenons pas. « *Volo quidquid vis, volo quia vis…* Je veux ce que tu veux, je veux parce que tu veux, je veux comme tu le veux, je veux tant que tu voudras [17]. »

1. Mc 14, 32-34. — 2. Lc 22, 41. — 3. Mc 15, 35. — 4. Lc 22, 41. — 5. Mt 26, 39. — 6. L. de la Palma, *La Passion du Seigneur.* — 7. Lc 22, 44. — 8. Bienheureux Josemaría Escrivá, *Saint Rosaire*, premier mystère douloureux. — 9. *Idem, Chemin de Croix*, I, 1. — 10. Mc 14, 40. — 11. Lc 22, 46. — 12. M. Montenegro, *Via Crucis* — 13. Cf. bienheureux Josemaría Escrivá, *Chemin*, n. 89. — 14. Mc 14, 31. — 15. Bienheureux Josemaría Escrivá, *Chemin*, n. 773. — 16. Saint Thomas More, *La Tristesse du Christ*, méditation sur l'Agonie de Jésus, p. 39. — 17. Missel Romain, *Action de grâces après la Messe, prière universelle de Clément XI.*

CARÊME. 5º SEMAINE. SAMEDI

39. L'ARRESTATION DE JÉSUS

La trahison de Judas est un avertissement sur la route de la persévérance.

Quand Il eut achevé sa prière dans le Jardin de Gethsémani, le Seigneur se releva du sol et réveilla une fois de plus ses disciples, endormis par la fatigue et la tristesse. *Levez-vous ! Allons !* leur dit-Il, *Maintenant est arrivé celui qui va me livrer. Il parlait encore, quand vint Judas, l'un des douze, et avec lui une troupe nombreuse de gens, avec des glaives et des bâtons*[1].

La trahison s'ouvre sur un signe d'amitié : *Il s'avança vers Jésus et Lui dit : Salut, Rabbi ! et il Lui donna un baiser*[2]. Est-il possible qu'un homme qui a tant connu le Christ soit capable de le livrer ? Que s'est-il passé dans l'âme de Judas, cet homme jeune, témoin de tant de miracles et de la bonté du cœur du Seigneur pour toute l'humanité ? Attiré par sa parole, il expérimenta la prédilection de Jésus, jusqu'à être l'un des Douze les plus intimes. Choisi et appelé par le Seigneur Lui-même pour être apôtre : après l'Ascension, quand il fallut le remplacer parmi les Douze, Pierre rappellera qu'*il comptait au nombre des nôtres, et il avait reçu sa part de ce ministère*[3]. Envoyé prêcher, il avait bien vu le fruit copieux de son apostolat ! Peut-être avait-il fait des miracles comme les autres, entamé des dialogues intimes avec le Maître, comme les autres apôtres. Que s'est-il passé pour trahir maintenant le Seigneur pour trente pièces d'argent ?

La trahison de cette nuit-là dut avoir une longue histoire. Depuis quelque temps, il se trouvait déjà distant du Christ, même s'il restait physiquement en sa compagnie. Extérieurement normal, mais l'esprit éloigné du Christ. La rupture avec le Maître, les fissures de la foi et de la vocation, durent se produire peu à peu. Il cédait sur des choses de plus en plus sérieuses. Un jour il proteste parce que les marques d'affection que d'autres ont envers le Seigneur lui paraissent *excessives*, et il déguise en plus sa protestation en alléguant *l'amour envers les pauvres*. Mais saint Jean nous révèle la vraie raison : *il était un voleur et, tenant la bourse, il dérobait ce qu'on y mettait*[4].

Son amour pour le Seigneur se refroidit peu à peu, et il finit par ne le suivre qu'extérieurement, au regard des autres. Sa vie de don de soi à Dieu se transforma en comédie, et peut-être finit-il par penser qu'il aurait mieux fait de ne pas s'engager…

Maintenant il oublie les miracles, les guérisons, les moments heureux près du Maître, son amitié avec le reste des apôtres. Maintenant c'est un homme désorienté, décentré, capable de commettre une folie, un acte précédé par des infidélités cachées, des manques de loyauté croissantes. Le point final d'un long processus intérieur…

Une telle mésaventure n'arrivera jamais à qui garde la fidélité quotidienne dans de petites choses, car il s'appuie sur l'humilité de recommencer chaque fois que la fragilité a déclenché un égarement. « Une maison ne s'écroule pas par une impulsion momentanée. Le plus souvent elle le fait à cause d'un vieux défaut de construction. Parfois c'est la négligence prolongée de ses habitants, ce qui produit la pénétration de l'eau. Au début elle s'infiltre goutte-à-goutte et commence insensiblement à ronger ce qui est en bois et à faire pourrir la charpente. Avec le temps le petit orifice prend de plus grandes proportions, causant des lézardes et des effondrements considérables. À la fin, la pluie pénètre à torrents[5]. »

Persévérer dans sa vocation, c'est répondre chaque jour, librement, aux appels que le Seigneur renouvelle tout au long de la vie, au milieu des obstacles, des difficultés, des erreurs isolées, voire des lâchetés et des défaites.

Contemplons calmement ces scènes de la Passion, en faisant un bref examen sur notre fidélité aux petites choses de notre vocation spécifique. Une sorte de double vie ne s'insinue-t-elle pas ? Suis-je fidèle aux devoirs de mon état ? Je soigne mes relations sincères avec le Seigneur ? J'évite l'embourgeoisement spirituel et l'attachement aux biens matériels, ces *trente pièces d'argent* ?

Revenir au Seigneur par la contrition.

« Le Seigneur ne perdit pas non plus l'occasion de faire du bien à qui lui faisait du mal. Après avoir embrassé sincèrement Judas, il l'avertit, non pas avec la dureté qu'il méritait, mais avec la douceur avec laquelle on traite un malade. Il l'appela par son nom, ce qui est un signe d'amitié... *Judas, c'est avec un baiser que tu livres le Fils de l'homme ?* (Lc 22, 48). C'est avec des témoignages de paix que tu me fais la guerre ? Et même, pour le pousser davantage à reconnaître sa faute, Il lui posa une autre question remplie d'amour : *Ami, pourquoi es-tu venu ?*

(Mt 26, 50). Ami, l'injure que tu me fais est plus grande parce que tu as été mon ami, le mal que tu me fais me produit davantage de peine. *Parce que si un ennemi m'outrageait, je supporterais la chose… Mais c'était toi, mon compagnon, mon ami et mon familier, avec qui j'entretenais une douce intimité…* (Ps 54, 13). Ami, car tu l'as été et le devais être ; pour Moi tu peux l'être à nouveau. Je suis disposé à être le tien. Ami, bien que tu ne m'aimes pas, Moi si, je t'aime. Ami, pourquoi fais-tu cela, pourquoi es-tu venu ? [6] »

La trahison de Judas se prolonge dans l'histoire par le péché mortel. Tout péché, même véniel, a une relation intime et mystérieuse avec la Passion du Seigneur, puisque notre vie est une affirmation ou une négation du Christ. Mais Lui reste disposé à nous admettre toujours dans son amitié, même après les plus grandes trahisons. Judas refuse la main que le Seigneur lui tend, mais sa vie s'est brisée.

Après l'avoir livré, Judas dut suivre avec inquiétude le déroulement du procès contre Jésus. Comment finirait tout cela ? Il apprit bientôt que les princes des prêtres avaient dicté une sentence de mort. Peut-être n'avait-il jamais espéré une peine si grave, peut-être vit-il le Maître torturé… Ce qui est certain, c'est que *voyant que Jésus avait été condamné, il fut pris de remords et rapporta les trente pièces d'argent aux grands prêtres et aux anciens.* Il se repent de sa folie, mais il lui manque l'espérance de pouvoir obtenir le pardon et l'humilité pour revenir vers le Christ ! Il pouvait parfaitement avoir été l'un des douze fondements de l'Église malgré l'énormité de la faute, s'il avait demandé pardon à Dieu, comme saint Pierre.

Malgré nos péchés, le Seigneur nous attend dans la prière confiante et dans la Confession : « Celui qui avant la faute nous défendit de pécher, une fois celle-ci commise, ne cesse pas de nous attendre pour nous concéder son pardon. Voyez comment celui-là même que nous méprisons nous appelle. Nous nous séparons de Lui, mais Lui ne se sépare pas de nous[7] ».

Aussi grand que soit le péché, le Seigneur attend toujours, Il pardonne, et Il tient compte de la faiblesse humaine. Toujours disposé à nous appeler *ami* de nouveau, à nous donner les grâces nécessaires pour aller de l'avant, s'il y a sincérité et désir de lutter. Face à l'échec apparent de tant de tentatives, rappelons-nous que Dieu ne demande pas tant le succès que l'humilité de recommencer sans découragement ni pessimisme, en mettant en pratique la vertu théologale de l'espérance.

La fuite des disciples : ils avaient perdu le bouclier de la prière.

Il est émouvant de contempler Jésus inquiet pour ses disciples, alors que c'est Lui qui est en danger de mort : *Si c'est moi que vous cherchez*, dit-Il à ceux qui accompagnaient Judas, *laissez aller ceux-ci*[8].

Après l'avoir arrêté, ils l'emmenèrent et l'introduisirent chez le grand prêtre[9]. Saint Jean dit qu'*ils l'attachèrent*[10], sans aucune considération, avec violence. La populace le fait marcher en le bousculant, au milieu des insultes. Les disciples effrayés oublient leurs promesses de fidélité lors de la mémorable Cène, et *tous l'abandonnèrent et prirent la fuite*[11].

Jésus reste seul. Les disciples ont disparu. « Le Seigneur fut flagellé, et personne ne l'aida ; Il fut enlaidi par de la salive, et personne ne le protégea ; Il fut couronné d'épines, et personne ne le défendit ; Il fut crucifié, et personne ne le décloua [12]. » Seul face à tous les péchés et bassesses de tous les temps, les nôtres, aussi.

Pierre Le suit *de loin* [13]. Et, de loin, comme le comprendra Pierre après ses négations, on ne peut pas suivre Jésus. Nous aussi nous le savons maintenant. Ou on suit le Seigneur de près ou on finit par le nier. « Il suffit de changer un pronom dans la brève phrase évangélique pour découvrir l'origine de nos propres défections : légères fautes ou chutes graves, relâchement passager ou longues périodes de tiédeur. *Sequebatur eum a longe* : nous le suivions de loin (…). L'Humanité suit le Christ avec une désespérante parcimonie, parce qu'il y a trop de chrétiens qui ne suivent Jésus que de loin, de très loin [14]. »

Mais maintenant nous avons compris ; nous allons rester avec Lui, ne pas le laisser seul. Même dans les époques et dans les milieux où il n'est pas populaire de se déclarer son disciple. Nous allons le suivre de près au milieu du travail, des l'étude, dans la rue, dans le temple, au repos, dans la famille, les loisirs… au milieu d'un sain divertissement. Mais nous savons bien que tout seuls nous n'y arriverons pas. Avec la prière, si.

Peut-être l'un des disciples est-il allé chercher la Sainte Vierge en lui racontant que l'on avait arrêté son Fils. Et Elle, malgré sa douleur, les remplit de paix en ces heures tragiques. Nous aussi cherchons refuge auprès d'elle — *Refugium peccatorum* — quand malgré nos bons désirs il nous manque du courage pour prendre la défense du Seigneur. En Elle nous trouverons la force nécessaire pour rester près du Seigneur dans les moments difficiles.

1. Mt 26, 46-47. — 2. Mt 26, 49. — 3. Ac 1, 17. — 4. Jn 12, 6. — 5. Cassien, *Collationes*, 6. — 6. L. de la Palma , *La Passion du Seigneur*. — 7. Saint Grégoire le Grand, *Homélie 34 sur les Évangiles*. — 8. Jn 18, 8. — 9. Lc 22, 54. — 10. Jn 18, 12. — 11. Mc 14, 50. — 12. Saint Augustin, *Commentaire au Psaume 21*, 2, 8. — 13. Lc 22, 54. — 14. G. Chevrot, *Simon Pierre*.

DIMANCHE DES RAMEAUX

40. L'ENTRÉE TRIOMPHALE À JÉRUSALEM

Une entrée solennelle et simple, qui accomplit les prophéties messianiques.

« Venez, et tout en montant au mont des Oliviers, sortons à la rencontre du Christ qui revient aujourd'hui de Béthanie. De sa propre volonté, il se hâte vers sa vénérable et bienheureuse passion, pour mener à sa plénitude le mystère du salut des hommes[1] »

Jésus sort de Béthanie de bon matin. Là, depuis hier après-midi, beaucoup de ses fervents disciples se sont rassemblés ; certains sont des compatriotes de Galilée, arrivés en pèlerinage pour célébrer la Pâque ; d'autres sont des habitants de Jérusalem, convaincus par le récent miracle de la résurrection de Lazare. Accompagné de ce groupe impressionnant, et par d'autres qui se joignent à Lui en chemin, Jésus prend une fois de plus le vieux chemin de Jéricho à Jérusalem, vers le modeste sommet du mont des Oliviers.

Les circonstances sont propices à un accueil majestueux, car la coutume veut que les habitants sortent à la rencontre des grands groupes de pèlerins pour les introduire dans la ville parmi des chants et mille manifestations de joie. Le Seigneur ne manifeste aucune opposition aux préparatifs de cette entrée joyeuse. Lui-même choisit la monture : un simple âne qu'il demande d'amener de Bethphagé, village proche de Jérusalem. L'âne avait été en Palestine la monture de personnages importants depuis le temps de Balaam [2].

Le cortège s'organise tout de suite. Certains étendent leur manteau sur la croupe de l'animal et aident Jésus à monter dessus ; d'autres prennent de l'avance sur le groupe et étendent leurs manteaux sur le sol comme un tapis, d'autres courent sur le chemin en éparpillant des branches vertes tout au long du trajet et en agitant des rameaux d'olivier et de palmier arrachés des alentours. A l'approche de la ville, *comme Il arrivait à la descente du mont des Oliviers, toute la foule des disciples, dans la joie, se mit à louer Dieu à pleine voix pour tous les miracles qu'ils avaient vus, en disant : Béni soit celui qui vient, le roi, au nom du Seigneur ! Paix dans le ciel et gloire au plus haut des cieux !* [3].

Jésus fait une entrée de Messie à Jérusalem, assis sur un âne, comme il avait été prophétisé bien de siècles auparavant [4]. Les chants du peuple sont clairement messianiques. Ces gens simples, les pharisiens surtout, les connaissent bien ces prophéties, et Jésus admet l'hommage. Aux pharisiens qui essaient d'arrêter ces manifestations de foi et de joie, le Seigneur dit : *Je vous le dis, si eux se taisent, ce sont les pierres qui crieront* [5].

Et malgré tout, ce triomphe est très simple. « Voyez de quel pauvre animal Jésus se contente pour trône. Je ne sais ce qu'il en est pour vous, mais personnellement cela ne m'humilie pas de me reconnaître âne aux yeux du Seigneur : *j'étais une brute devant toi. Et moi, qui restais devant toi, tu m'as saisi par ta main droite (Ps 72,23-24)*, tu me conduis par le licol [6]. »

Jésus veut aussi entrer aujourd'hui triomphant dans la vie des hommes sur une humble monture : Il veut que nous Lui rendions témoignage, dans la simplicité du travail bien fait, avec joie, avec sérénité, avec un intérêt actif pour les autres. Il veut se rendre présent à chacun à travers les circonstances de sa vie courante. Nous aussi nous pouvons Lui dire aujourd'hui : « *Ut iumentum factus sum apud te*... Comme un petit âne je suis devant toi. Mais Tu es toujours avec moi, tu m'as pris par le licol, Tu m'as fait accomplir ta volonté ; *et cum gloria suscepisti me*, et après Tu me donneras une très forte étreinte[7]. » *Ut iumentum*... comme un âne je suis devant Toi, Seigneur..., comme une bête de somme, et jc serai toujours avec Toi. Cela peut nous servir d'oraison jaculatoire aujourd'hui.

Le Seigneur est entré triomphalement à Jérusalem, et une semaine plus tard, dans cette même ville, Il sera cloué sur une croix...

Le Seigneur pleure sur la ville

Le cortège triomphal passe le sommet du mont des Oliviers et descend par le versant occidental, vers le temple que l'on surplombait. Toute la ville apparaît à la vue de Jésus, et en contemplant ce panorama, Il pleure[8].

Des pleurs, parmi les cris joyeux de cette entrée solennelle, sont complètement inattendus, et les disciples sont déconcertés.

C'est que Jésus voit Jérusalem s'enfoncer dans le péché, dans l'ignorance et l'aveuglement : *Si en ce jour-ci tu avais reconnu, toi aussi, le message de paix ! Mais il est resté caché à tes yeux*[9]. Le Seigneur voit venir des jours qui ne seront plus comme celui-là, jour de joie et de salut, mais de malheur et de ruine. Dans quarante ans, la ville va être dévastée. Jésus pleure l'impénitence de Jérusalem. Qu'elles sont éloquentes, ces larmes du Christ ! Plein de miséricorde, Il a compassion de cette ville qui le repousse.

Il a tout essayé : miracles, actions, paroles ; sévère parfois, indulgent toujours... Il a tout essayé dans la ville et dans les campagnes, avec les gens simples et avec les savants, en Galilée, en Samarie, en Judée... Il essaie encore, il offre aujourd'hui la richesse de sa grâce à chaque homme, avec une volonté toujours salvatrice.

Dans notre vie aussi, Il a tout essayé ! Il a utilisé tous les remèdes possibles : Il nous a cherchés, nous a rencontrés (en faisant comme si c'était par hasard) ! Il a répandu sur notre vie tant de grâces ordinaires et extraordinaires ! « Par son Incarnation, le Fils de Dieu s'est en quelque sorte uni Lui-même à tout homme. Il a travaillé avec des mains d'homme, Il a pensé avec une intelligence d'homme, Il a agi avec une volonté d'homme, Il a aimé avec un cœur d'homme. Né de la Vierge Marie, Il est vraiment devenu l'un de nous, en tout semblable à nous, hormis le péché. Agneau innocent, par son Sang librement répandu, Il nous a mérité la vie ; et, en Lui, Dieu nous a réconciliés avec Lui-même et entre nous, nous arrachant à l'esclavage du diable et du péché. En sorte que chacun de nous peut dire avec l'apôtre : *le Fils de Dieu m'a aimé et Il s'est livré Lui-même pour moi* (Gal 2, 20)[10] ».

L'histoire de chaque homme est vraiment l'histoire de la sollicitude de Dieu envers lui. Chaque homme restera l'objet de la prédilection du Seigneur. Jésus a tout essayé avec Jérusalem, et la ville n'a pas voulu ouvrir ses portes à la miséricorde. C'est le profond mystère de la liberté humaine de ce pouvoir, qui a la triste possibilité de rejeter la grâce divine. « Homme libre, soumets-toi à une servitude volontaire : que Jésus n'ait pas à dire de toi ce qu'Il a dit, paraît-il, pour d'autres à sainte Thérèse d'Avila : "Thérèse, j'ai voulu..., mais les hommes n'ont pas voulu"[11]. »

Homme libre : comment réponds-tu aux innombrables requêtes de l'Esprit Saint pour que tu sois saint au milieu de tes occupations, dans ton milieu d'aujourd'hui ? Combien de fois dis-tu *oui* à Dieu et *non* à l'égoïsme, à la paresse, aux manques d'amour, même en ce qui te paraît de peu d'importance ?

Joie et douleur des Rameaux : cohérence pour suivre le Christ.

À l'entrée du Seigneur dans la ville sainte, les enfants, portant des rameaux d'olivier et des palmes, annonçaient la résurrection. Avec eux, nous chantons : Hosanna au plus haut des cieux ![12].

Nous savons que cette entrée triomphale a été, pour beaucoup, éphémère. Les rameaux verts se sont vite fanés, l'*hosanna* enthousiaste s'est transformé cinq jours plus tard en un cri déplorable : *Crucifie-le !* Pourquoi un si brutal changement, pourquoi tant d'inconstance ? Pour y comprendre quelque chose, peut-être devons-nous consulter notre propre cœur...

« Quelle différence entre les cris : *Crucifie-le, crucifie-le, !* et *béni soit celui qui vient au nom du Sei-*

gneur, hosanna au plus haut des cieux ! note saint Bernard. Quelle différence entre l'appeler maintenant *Roi d'Israël*, et dire peu de jours après : *nous n'avons pas d'autre roi que César !* Qu'ils sont différents, les rameaux verts et la croix, les fleurs et les épines ! Avant ils étendaient leurs propres vêtements comme un tapis pour Lui, et bientôt ils lui enlèvent les siens et les tirent au sort[13]. »

L'entrée triomphale de Jésus à Jérusalem est un appel à la cohérence, à la persévérance, à la fidélité, pour que nos résolutions ne soient pas des lumières qui brillent passagèrement et s'éteignent. Au fond du cœur humain, il y a un profond contraste : le meilleur et le pire. Pour conserver la vie divine, régner avec le Christ, il faut être constants et faire mourir par la pénitence ce qui sépare de Dieu et nous empêche d'accompagner le Seigneur jusqu'à la Croix.

« La liturgie du Dimanche des Rameaux met dans la bouche des chrétiens ce cantique : *portes, levez vos frontons ; élevez-vous, portes éternelles. Qu'Il entre le Roi de gloire (Antienne de la distribution des Rameaux).* Celui qui demeure reclus dans la citadelle de son égoïsme ne descendra pas sur le champ de bataille. Cependant, s'il soulève les portes de force et laisse entrer le Roi de paix, il sortira avec Lui pour combattre la misère qui obscurcit nos yeux et insensibilise notre conscience[14]. »

Marie aussi est à Jérusalem, près de son Fils, pour célébrer la Pâque. La dernière Pâque juive et la première Pâque où son Fils sera le Prêtre et la Victime. Restons avec Elle. Comme Elle, soyons constants, veillons sur les petites choses, croissons en amour de Jésus. Près d'Elle, contemplons sans hâte sa Passion, sa mort et sa résurrection. Nous ne trouverons pas un lieu plus privilégié.

1. Saint André de Crète, *Sermon 9 sur le Dimanche des Rameaux.* — 2. Cf. Nm 22, 21 et s. — 3. Lc 19, 37-38. — 4. Zac 9, 9. — 5. Lc 19, 40. — 6. Bienheureux Josemaría Escrivá, *Quand le Christ passe*, 181. — 7. *Idem*, cité par A. V. de Prada, *Le fondateur de l'Opus Dei.* — 8. Lc 19, 41. — 9. Lc 19, 42. — 10. Concile Vatican II, Const. *Gaudium et spes*, 22. — 11. Bienheureux Josemaría Escrivá, *Chemin*, n. 761. — 12. *Hymne au Christ Roi. Liturgie du Dimanche des Rameaux.* — 13. Saint Bernard, *Sermon sur le Dimanche des Rameaux*, 2, 4. — 14. Bienheureux Josemaría Escrivá, *Quand le Christ passe*, 82.

LUNDI SAINT

41. LE RENIEMENT DE PIERRE

Je ne connais pas cet homme.

Pendant que se déroule le procès contre Jésus devant le Sanhédrin, la scène la plus triste de la vie de Pierre se prépare. Lui qui avait tout laissé pour suivre son Seigneur, qui a vu tant de prodiges, reçu tant de preuves d'affection, il va Le renier. Il se sent acculé et en arrive à jurer qu'il ne connaît pas Jésus.

Comme Pierre était en bas, dans la cour, arrive une des servantes du grand prêtre. Voyant Pierre qui se chauffait, elle le fixe du regard et dit : Toi aussi, tu étais avec Jésus le Nazaréen ! mais lui le nia, disant : Je ne sais ni ne comprends ce que tu veux dire. Et il s'en alla dehors, vers le devant de la cour. La servante, le voyant, se remit à dire à ceux qui étaient là : Celui-là en est ! Et de nouveau il le nia. Puis, peu après, ceux qui étaient là dirent encore à Pierre : Pour sûr que tu en es ! Et d'ailleurs tu es Galiléen. Mais il se mit à lancer des imprécations et à jurer : Je ne connais pas l'homme que vous dites[1].

Toute une vie honnête, toute une vocation d'apôtre, les espérances que Dieu avait mises en lui, le passé, le futur : tout s'écroule. Comment est-ce possible qu'il dise : *je ne connais pas cet homme* ?

Quelques années auparavant, un miracle de Jésus a eu pour Pierre une signification particulière. En voyant la pêche miraculeuse (la première), Pierre comprit tout, *tomba aux pieds de Jésus et dit : Eloigne-toi de moi, Seigneur, car je suis un pécheur. C'est que la stupeur l'avait envahi*[2]. En un instant il a vu clair : la sainteté du Christ et sa condition d'homme pécheur. C'est normal, le noir se perçoit quand il est en contraste avec le blanc, l'obscurité avec la lumière, la saleté avec la propreté, le péché avec la sainteté. Et alors, tandis que ses lèvres professent qu'à cause de ses péchés il se sent indigne d'être près du Seigneur, ses yeux lui demandent de ne jamais se séparer de Lui. Ce fut un jour très heureux. C'est là que tout commence réellement : *Alors Jésus dit à Simon : Ne crains rien ! Désormais ce sont les hommes que tu pêcheras. Ils ramenèrent les barques à terre et, laissant tout là, ils Le suivirent*[3]. La vie de Pierre aura dès lors un objectif immense: aimer le Christ et *être pêcheur d'hommes*.

Tout le reste devient le moyen et l'instrument en vue de ce but. Oui, mais maintenant, par fragilité, pour s'être abandonné à la crainte et au respect humain, Pierre s'effondre.

Tout péché, toute infidélité à un plus grand ou à un moindre degré, est un reniement du Christ et de ce qu'il y a de plus noble en nous, de l'idéal que le Seigneur a semé en nous. Le péché est la grande ruine de l'homme. C'est pourquoi nous devons lutter avec décision, aidés de la grâce, pour éviter tout péché grave, par malice, fragilité ou ignorance coupable, et tout péché véniel délibéré.

Mais si nous avions le malheur de le commettre, nous devons en tirer profit, car la contrition consolide l'amitié avec le Seigneur. L'erreur ne décourage pas quand elle consolide l'humilité. Le sincère repentir est l'occasion d'une nouvelle rencontre avec le Seigneur, de laquelle dérivent des conséquences insoupçonnées pour la vie intérieure. « Pierre employa une heure pour tomber, mais en une minute il se relève et il montera plus haut que là où il était avant sa chute [4]. »

Le Ciel est plein de grands pécheurs qui ont su se repentir. Jésus se réjouit quand on recommence le chemin que l'on avait abandonné, sur des petites choses, peut-être…

Le regard de Jésus et la contrition de Pierre.

Le Seigneur, épuisé par les mauvais traitements, passe par une des cours. Alors, *se retournant, Il regarda Pierre* [5]. « Leurs regards se croisèrent. Pierre aurait voulu baisser la tête, mais il ne put pas détourner son regard de Celui qu'il venait de renier. Il connaît très bien les regards du Sauveur. Il ne put résister à l'autorité et au charme de ce regard qui suscita sa vocation ; ce regard si affectueux du Maître en ce jour où, regardant ses disciples, Il affirma : *Voici mes frères, mes sœurs et ma mère*. Et ce regard qui le fit trembler quand lui, Simon, voulut éloigner la Croix du chemin du Seigneur. Et le regard plein de compassion avec lequel Il accueillit le jeune homme si peu détaché de ses biens pour le suivre ! Et le regard inondé de larmes devant le tombeau de Lazare… ! Il connaît les regards du Sauveur.

« Et cependant, il n'a jamais contemplé sur le visage du Seigneur l'expression qu'il y découvre en ce moment, ces yeux imprégnés de tristesse, mais sans sévérité ; regard de reproche, sans doute, mais qui en même temps veut être suppliant et semble lui dire : *Simon, j'ai prié pour toi.*

« Son regard ne s'arrêta qu'un instant sur lui : Jésus fut poussé violemment par les soldats, mais Pierre continue de le voir [6]. » Il voit ce regard indulgent sur la plaie de sa faute, il comprend alors la gravité de son péché, et l'accomplissement de la prophétie du Seigneur au sujet de sa trahison ! Pierre se rappela l'avertissement du Seigneur auquel il n'avait pas cru : *Avant que le coq ait chanté aujourd'hui, tu m'auras renié trois fois. Et, s'en allant dehors, il versa des larmes amères* [7]. Le fait de s'en aller dehors, c'était confesser sa faute. Il pleura amèrement parce qu'il savait aimer, et bien vite les douceurs de l'amour remplacèrent en lui les amertumes de la douleur [8]. »

Se savoir regardé par le Seigneur, voila ce qui empêche Pierre de tomber dans la désespérance. Dans ce regard encourageant, il se sentit compris et pardonné. Combien de souvenirs alors... la parabole du Bon Pasteur, de l'enfant prodigue, de la brebis perdue !

Pierre s'en alla dehors. Il s'éloigne de ce milieu où il s'est imprudemment fourré, pour éviter de possibles rechutes. Il comprend que cet endroit n'est pas sa place. Il se souvient de son Seigneur, et *versa des larmes amères.* Qui ne retrouve un écho de sa propre vie dans la vie de Pierre ? « Douleur d'Amour. — Parce qu'Il est bon. — Parce qu'Il est ton Ami, qu'Il a donné sa Vie pour toi. — Parce que tout ce que tu as de bon est à Lui. — Parce que tu L'as offensé... Parce qu'Il t'a pardonné... Lui !... À toi ! Pleure, mon fils, de douleur d'Amour [9]. »

La contrition donne à l'âme une force particulière, lui rend l'espérance, l'oubli de soi. La contrition affine la qualité de la vie intérieure et attire toujours plus la miséricorde divine. *Mes regards se posent sur les humbles et sur ceux qui ont le cœur contrit*[10], promet Yahvé par la bouche du prophète Isaïe.

Le Christ ne voit pas d'inconvénients à édifier son Église sur un homme qui peut tomber et qui est tombé. Dieu compte sur des instruments faibles pour réaliser ses grandes entreprises : le salut de tous les hommes.

Après ce reniement et ce repentir, Pierre est allé sans doute chercher la Vierge Marie. Nous aussi, prenons-la à témoin de nos fautes et de nos reniements.

Le repentir est une douleur joyeuse.

En plus de la force, la contrition donne à l'âme une joie particulière, et la dispose à être plus efficace parmi les autres. « Le Maître passe et repasse à maintes reprises, très près de nous. Il nous regarde… Et si tu le regardes, si tu l'écoutes, si tu ne le repousses pas, Il t'apprendra à donner un sens surnaturel à chacune de tes actions… Et alors, toi aussi, où que tu te trouves, tu semeras la consolation, la paix et la joie[11]. »

Sur Judas aussi se pose le regard du Seigneur qui l'incite à changer au moment de sa trahison. *Ami ! Pourquoi es-tu venu ?* Il ne se repent pas à ce moment-là, mais plus tard, si ! *Voyant que Jésus avait été condamné, il fut pris de remords et rapporta les trente pièces d'argent*[12]. Quelle différence entre Pierre et Judas ! Les deux ont trahi (de façon différente) la fidélité à leur Maître. Les deux se sont repentis. Pierre serait, malgré son reniement, le rocher sur lequel l'Église du Christ s'édifiera jusqu'à la fin des temps. Judas *va se pendre*. Le simple repentir humain ne suffit pas, il n'évite pas l'angoisse, l'amertume, peut-être le désespoir.

Près du Christ le repentir se transforme en une douleur joyeuse, parce que l'on retrouve l'amitié perdue. En quelques instants, Pierre s'unit au Seigneur, à travers la douleur pour son reniement, plus fortement que jamais. Son reniement engendre une fidélité qui le mènera jusqu'au martyre.

Judas, au contraire, reste seul : *Qu'est-ce que cela nous fait ? C'est ton affaire*, disent froidement les princes des prêtres. Pourquoi Judas, dans l'isolement du péché, n'est pas allé vers le Christ, qui lui ouvrait ses bras ? Il lui a manqué l'espérance.

Réveiller fréquemment dans notre cœur la douleur d'Amour pour nos péchés. Surtout dans l'examen de conscience à la fin du jour, et quand nous préparons la confession régulière et la communion fréquente.

« À toi qui te démoralises, je vais te répéter quelque chose de très consolant : Dieu ne refuse pas sa grâce à celui qui fait ce qu'il peut. Notre Seigneur est Père, et si un de ses enfants lui dit, dans la paix de son cœur : mon Père du Ciel, me voici, aide-moi… S'il s'adresse à la Mère de Dieu, qui est notre Mère, il va de l'avant [13]. »

1. Mc 14, 66-67. — 2. Lc 5, 8-9. — 3. Lc 5, 10-11. — 4. G. Chevrot, *Simon Pierre*. — 5. Lc 22, 61. — 6. G. Chevrot, *loc. cit.* — 7. Lc 22, 61-62. — 8. Saint Augustin, *Sermon 295*. — 9. Bienheureux Josemaría Escrivá, *Chemin*, n. 436. — 10. Is 66, 2. -11. Bienheureux Josemaría Escrivá, *Chemin de Croix*, VIII, 4. — 12. Cf. Mt 27, 3-10. — 13. Bienheureux Josemaría Escrivá, *Chemin de Croix*, X, 3.

MARDI SAINT

42. JÉSUS DEVANT PILATE

Jésus est condamné à mort.

Le Seigneur, les mains liées sans doute, est conduit à la résidence du Procureur Ponce Pilate. Ils sont pressés d'en finir. Jésus, en silence, avec cette dignité qui lui est propre et qui se reflète dans l'allure, parcourt quelques ruelles étroites. « Il faisait déjà jour. Les habitants de la ville s'étaient réveillés et sortaient à leurs portes et fenêtres pour voir ce prisonnier si connu et si admiré. Le Seigneur avançait les mains attachées, et la corde qui liait ses mains enserrait son cou : c'était la peine que l'on infligeait à ceux qui avaient mal utilisé leur liberté contre le peuple. Il devait avoir froid, si tôt le matin, et sommeil ; le visage, défiguré par les coups et les crachats ; les cheveux en désordre à cause des derniers coups ; des hématomes sur les joues, le sang coagulé et desséché. C'est ainsi que le Seigneur apparut en public dans les rues, et tous le regardaient effrayés et saisis. Il était clair pour tous que, vu comme ils l'avaient traité et où ils le menaient, tout était fait pour le condamner[1]. »

Jésus passe de la juridiction du Sanhédrin à celle des Romains, car les autorités juives pouvaient condamner à mort, mais ne pouvaient pas exécuter la sentence. Elles font appel plus tôt, dès les premières heures du matin, à l'autorité romaine, pour obtenir, par tous les moyens, qu'elle fasse mourir Jésus. Ils veulent en finir avec Lui avant les fêtes. Ce qu'Il avait déjà annoncé commence à s'accomplir au pied de la lettre : *le Fils de l'Homme sera livré aux païens, sera bafoué et sera outragé, et on lui crachera dessus, et, après l'avoir flagellé, on le mettra à mort, et le troisième jour il ressuscitera*[2].

La situation est totalement insolite. Celui qui, quelques jours auparavant, parlait librement dans le Temple avec tant de majesté — *personne n'a jamais parlé comme cet homme* —, celui qui était entré à Jérusalem acclamé par tout le peuple, est maintenant silencieux prisonnier, maltraité par les autorités juives. Celui qui avait réalisé tant de miracles, ébahissant une foule de disciples, le voilà brusquement impuissant et traité comme un malfaiteur. Les gens sont stupéfaits, on ne parle que de cela en ville. Jésus de Nazareth, arrêté !

On le conduit à la place du prétoire, mais ceux qui l'accusaient *n'entrèrent pas dans le prétoire, pour ne pas se souiller et pouvoir manger la Pâque*[3], car les juifs devenaient légalement impurs s'ils entraient dans une maison d'étrangers. « Quel, aveuglement impie ! s'exclame saint Augustin. Il leur semble qu'ils vont se souiller dans une maison étrangère, et ils ne craignent pas de rester impurs par un crime fait par eux-mêmes[4] ». C'est mot à mot ce que Jésus leur avait dit durement quelque temps auparavant : *Guides aveugles, qui filtrez le moustique et avalez le chameau*[5] *!*

Pilate s'avança donc vers eux, au dehors[6]. Jésus se trouve debout devant lui[7]. Il est frappé par la paix et la sérénité de l'accusé, face à l'agitation et la hâte de ceux qui réclament son exécution.

Pilate lui dit : *Es-tu le Roi des Juifs ?* [8]. Jésus répond : *Mon royaume n'est pas de ce monde. Si mon royaume était de ce monde, mes gardes auraient combattu pour que je ne fusse pas livré aux Juifs. Non, mon royaume n'est pas de ce monde. Alors Pilate lui dit : C'est donc que tu es roi ? Jésus répondit : C'est toi-même qui le dis : je suis roi* [9]. Ce sera la dernière déclaration du Seigneur devant ses accusateurs ; ensuite Il se taira *comme la brebis muette devant les tondeurs* [10].

Le Maître se trouve seul ; ses disciples n'écoutent plus celui qu'ils ont abandonné au moment même où ils pouvaient tant apprendre. Nous, nous l'accompagnons dans sa douleur, et nous apprenons de Lui à être patients face aux contrariétés, chaque jour, à les offrir avec amour.

Voici le Roi des Juifs

Pilate, pensant peut-être qu'avec cela il calmerait les Juifs, *fit prendre Jésus pour le faire flageller* [11]. C'est la scène qu'évoque le deuxième mystère douloureux du Rosaire : « Il est lié à la colonne, couvert de blessures. »

« Les coups de lanières claquent sur sa chair déchirée, sur sa chair sans tache qui souffre pour ta chair pécheresse. — Davantage de coups. Davantage de fureur. Davantage encore… C'est le comble de la cruauté humaine. Finalement, épuisés, ils détachent Jésus. — Et le corps du Christ succombe à son tour à la douleur et s'écroule comme un ver, brisé, à demi-mort.

« Toi et moi, nous sommes incapables de parler. — Les mots sont inutiles. — Regarde-le, regarde-le… lentement. Après cela… pourras-tu jamais craindre l'expiation ? [12] »

Ensuite, *les soldats tressèrent une couronne d'épines qu'ils lui mirent sur la tête, et ils le revêtirent d'un manteau de pourpre. Et, s'approchant de lui, ils disaient : Salut, le roi de Juifs ! Et ils lui donnaient des soufflets*[13].

Aujourd'hui, en contemplant Jésus qui proclame sa royauté devant Pilate, arrêtons-nous sur cette scène exposée dans le troisième mystère douloureux du Rosaire : « La couronne d'épines, enfoncée à coups de marteau, fait de lui un Roi dérisoire… (…). Et, de leurs coups, ils blessent sa tête. Et ils le giflent… et ils crachent sur lui (…). Toi et moi, ne l'aurions-nous pas de nouveau couronné d'épines, frappé et couvert de crachats ? Jamais plus, Jésus, jamais plus… [14] ».

Pilate revint alors et il leur dit : Je vais vous l'amener dehors pour que vous sachiez que je ne trouve chez lui aucun motif de condamnation. Jésus sortit donc, portant la couronne d'épines et le manteau de pourpre. Et Pilate leur dit : "Ecce homo" : Voici l'homme ![15].

Le Seigneur, vêtu par dérision d'insignes royaux, occulte et révèle et fait entrevoir en même temps, sous cette apparence tragique, la grandeur du Roi des rois. La création entière dépend d'un geste de ses mains. Et c'est au moment où on le voit le plus faible, qu'Il n'hésite pas à affirmer ce titre qu'Il possède de plein droit. Son royaume est *le royaume de la Vérité et de la Vie, le royaume de la sainteté et de la Grâce, le royaume de la Justice, de l'Amour et de la Paix*[16]. En contemplant cette scène de la Passion, n'oublions pas que *Jésus-Christ est un Roi avec un cœur de chair comme le nôtre*[17], douloureusement blessé par le nombre de ceux qui l'ignorent et le rejettent.

« Ce triste spectacle me donne l'envie de réparer. En écoutant cette clameur incessante, faite d'actes abominables plus que de mots, je ne peux m'empêcher de crier très fort : *oportet illum regnare !* (1 Cor 15, 25), il faut qu'Il règne[18]. »

Beaucoup ignorent que le Christ est le seul Sauveur, celui qui donne un sens à tous les événements de notre vie. C'est lui qui constitue la plénitude des désirs de tous les cœurs, le vrai modèle, le frère, l'Ami irremplaçable, seul digne de toute confiance.

Ce Roi couronné d'épines, voulons-nous qu'il règne dans notre vie, dans nos cœurs, nos actions, nos pensées, nos paroles, tout ce que nous sommes et avons ?

Le Seigneur veut régner dans nos âmes.

Toutes les choses ont été faites par Lui [19], et les hommes en particulier, *achetés à grand prix*[20]. *L'ange* Gabriel avait déjà dit à Marie : Tu *vas concevoir et tu enfanteras un fils... Le Seigneur Dieu lui donnera le trône de David son père... et son règne n'aura pas de fin*[21].

Mais ce règne n'est pas comme ceux de la terre. Pendant son ministère public, Jésus ne cède jamais à l'enthousiasme des foules, trop mélangé à des espoirs purement temporels : sachant qu'*on le cherchait pour le faire roi, Il se retira sur la montagne, tout seul*[22].

Mais Il accepte toujours un acte de foi sincère, comme celui de Nathanaël : *c'est toi le Fils de Dieu, c'est toi le Roi d'Israël*[23]. Il évoque une ancienne prophétie [24] qui confirme et donne encore plus de profondeur à ses paroles : *vous verrez le ciel ouvert et les anges de Dieu monter et descendre au-dessus du Fils de l'Homme*[25].

Mais, face à Jésus qui affirma sa qualité de Messie et de Fils de Dieu[26], les autorités juives, aveuglées, incrédules, en arrivent à reconnaître au César de Rome (qu'elle n'aiment pas plus) un pouvoir politique exclusif. Pourvu que la royauté de Jésus soit rejetée, qu'on en finisse avec Lui ! Et cependant, sur le bois de la Croix resteront écrits pour toujours ces mots : *Jésus de Nazareth, le Roi des Juifs*.

La vérité est simple : Il dit à Pilate que son Royaume n'est pas de ce monde, et à nous, que son règne est un règne de paix, de justice, d'amour ; parce que Dieu le Père *nous a arrachés à la puissance des ténèbres et fait passer dans le royaume de son Fils bien-aimé, en qui nous avons la rédemption*[27].

Il semble pourtant que l'on écoute encore dans nombre de milieux ce *nous ne voulons pas qu'Il règne sur nous* ! le triste écho de sa parole Ses *concitoyens le haïssaient et ils envoyèrent derrière lui une députation pour dire : nous ne voulons pas qu'il règne sur nous*[28]. Quel mystère d'iniquité, le péché ! Rejeter Jésus ! Le royaume du péché, où le péché habite, un royaume d'obscurité, de tristesse, de solitude, de mensonge, de calamités dont toute l'origine est dans ces mots : *Nous ne voulons pas que celui-ci (le Christ) règne sur nous !* Achevons notre prière tout simplement sur cet aveu : « Lui est le Roi de mon cœur. Roi de ce monde intime à l'intérieur de moi-même où personne ne pénètre et où je suis le seul seigneur. Jésus est Roi là, dans mon cœur. Tu le sais bien, Seigneur[29] ».

1. L. de la Palma, *La Passion du Seigneur.* — 2. Lc 18, 32. — 3. Jn 18, 28. — 4. Saint Augustin, *Commentaire sur l'Évangile de saint Jean*, 114, 2. — 5. Mt 23, 24. — 6. Jn 18, 29. — 7. Mt 27, 11. — 8. Jn 18, 33. — 9. Jn 18, 36-37. — 10. Is 53, 7. — 11. Jn 19, 1. — 12. Bienheureux Josemaría Escrivá, *Saint Rosaire*, deuxième mystère douloureux. — 13. Jn 19, 2-3. — 14. Bienheureux Josemaría Escrivá, *Saint Rosaire*, troisième mystère douloureux. — 15. Jn 19, 4-5. — 16. *Préface de la Messe du Christ Roi.* — 17. Bienheureux Josemaría Escrivá, *Quand le Christ passe*, 179. — 18. *Idem.* — 19. Jn 1, 3. — 20. 1 Cor 6, 20. — 21. Lc 1, 32-33. — 22. Jn 6, 15. — 23. Jn 1, 49. — 24. Dan 7, 13. — 25. Jn 1, 51. — 26. Mt 27, 64. — 27. Col 1, 13. — 28. Lc 19, 14. — 29. J. Leclercq, *En suivant l'année liturgique.*

43. SUR LE CHEMIN DU CALVAIRE

Jésus porte sa Croix dans les rues de Jérusalem.

Après cette nuit et cette demi-journée de douleur, d'insultes et de mépris, Jésus, brisé par la flagellation, est emmené pour être crucifié. *Pilate leur libéra Barabbas. Quant à Jésus, il le fit flageller et le leur remit pour qu'on le crucifiât*[1], dit sobrement l'Évangile de saint Matthieu.

Le peuple n'accepte pas l'échange avec Barabbas, la permutation de celui qui est innocent avec le coupable de vol et d'homicide. Jésus est condamné au douloureux châtiment des criminels. Il est trop faible pour porter sur ses épaules la croix jusqu'au Calvaire. Un homme du peuple, Simon de Cyrène, qui s'en retournait chez lui, est contraint de la porter. Où sont passés ses disciples ? Jésus leur avait demandé de porter la croix[2], ils avaient affirmé vigoureusement qu'ils étaient disposés à aller avec Lui jusqu'à la mort[3]. Maintenant Il n'en trouve pas un seul pour l'aider. C'est un étranger qui doit le faire, de force. Autour du Seigneur il n'y a plus un visage ami, personne ne veut se compromettre. Même parmi ceux qui ont reçu bénéfices et guérisons. Il s'accomplit, au pied de la lettre, ce que prophétisa Isaïe sept siècles auparavant : *Au pressoir j'étais seul à fouler, et des peuples aucun n'était avec moi… J'ai regardé : pas de secours ; j'étais stupéfait : pas d'appui*[4].

Simon prend une extrémité de la croix et la charge sur ses épaules. L'autre extrémité, la plus lourde, celle de l'amour sans réponse, celle des péchés de chaque homme, le Christ la porte seul.

Il y a une exception à cet abandon qui nous a été transmise par la tradition : une femme, que l'on connaît sous le nom de Véronique, s'approche avec un tissu pour nettoyer le visage de Jésus, et sur la toile reste imprimé le visage du Seigneur. « Le voile de Véronique est le symbole de l'émouvant dialogue entre le Christ et l'âme réparatrice, disait récemment un évêque prêchant une retraite au Souverain Pontife. Véronique répond à l'amour du Christ par sa réparation ; une réparation admirable, car elle vient d'une faible femme qui ne craint pas la colère des ennemis du Christ (...). Est-ce que s'imprime dans mon âme (...) le visage de Jésus, comme sur le voile de Véronique ? [5] »

Le Seigneur a reçu un peu de soulagement physique, mais la voie est tortueuse, le sol irrégulier, ses énergies de plus en plus réduites ; il n'est pas étonnant qu'Il tombe. Une, deux, trois fois. Il se relève à grand-peine, et peu après, il tombe à nouveau. En se relevant Il manifeste combien Il nous aime ; en tombant Il exprime le grand besoin qu'Il ressent de ce que nous l'aimions.

« Il n'est pas trop tard et tout n'est pas perdu... En dépit de ce que tu penses. Bien que des milliers de voix de malheur le répètent. Bien que des regards moqueurs et incrédules te harcèlent... C'est un bon moment pour prendre la Croix sur tes épaules : la Rédemption est en train de se faire — maintenant ! —, et Jésus a besoin de beaucoup de Cyrénéens [6]. »

Jésus entouré de deux malfaiteurs en chemin vers le Calvaire.

Sur ce chemin jusqu'au Calvaire, Jésus passe devant un groupe de femmes qui pleurent pour Lui. Il les console et fait un « appel au repentir, au vrai repentir, au regret, dans la vérité du mal commis. Jésus dit aux filles de Jérusalem qui pleurent devant Lui : *Ne pleurez pas sur moi ; pleurez plutôt sur vous-mêmes et sur vos enfants* (Lc 23, 28). Nous ne pouvons en rester à la superficie du mal, il faut en arriver à sa racine, à ses causes, à la plus profonde vérité de la conscience (...). Seigneur, apprends-moi à savoir vivre et marcher dans la vérité ! [7] »

Dans ce cortège, et pour rendre plus humiliante cette mort, Jésus est accompagné par deux malfaiteurs. Un spectateur non averti verrait là trois hommes chargés de leurs croix, en route vers la mort. Mais l'un est le Sauveur du monde, et il n'y a qu'une seule Croix rédemptrice. Aujourd'hui aussi, tout cela signifie qu'on peut porter la croix de diverses manières. Il y a une croix qui provoque la rage, contre laquelle l'homme se rebelle ou à laquelle il se résigne mal ; une croix sans aucun sens, inutile, qui éloigne de Dieu, aux yeux de ceux qui dans ce monde ne cherchent que le bien-être matériel, qui ne supportent ni la douleur ni l'échec, qui n'admettent pas le sens surnaturel de la souffrance. Bref, *une croix qui ne rachète pas* : celle qui pèse sur les épaules de l'un des deux délinquants.

Sur le chemin du Calvaire il y a une seconde croix très différente. Elle est portée avec résignation, avec dignité. Mais parce qu'il n'y a pas d'autre solution. C'est ainsi qu'agit l'autre délinquant. Mais peu à peu il se rend compte que tout très près de lui se trouve le Christ, et cela va changer complètement les derniers instants de sa vie sur terre, et dans l'éternité, il va se transformer en *bon larron*.

Est-ce tout ? Non. Il y a une troisième manière de porter la croix. Jésus étreint la Croix salvatrice et nous apprend comment nous charger de la nôtre. Avec cet amour qui signifie co-racheter avec Lui toutes les âmes, en réparant pour tous les péchés. Le Seigneur donne le sens le plus profond à la douleur, Lui, qui pouvait nous racheter de mille manières et qui le fait par la souffrance, parce que *personne n'a de plus grand amour que celui qui donne sa vie pour ses amis*[8].

Les saints l'ont découvert très tôt. La douleur, la souffrance, la contrariété cessent d'être des éléments négatifs à partir du moment où l'on ne voit pas la croix toute seule, mais aussi Jésus qui passe, qui vient à notre rencontre. « Mon Dieu ! que je haïsse le péché, et que je m'unisse à Toi, étreignant la Sainte Croix, afin qu'à mon tour j'accomplisse ta Volonté très aimable..., dépouillé de tout attachement terrestre, sans autre visée que ta gloire..., avec générosité, sans rien garder pour moi, m'offrant avec toi dans un parfait holocauste[9]. »

Simon de Cyrène découvre Jésus grâce à la Croix, et le Seigneur le récompensera de son aide, en donnant la foi à ses fils, Alexandre et Rufus[10] ; ils seront des chrétiens connus de la première heure. Simon de Cyrène sera sans doute plus tard un disciple fidèle, estimé de la première communauté chrétienne de Jérusalem. « Tout a commencé par une rencontre fortuite avec la Croix. » *Je me suis présenté à ceux qui ne me questionnaient pas, Je me suis laissé trouver par ceux qui ne me cherchaient pas* (Is 65, 1).

« Parfois la Croix apparaît sans qu'on la cherche : c'est le Christ qui s'inquiète de nous. Et si jamais, devant cette Croix inattendue, et peut-être plus obscure, ton cœur montrait de la répugnance… ne lui donne pas de consolation. Quand il en demandera, dis-lui doucement, comme en confidence, plein d'une noble compassion : sur la Croix, mon cœur ! sur la Croix, mon cœur ! [11] »

La méditation d'aujourd'hui est un bon moment pour nous demander comment nous supportons la douleur, si elle nous approche du Christ, si nous sommes en train de co-racheter avec Jésus, si elle nous sert à réparer nos fautes…

La rencontre avec la Vierge Marie.

« Le Sauveur cheminait, le corps incliné sous le poids de la Croix, les yeux gonflés et comme aveugles à cause des larmes et du sang, le pas lent et difficile à cause de sa faiblesse ; ses genoux tremblaient, Il se traînait presque derrière ses deux compagnons de supplice. Et les Juifs riaient, les bourreaux et les soldats le bousculaient [12]. » Dans le quatrième mystère douloureux du Rosaire, nous contemplons Jésus avec la Croix sur son épaule, sur le chemin du Calvaire. « Nous sommes tristes, lorsque nous vivons la Passion de notre Seigneur Jésus. — Vois comme Il embrasse avec amour la Croix. — Apprends cela de Lui. — Jésus porte la Croix pour toi : toi, porte-la pour Jésus. Mais ne porte pas la Croix en la traînant… Porte-la d'aplomb, car ta Croix, si tu la portes ainsi, ne sera plus une Croix quelconque : ce sera… la Sainte Croix (…). Et, comme Lui, tu trouveras sûrement Marie sur le chemin [13]. »

Dans une de ces ruelles, Jésus rencontre sa Mère. Il s'arrête un instant. « Avec un amour immense, Marie regarde Jésus et Jésus regarde sa Mère ; leurs regards se croisent, et chaque cœur déverse sa propre douleur dans le cœur de l'autre. L'âme de Marie est plongée dans l'amertume, dans l'amertume de Jésus-Christ. *Ô vous, qui passez par le chemin, considérez et voyez s'il est douleur pareille à ma douleur !* (Lm 1, 12). Mais personne ne se rend compte de rien ; personne ne fait attention ; personne, sauf Jésus (…). Dans l'obscure solitude de la Passion, Notre Dame offre à son Fils un baume de tendresse, d'union, de fidélité ; un oui à la volonté divine [14]. »

Le Seigneur continue son chemin et sa Mère l'accompagne jusqu'au Calvaire. La prophétie de Siméon s'accomplit avec une parfaite exactitude. *Quel homme ne fondrait en larmes s'il voyait la Mère du Christ en un tel tourment ?*

« Ô ma Mère et ma Souveraine, apprends-moi à prononcer un *oui* qui, comme le tien, s'identifie au cri que Jésus adressa à son Père : *non mea voluntas…* (Lc 22, 42) : que ce ne soit pas ma volonté qui se fasse mais celle de Dieu [15]. »

La douleur et l'affliction frapperont, sans doute, mais nous aurons Sainte Marie, *Mère de douleurs* près de nous pour rester forts et pour apprendre à les sanctifier.

1. Mt 27, 26. — 2. Mt 16, 24. — 3. Mt 26, 35. — 4. Is 63, 3 et 5. — 5. J. Ablewicz, *Vous serez mes témoins*, *Chemin de Croix*, sixième station. — 6. Bienheureux Josemaría Escrivá, *Chemin de Croix*, V, 2. — 7. K. Wojtyla, *Le signe de contradiction*, *Chemin de Croix*, huitième station. — 8. Jn 15, 13. — 9. Bienheureux Josemaría Escrivá, *loc. cit.*, IX. — 10. Cf. Mc 15, 21. — 11. Bienheureux Josemaría Escrivá, *loc. cit.*, V. — 12. L. de la Palma, *La Passion du Seigneur*. — 13. Bienheureux Josemaría Escrivá, *Saint Rosaire*, quatrième mystère douloureux. — 14. *Idem*, *Chemin de Croix*, IV. — 15. *Idem*, IV, 1.

JEUDI SAINT

44. LA DERNIÈRE CÈNE

Jésus célèbre la Cène avec les apôtres.

Ce Jeudi Saint commémore solennellement la Dernière Cène du Seigneur avec les apôtres. Comme les années antérieures, Jésus célèbre la Pâque entouré des siens. Mais cette fois-ci c'est la dernière Pâque du Seigneur avant *son passage au Père*. Chaque moment traduit l'imminence du sacrifice du lendemain, un immense amour pour les hommes.

La Pâque — le *passage* en hébreu — c'est la principale fête juive, instituée par Yahvé lui-même pour commémorer la libération du peuple juif de la domination de l'Égypte. *Ce jour vous servira de mémorial, et vous le célébrerez comme une fête de Yahvé ; vous le fêterez dans vos générations, suivant une loi perpétuelle*[1]. Tous les juifs célèbrent cette fête pour maintenir vivant le souvenir de la naissance du Peuple de l'Alliance.

Jésus confie la préparation de ce qu'il faut pour la fête à ses disciples préférés, Pierre et Jean. Les deux apôtres menèrent l'agneau au Temple et l'immolèrent ; puis ils reviennent à la maison pour le faire rôtir. Ils préparent aussi l'eau pour les ablutions[2], les *herbes amères* (symbole de l'amertume de l'esclavage), les *pains azymes* (en souvenir de ceux que leurs ancêtres durent cesser de cuire à cause de la sortie précipitée d'Egypte), le vin... Tout sera parfaitement préparé.

Préparatifs qui nous rappellent la préparation nécessaire à notre propre participation à la Sainte Messe. Là, le Sacrifice du Christ qui s'est livré pour nous, se renouvelle, et nous sommes aussi ses disciples, nous occupons la place de Pierre et de Jean.

La Dernière Cène commence au coucher du soleil et Jésus récite les psaumes d'une voix ferme. Lui, dont saint Jean nous transmet qu'il désira ardemment manger ce repas avec ses disciples[3].

En ces heures particulièrement denses se succèdent des événements extraordinaires que les évangélistes nous rapportent . D'abord la rivalité entre les apôtres qui commencent à discuter pour savoir qui, parmi eux, est le plus grand ! Ensuite l'exemple surprenant d'humilité et de service de Jésus quand il réalise l'office réservé au moindre des serviteurs : *Il se mit à leur laver les pieds.* Quel ton de tendresse dans ses confidences : *Mes petits enfants…* « Le Seigneur Lui-même voulut donner à cette réunion une telle plénitude de signification, une telle richesse de souvenirs, une telle commotion de paroles et de sentiments, une telle nouveauté d'actes et de préceptes, que nous n'en finirons jamais de les méditer et de les explorer. C'est un repas testamentaire ; c'est un repas affectueux et immensément triste, et en même temps mystérieusement révélateur de promesses divines, de visions suprêmes. Sur lui plane la mort, avec des présages inouïs de trahison, d'abandon, d'immolation ; la conversation s'éteint rapidement, tandis que la parole de Jésus continue, nouvelle, extrêmement douce, intense en confidences suprêmes, planant ainsi entre la vie et la mort[4] ».

Ce que fait le Christ pour les siens se résume en ces brèves paroles de saint Jean :*Il les aima jusqu'au bout*[5]. Aujourd'hui est un jour particulièrement approprié pour méditer sur cet amour de Jésus pour chacun de nous, et voir comment nous répondons : que sont devenues nos relations avec Lui, notre attachement à son Église, nos actes de réparation, notre charité envers les autres, la préparation et l'action de grâce de la sainte Communion, le désir de co-racheter avec Lui, la faim et la soif de justice… ?

L'institution de la sainte Eucharistie et du sacerdoce ministériel.

Et maintenant, pendant qu'ils mangent, probablement à la fin du repas, Jésus se concentre extraordinairement en silence pendant un instant , puis il réalise l'institution de l'Eucharistie.

Le Seigneur anticipe sous une forme sacramentelle — *mon Corps livré, mon Sang répandu* — le sacrifice qu'Il va consommer le jour suivant sur le Calvaire. Jusqu'à maintenant, l'Alliance de Dieu avec son peuple était représentée par l'agneau pascal sacrifié sur l'autel des holocaustes, et par le banquet de toute la famille dans le banquet pascal. Maintenant l'Agneau immolé c'est le Christ Lui-même[6] : *Voici la nouvelle alliance en mon Sang…* Le Corps du Christ est le nouveau banquet qui rassemble tous les frères : *Prenez et mangez…*

Dans le Cénacle, le Seigneur anticipe donc sacramentellement ce qu'Il réalisera le lendemain au sommet du Calvaire : l'immolation et l'offrande de Lui-même — Corps et Sang — au Père, comme Agneau sacrifié qui inaugure la nouvelle et définitive Alliance entre Dieu et les hommes, et qui rachète tous les hommes de l'esclavage du péché et de la mort éternelle.

Jésus se donne dans l'Eucharistie pour fortifier la faiblesse, accompagner la solitude et offrir un gage du Ciel. Aux portes de la Passion et de la Mort, Il met en ordre toutes les choses de manière qu'il ne manque jamais ce Pain jusqu'à la fin du monde. Car Jésus, en cette nuit mémorable, donne à ses Apôtres et à leurs successeurs, les évêques et les prêtres, le pouvoir de renouveler ce prodige jusqu'à la fin des temps : *Faites ceci en mémoire de moi*[7]. En même temps que la sainte Eucharistie, qui doit durer *jusqu'à ce que le Seigneur revienne*[8], Il institue le sacerdoce ministériel.

Jésus reste avec nous pour toujours dans la sainte Eucharistie, avec un présence réelle, vraie et substantielle. Il est le même dans le Cénacle et dans le Tabernacle. En cette nuit, les disciples jouissent de sa présence sensible, qui se donne à eux et à tous les hommes. Ce soir, quand nous irons l'adorer dans les *reposoirs*, nous nous trouverons aussi de nouveau avec Lui, qui nous verra et nous reconnaîtra. Nous pourrons Lui parler comme le faisaient les apôtres et Lui raconter ce qui nous enthousiasme, et ce qui nous préoccupe, Lui rendre grâce d'être avec nous, l'accompagner en nous rappelant ce don de Lui-même rempli d'amour. Jésus nous attend toujours dans le Tabernacle.

Le *Commandement Nouveau* .

Ce qui montrera à tous les hommes que vous êtes mes disciples, c'est l'amour que vous aurez les uns pour les autres[9]. Jésus parle aux apôtres de son imminent départ. Il s'en va pour leur préparer une place dans le Ciel[10], mais ils restent unis à Lui par la foi et la prière[11].

C'est alors qu'Il proclame le Commandement Nouveau, présent d'autre part à chaque page de l'Évangile : *Voici quel est mon commandement : que vous vous aimiez les uns les autres comme je vous ai aimés*[12]. Depuis lors nul ne peut l'ignorer « la charité est le chemin pour suivre Dieu de plus près[13] » et le trouver tout de suite écrit saint Thomas d'Aquin. L'âme comprend mieux Dieu quand elle vit avec une plus grande finesse la charité, parce que Dieu est Amour, et elle s'ennoblit dans la mesure où cette vertu théologale s'accroît en elle.

La manière de traiter ceux qui nous entourent, voilà le signe distinctif qui désigne le disciple. Le degré d'union avec Lui se manifeste dans la compréhension avec les autres, la façon de les traiter et de les servir. « Il ne parle pas de ressusciter les morts, ni de toute autre preuve évidente, mais de cela : *que vous vous aimiez les uns les autres*[14]. » « Beaucoup se demandent s'ils aiment le Christ, et cherchent des signes par lesquels ils puissent découvrir et reconnaître s'ils l'aiment : le signe qui ne trompe jamais, c'est la charité fraternelle (...). C'est aussi la mesure de l'état de notre vie intérieure, spécialement de notre vie de prière[15]. »

Je vous donne un commandement nouveau : que vous vous aimiez...[16]. Commandement nouveau parce que nouveaux sont ses motifs : le prochain ne fait qu'un avec le Christ, tout prochain est l'objet de l'amour du Père. Le Modèle est toujours actuel, et il établit constamment entre les hommes de nouvelles relations. La façon de l'accomplir sera nouvelle aussi : *comme je vous ai aimés.* Message adressé à un peuple nouveau, qui requiert des cœurs nouveaux, et qui pose les fondations à un niveau différent et inconnu jusqu'à maintenant. Nouveauté permanente pour les hommes habitués à leurs égoïsmes et à leurs routines.

Ce *Jeudi Saint* interpelle notre prière. Partout où se déroule la plus grande partie de notre vie, sait-on que nous sommes disciples du Christ par la façon aimable, compréhensive et accueillante avec laquelle nous traitons les autres ? Manquons-nous quelquefois à la charité en pensée, en paroles ou en actions ? Savons-nous réparer quand nous avons maltraité quelqu'un, même involontairement ? Peut-on dire qu'on bénéficie à nos côtés de cordialité, d'estime, d'encouragement, de la correction fraternelle si nécessaire, de bonne humeur, de disponibilité, de sincère préoccupation pour les problèmes, de petits coups de main qui passent inaperçus ? « Cette charité ne doit pas seulement s'exercer dans des actions d'éclat, mais, et avant tout, dans le quotidien de la vie [17] », demande à tous le Concile Vatican II.

La Passion du Seigneur est proche, et s'éclaire du don de Marie à l'accomplissement de la Volonté de Dieu et au service des hommes. « L'immense charité de Marie envers l'humanité fait que s'accomplisse également en Elle l'affirmation du Christ : *Il n'est pas de plus grand amour que de donner sa vie pour ses amis* (Jn 15, 13) [18]. »

1. Ex 12, 14. — 2. Jn 13, 5. — 3. Jn 13, 1. — 4. Paul VI, *Homélie de la Messe du Jeudi Saint*, 27 mars 1975. — 5. Jn 13, 1. — 6. 1 Cor 5, 7. — 7. Lc 22, 19 ; 1 Cor 2, 24. — 8. 1 Cor 11, 26. — 9. Liturgie : *Lavement des pieds. Quatrième antienne.* Jn 13, 35. — 10. Jn 14, 2-3. — 11. Jn 14, 12-14. — 12. Jn 15, 12. — 13. Saint Thomas, *Commentaire à l'épître aux Éphésiens*, 5, 1. — 14. *Idem*, *Opuscule sur la charité.* — 15. B. Baur, *Dans l'intimité avec Dieu.* — 16. Jn 13, 34. — 17. Concile Vatican II, Const. *Gaudium et spes*, 38. — 18. Bienheureux Josemaría Escrivá, *Amis de Dieu*, 287.

VENDREDI SAINT

45. JÉSUS MEURT SUR LA CROIX

Sur le Calvaire, Jésus demande pardon pour ceux qui le maltraitent.

Pour nous plonger dans ce mystère incommensurable la liturgie a adopté une hymne de la tradition médiévale : *Doux clous ! Doux arbre où la Vie commence... !*[1].

Toute la vie de Jésus est dirigée vers ce moment suprême. Il parvient à peine à arriver, haletant et épuisé, au sommet de ce petit monticule appelé *lieu du Crâne*, et on l'étend aussitôt sur le sol, on commence à le clouer sur le bois. On introduit les clous dans les mains, en déchirant les nerfs et la chair. Puis Il est hissé sur le bois verticalement au sol. Ensuite, on Lui cloue les pieds. Marie, sa Mère, contemple toute la scène.

Cette Croix, « Il l'avait attendue de nombreuses années durant, et ce jour-là allait s'accomplir son désir de racheter les hommes (...). Ce qui avait été jusqu'à Lui un instrument infâme et déshonorant, se transforme en arbre de vie et escalier de gloire. Une joie profonde le remplissait quand il étendait les bras sur la Croix, pour que tous sachent qu'Il aurait toujours ainsi les bras pour les pécheurs qui s'approcheraient de Lui : ouverts. (...) Il vit, et cela le remplit de joie, combien la Croix allait être aimée et adorée, parce que Lui allait mourir sur elle. Il vit les martyrs qui, pour son amour et pour défendre la vérité, allaient souffrir un martyre semblable. Il vit l'amour de ses amis, Il vit leurs larmes devant la Croix. Il vit le triomphe et la victoire qu'obtiendraient les chrétiens avec l'arme de la Croix. Il vit les grands miracles qui allaient se faire dans le monde entier avec le signe de la croix. Il vit tant d'hommes qui, avec leur vie, allaient être saints, parce qu'ils sauraient mourir comme Lui et vaincre le péché [2]. » Il contemple comment nous irions tant de fois embrasser un crucifix, comment nous reviendrions vers Lui, plus réalistes, plus fidèles.

Jésus élevé sur la croix. Autour de Lui, quel panorama ! Les uns passent et l'injurient, les princes des prêtres se moquent de Lui, d'autres sont indifférents. Bon nombre des assistants l'ont vu bénir, prêcher une doctrine salvatrice, et faire des miracles. Il n'y a pas de reproches dans les yeux de Jésus, seulement de la pitié et de la compassion. On lui offre un vin fort mélangé avec de la myrrhe. *Donnez des liqueurs fortes à celui qui va périr, et du vin à celui qui a l'amertume au cœur : qu'il boive et qu'il oublie sa misère, et qu'il ne se souvienne plus de ses douleurs* [3]. Geste humanitaire coutumier avec les condamnés, qui calmait et soulageait la terrible souffrance.

Le Seigneur le goûte en remerciement, mais Il ne veut pas en prendre, afin de boire le calice de douleur jusqu'à la lie. Pourquoi tant de souffrance ? se demande saint Augustin, qui répond : « Tout ce qu'Il souffrit est le prix de notre rachat [4] ». Il ne se contente pas de souffrir un peu, Il boit le calice sans rien se réserver, pour que nous apprenions une fois pour toutes la grandeur de son amour et la bassesse du péché, pour que nous soyons généreux nous aussi dans le don de nous-mêmes, dans la mortification, dans le service des autres.

La Rédemption du monde est accomplie.

La crucifixion était l'exécution la plus cruelle et infamante qu'ait connue l'antiquité. Un citoyen romain ne pouvait être crucifié. La mort survenait après une longue agonie, sauf si les bourreaux accéléraient la fin en brisant les jambes. Depuis les temps apostoliques, nombreux sont ceux qui se refusent à concevoir ou à accepter un Dieu fait homme qui meurt sur un bois pour nous sauver : *scandale pour les Juifs et folie pour les païens* [5]. Depuis toujours existe la tentation d'affaiblir le sens de la Croix.

Voilà pourquoi l'union intime de chaque chrétien avec son Seigneur a tant besoin de cette connaissance complète de sa vie, sans exclure ni sous-évaluer le chapitre de la Croix. C'est là que s'accomplit la Rédemption, c'est là que se trouve le sens de la douleur dans le monde, c'est là que nous connaissons un peu la malice du péché et l'immensité de l'amour de Dieu pour chaque homme.

« Voici Jésus cloué sur la Croix. Les bourreaux ont exécuté sans pitié la sentence. Le Seigneur a laissé faire, avec une mansuétude infinie. Tant de tourments n'étaient pas nécessaires. Il aurait pu éviter cette amertume, ces humiliations, ces mauvais traitements, ce jugement inique, et la honte du gibet, les clous et le coup de lance. Mais Il a voulu souffrir tout ceci pour toi et pour moi. Et nous autres, ne saurions-nous pas nous aussi correspondre ?

« Il est fort possible qu'un jour, seul face à un crucifix, les larmes te viennent aux yeux. Ne les retiens pas... Mais fais en sorte que ces pleurs aboutissent à une résolution [6]. »

Jésus nous confie sa Mère.

Les effets bénéfiques de la Croix ne se font pas attendre. L'un des criminels, presque à l'agonie s'adresse au Fils de Dieu : *Seigneur, souviens-toi de moi quand tu viendras dans ton royaume*. D'où vient cette subite confiance ? Auparavant il avait dû entendre parler du Christ, mais de loin. Brusquement il se retrouve avec Lui et quoique sa divinité soit complètement cachée, sans doute le comportement de Jésus depuis qu'ils ont commencé la marche vers le Calvaire, son silence, son regard plein de compassion, sa majesté au milieu de tant de fatigue et de douleur, l'ont frappé. Comme beaucoup le seront également si le chrétien imite sincèrement son Maître. Ses paroles expriment le résultat final d'un processus qui commence en lui depuis le moment où il s'est uni à Jésus. Pour se convertir en disciple du Christ il n'a pas eu besoin d'un miracle ; il lui suffit de contempler de près la souffrance du Seigneur. Beaucoup d'autres réagiront ainsi en méditant la Passion dans les Évangiles.

Le Seigneur écoute, parmi tant d'insultes, cette voix suppliante qui le reconnaît comme Dieu, et qui ressent de la joie dans sa souffrance, en disant : *En vérité Je te le dis, aujourd'hui tu seras avec moi dans le Paradis*[7].

Voilà l'efficacité de la Passion qui n'a pas de fin. Elle remplit le monde de paix, de grâce, de pardon, de bonheur dans les âmes qui l'ont accueillie. Rédemption que le Christ réalise une seule fois, et qui s'applique à chaque homme, avec la coopération de sa liberté. Chacun peut dire en toute vérité : le Fils de Dieu *m'a aimé et s'est livré pour moi*[8]. Non pas pour *nous*, d'une manière collective, générique, mais pour *moi*, comme si j'étais le seul qui compte. Et cette Rédemption devient actuelle d'abord sur l'autel chaque fois que l'on célèbre la sainte Messe[9].

« Personne n'est mort comme Jésus-Christ, parce qu'Il était la vie même. Personne n'a expié le péché comme Lui, parce qu'Il était la pureté même[10]. » Nous recevons aujourd'hui les fruits de cet amour de Jésus sur la Croix, si notre *mauvaise volonté ne* peut rend pas vaine la Passion.

Près de Jésus se trouve sa Mère, avec d'autres saintes femmes, ct Jean, le plus jeune des apôtres. *Jésus, voyant sa Mère et, auprès d'elle, le disciple qu'Il aimait, dit à sa Mère : Femme, voici ton fils. Puis Il dit au disciple : Voici ta mère. Et, à partir de ce moment, le disciple la prit chez lui*[11]. Jésus, après s'être donné Lui-même dans la Dernière Cène, nous donne maintenant ce qu'Il aime le plus sur terre, la chose la plus précieuse qui Lui reste. On l'a dépouillé de tout. Lui nous donne Marie pour Mère.

Ce geste a un double sens. D'une part, Jésus se préoccupe de l'avenir de la Vierge, comme l'impose le quatrième Commandement du Décalogue. D'autre part, Il proclame sa volonté qu'Elle soit notre Mère. « Ainsi même la bienheureuse Vierge progressa sur le chemin de la foi, et Elle resta fidèlement unie à son Fils jusqu'à la Croix. Là, ce n'est pas sans réaliser un dessein divin qu'elle se tint debout (Jn 19, 25) ; Elle souffrit profondément avec son Fils unique et s'associa de toute son âme maternelle à son sacrifice, acquiesçant avec amour à l'immolation de la victime qu'Elle avait engendrée. Finalement, le même Christ Jésus, mourant sur la Croix, la donna pour mère au disciple [12]. » « Le ciel s'obscurcit et la terre est plongée dans les ténèbres. Il est près de trois heures lorsque Jésus s'exclame :— *Eli, Eli, lamma sabachtani ? C'est-à-dire : mon Dieu, mon Dieu, pourquoi m'as-Tu abandonné ? (Mt 27, 46)*. Après quoi, sachant que tout est sur le point d'être consommé, Il dit, afin que s'accomplisse l'Ecriture :— *J'ai soif (Jn 19,28)*. Jésus goûte le vinaigre et dit : — *Tout est accompli (Jn 19, 30)*. Le rideau du Temple se déchire, et la terre tremble tandis que le Seigneur s'exclame en un grand cri :— *Père, Je remets mon esprit entre tes mains (Lc 23, 46)*. Et Il expire.

« Aime le sacrifice, source de vie intérieure. Aime la Croix, autel du sacrifice. Aime la douleur, au point de boire, comme le Christ, la lie du calice [13]. »

Avec Marie, cela nous sera plus facile, et c'est pourquoi nous lui chantons avec l'hymne liturgique : « Ô, douce source d'amour ! fais-moi sentir ta douleur pour que je pleure avec toi. Fais-moi pleurer avec toi et compatir vraiment à tes peines tant que je vivrai ; parce que je désire accompagner sur la Croix, où je le vois, ton cœur compatissant. Fais que je m'éprenne de sa Croix et qu'en elle je vive et demeure… [14]. »

1. Hymne *Crux fidelis, Adoration de la Croix*. — 2. L. de la Palma, *La Passion du Seigneur*. — 3. Prov 31, 6-7. — 4. Saint Augustin, *Commentaire sur le psaume 21*, 11, 8. — 5. 1 Cor 1, 23. — 6. Bienheureux Josemaría Escrivá, *Chemin de Croix*, XI, 1. — 7. Lc 23, 43. — 8. Ga 2, 20. — 9. Cf. Concile Vatican II, Const. *Lumen gentium*, 3 et *Prière sur les offrandes du 2e Dimanche du temps ordinaire*. — 10. R. Guardini, *Le Seigneur*. — 11. Jn 19, 26-27. — 12. Concile Vatican II, Const. *Lumen gentium*, 58. — 13. Bienheureux Josemaría Escrivá, *Chemin de Croix*, XII. — 14. Hymne *Stabat Mater*.

SAMEDI SAINT

46. LA SÉPULTURE DU CORPS DE JÉSUS

Signes qui suivirent la mort de Notre Seigneur.

Trois heures d'agonie. Jésus est mort. Les Évangélistes racontent que le ciel s'obscurcit et que des événements extraordinaires survirent . *Le voile du temple se déchira en deux, du haut en bas* [1], signifiant ainsi qu'avec la mort du Christ le culte de l'Ancienne Alliance a expiré [2], et que le culte agréable à Dieu se rend maintenant par l'Humanité du Christ, souverain Prêtre et Victime parfaite.

L'après-midi du vendredi avançait et il fallait retirer les corps. Ils ne pouvaient pas rester là le *samedi* et ils devaient être enterrés avant que ne brille la première étoile au firmament. Comme c'était le jour de Préparation de la Pâque et *ce samedi-là était un grand jour, les juifs demandèrent à Pilate qu'on leur brisât les jambes et qu'on les enlevât* [3]. Pilate envoie des soldats qui brisent les jambes des deux malfaiteurs, afin qu'ils meurent plus vite. Jésus, Lui, est déjà mort. Mais un *des soldats lui perçat le côté avec sa lance, et il en sortit aussitôt du sang et de l'eau* [4]. Evénement historique dont saint Jean est le témoin, mais événement spirituel beaucoup plus profond. Saint Augustin et toute la tradition chrétienne voient surgir les sacrements et l'Église même, du côté ouvert de Jésus : « Là s'ouvrait la porte de la vie, d'où jaillirent les sacrements de l'Église, sans lesquels on n'entre pas dans la vraie vie... [5]. » L'Église « croît visiblement dans le monde grâce à la puissance de Dieu. Son commencement et cette croissance sont signifiés par le sang et l'eau qui sortent du côté de Jésus crucifié[6]. » La mort du Christ manifeste et produit la vie surnaturelle que l'homme reçoit par l'Église.

Cette plaie, au niveau du cœur transpercé, est une plaie de surabondance d'amour qui s'ajoute aux autres. C'est une manière d'exprimer ce qu'aucune parole ne peut plus dire. Marie comprend et souffre, comme co-rédemptrice, qui accomplit jusqu'au bout la prophétie du vieillard Siméon, lors de la présentation au Temple de Jérusalem : *un glaive transpercera ton âme*[7].

On descend le Christ de la Croix avec affection et vénération, et on le dépose avec soin dans les bras de sa Mère. Le Corps est couvert de plaies, mais le visage serein et plein de majesté. Regardons Jésus, comme le regarde la Sainte Vierge. Non seulement Il nous a rachetés du péché et de la mort, mais Il nous a appris à accomplir la volonté de Dieu par dessus tous les plans personnels, à vivre libres, détachés de tout, à pardonner quand celui qui offense ne se repent même pas, à excuser les autres, à être apôtres jusqu'au moment de la mort, à souffrir sans plaintes, à aimer les hommes même si l'on souffre par leur faute… « Ne gêne pas l'œuvre du Paraclet : unis-toi au Christ pour te purifier, et subis avec Lui les insultes, les crachats, les soufflets…, les épines, le poids de la Croix…, les clous déchirant ta chair, les angoisses d'une mort dans l'abandon…

« Et glisse-toi dans le flanc ouvert de Notre Seigneur Jésus jusqu'à trouver un sûr refuge dans son Cœur blessé [8]. » Là tu trouveras la paix. Saint Bonaventure commente cette vue mystique dans les Plaies du Christ : « Ô, quelle bonne chose, que d'être avec Jésus-Christ crucifié ! Je veux faire en Lui trois demeures : une, dans les pieds ; une autre, dans les mains, et une autre perpétuelle dans son précieux côté. Là je veux m'apaiser et reposer, et dormir et prier. Là je parlerai à son cœur et Il me concédera tout ce que je Lui demande. Ô, très aimables plaies de notre pieux Rédempteur ! (...). En elles je vis, et de leurs mets je me nourris [9]. »

Nous regardons Jésus lentement et, dans l'intimité de notre cœur. Depuis des siècles, prêtres et fidèles lui disent en action des grâce après la Messe : « Ô, bon Jésus ! écoute-moi. À l'intérieur de tes plaies, cache-moi. Ne permets pas que je me sépare de Toi. De l'ennemi malin, défends-moi. À l'heure de ma mort, appelle-moi. Et commande-moi d'aller à Toi, pour qu'avec tes Saints je te loue. Pour les siècles des siècles [10]. »

La sépulture de Jésus. Nicodème et Joseph d'Arimathie.

Joseph d'Arimathie, disciple de Jésus, homme riche et influent dans le Sanhédrin, qui était resté dans l'anonymat quand le Seigneur était acclamé dans toute la Palestine, se présente devant Pilate pour prendre en charge le Corps du Seigneur. Il va lui faire « la plus grande demande qui n'a jamais été faite : le Corps de Jésus, le Fils de Dieu, le trésor de l'Église, sa richesse, son enseignement et son exemple, son réconfort, le Pain qui devait l'alimenter jusqu'à la vie éternelle. Joseph, en ce moment, représente le désir de tous les hommes, de toute l'Église, qui a besoin de Lui pour se maintenir en vie éternellement[11]. »

Dans ces heures de violence et de confusion, alors que les disciples, sauf Jean, ont fui, voilà que fait son apparition un disciple d'un rang social élevé, qui n'a pas été présent aux heures du triomphe, mais qui risque sa réputation au pire moment. *Vint Nicodème, celui qui précédemment était allé trouver Jésus de nuit : il apportait un mélange de myrrhe et d'aloès, cent livres environ*[12].

Combien la Vierge apprécie l'aide de ces deux hommes, leur générosité, leur courage, leur piété ! Combien nous leur en sommes reconnaissants nous aussi !

Ce petit groupe qui, avec la Vierge et les saintes femmes prend en charge la sépulture du Corps de Jésus, a peu de temps à cause de la fête religieuse imminente, qui commence ce soir. Ils lavent le Corps avec piété, ils le parfument (la quantité de parfums qu'apporte [16]Nicodème est considérable : *cent livres environ*), ils l'enveloppent dans un linceul neuf acheté par Joseph[13] et le déposent dans un tombeau creusé dans le rocher, qui appartient aussi à Joseph et qui n'a jamais été utilisé[14]. Ils couvrent enfin sa tête avec un suaire[15].

Comme il nous aurait plu sans doute d'avoir été présents pour prendre soin du Corps du Seigneur ! : « Moi, je monterai avec eux jusqu'au pied de la Croix, j'étreindrai le Corps froid, le cadavre du Christ, avec le feu de mon amour... Je le déclouerai par mes actes de réparation et mes mortifications,... je L'envelopperai dans le linge neuf de ma vie limpide, et je L'enterrerai dans le roc vivant de ma poitrine, d'où personne ne pourra me L'arracher, et là, Seigneur, tu te reposeras ! Même si le monde entier t'abandonnait et te méprisait,... *serviam* ! je te servirai, Seigneur [16]. »

Or, c'est dans nos tabernacles que se trouve maintenant Jésus vivant ! Sans défense, comme sur la Croix et dans le tombeau, le Christ se donne à son Église et à chaque chrétien pour que *le feu de notre amour* prenne soin de Lui, s'occupe de Lui le mieux possible, et pour que *notre vie limpide* l'enveloppe comme ce linceul qu'acheta Joseph. En y consacrant quand il le faut notre argent, notre temps, notre effort, comme Joseph d'Arimathie et Nicodème qui ne lésinent en rien.

Les Apôtres près de la Vierge.

Le Corps de Jésus git dans le tombeau, le monde reste dans l'obscurité, Marie seule lumière éclairée sur la terre.

« La Mère du Seigneur, ma Mère, et les femmes qui ont suivi le Maître depuis la Galilée, après avoir tout observé avec attention, s'en vont aussi. La nuit tombe.

« Maintenant tout est fini. L'œuvre de notre Rédemption s'est accomplie. Nous sommes de nouveau enfants de Dieu, car Jésus est mort pour nous et sa mort nous a rachetés.

« *Empti enim estis pretio magno !* (1 Cor 6, 20), toi et moi avons été achetés à grand prix.

« Nous devons faire nôtres la vie et la mort du Christ. Mourir par la mortification et par la pénitence, pour que vive en nous le Christ, par l'Amour. Et suivre alors les pas du Christ, soucieux de co-racheter toutes les âmes.

« Donner sa vie pour les autres. C'est la seule façon que nous ayons de vivre la vie de Jésus-Christ et de ne faire qu'un avec Lui [17]. »

Où sont les Apôtres, ce soir-là, quand on enterre le Corps du Seigneur ? Sans doute sont-ils perdus, désorientés, très tristes.

Si le dimanche les trouve de nouveau réunis [18], c'est que le samedi, peut-être le soir même du vendredi, ils sont allés voir la Vierge. Et Elle protège avec sa foi, son espérance et son amour cette Église naissante, faible et effrayée. Ainsi naquit l'Église : à l'abri de notre Mère. Dès le début Elle a été la Consolatrice des affligés. Ce samedi-là, pendant lequel tout le monde jouit du repos de la fête *selon le précepte de la loi* [19], ce n'est pas pour Notre Dame un jour triste : son Fils a cessé de souffrir. Elle attend sereinement le moment de la Résurrection ; c'est pourquoi Elle n'accompagne pas les saintes femmes pour embaumer le Corps de Jésus.

N'hésitons jamais à accourir de suite à cette lumière continuellement éclairée dans notre vie, la Sainte Vierge, surtout s'il nous arrive d'abandonner le Christ, de nous retrouver désorientés et perdus comme les apôtres. « Notre Dame est repos pour ceux qui travaillent, consolation pour ceux qui pleurent, dit un Père de l'Église, remède pour les malades, port pour ceux que la tempête maltraite, pardon pour les pécheurs, doux soulagement des tristes, secours de ceux qui l'implorent [20]. » Avec Elle nous nous disposons à vivre la joie de la Résurrection.

1. Mt 27, 51. — 2. Cf. Hb 9, 1-14. — 3. Jn 19, 31. — 4. Jn 19, 34. — 5. Saint Augustin, *Commentaire à l'Évangile de saint Jean*, 120, 2. — 6. Concile Vatican II, Const. *Lumen gentium*, 3. — 7. Lc 2, 35. — 8. Bienheureux Josemaría Escrivá, *Chemin*, n. 58. — 9. *Prière de saint Bonaventure*. Citée par Louis de Grenade, *Vie de Jésus-Christ*. — 10. Missel Romain, *Action de grâces après la Messe*. — 11. L. de la Palma, *La Passion du Seigneur*. — 12. Jn 19, 39. — 13. Mc 15, 46. — 14. Mt 27, 60. — 15. Cf. Jn 20, 5-6. — 16. Bienheureux Josemaría Escrivá, *Chemin de Croix*, XIV, 1. — 17. *Idem*, XIV. — 18. Cf. Lc 24, 9. — 19. Cf. Lc 23, 56. — 20. Saint Jean Damascène, *Homélie sur la Dormition de la Bienheureuse Vierge Marie*.

DIMANCHE DE LA RÉSURRECTION

47. IL EST RESSUSCITÉ D'ENTRE LES MORTS

La Résurrection du Seigneur est le fondement de la foi.

Le Christ est vraiment ressuscité, alléluia. À Lui gloire et puissance pour les siècles des siècles[1].

« Le soir du sabbat, Marie de Magdala, Marie, mère de Jacques, et Salomé achetèrent des aromates pour aller oindre le corps sans vie de Jésus. — Le lendemain, elles se rendent au sépulcre, de grand matin, comme le soleil se lève (Mc 16, 1-2). En rentrant, elles sont consternées de ne pas trouver le corps du Seigneur. — Un jeune homme, vêtu de blanc leur dit : Ne craignez rien : je sais bien que vous cherchez Jésus de Nazareth : *non est hic, surrexit enim sicut dixit* — il n'est pas ici, car il est ressuscité comme il l'avait dit (Mt 28, 5). Il est ressuscité ! — Jésus est ressuscité. Il n'est pas dans le sépulcre. — La vie a été plus forte que la mort[2]. »

La Résurrection glorieuse du Seigneur est la clé de toute sa vie, et le fondement de notre foi. Sans sa victoire sur la mort, dit saint Paul, toute prédication serait inutile et notre foi vide de contenu[3]. C'est sur la Résurrection du Christ que s'appuie notre future résurrection, puisque Dieu, *riche en miséricorde, poussé par le grand amour dont Il nous a aimés, nous a fait revivre avec le Christ, alors que nous étions en l'état de mort pour nos fautes... et Il nous a ressuscités avec Lui*[4]. Pâques, fête de notre rédemption, est la plus grande fête d'action de grâces et de joie.

La Résurrection du Seigneur est la réalité centrale de la foi catholique, prêchée comme telle dès les débuts du Christianisme. L'importance de ce miracle est si grande que les apôtres ont, par-dessus tout, le titre de *témoins de la Résurrection de Jésus* [5]. Le Christ vit, c'est le noyau de toute leur prédication. Et vingt siècles après, c'est pareil : La Résurrection reste le suprême argument de sa divinité.

Après avoir ressuscité par le pouvoir de sa nature divine de Verbe de Dieu, Jésus glorieux est vu par les disciples, qui s'assurent que c'est bien Lui : ils lui parlent, ils le voient manger, ils voient les traces des clous et de la lance... ils déclarent qu'*Il montra de bien des manières qu'Il était vivant* [6]. Beaucoup sont morts à cause du témoignage qu'ils ont porté de cette vérité.

Jésus-Christ vit. Et cela nous remplit le cœur de joie. « Telle est la grande vérité qui donne à notre foi son contenu [7]. »

« Il est apparu à sa très sainte Mère. — Il est apparu à Marie de Magdala, qui est folle d'amour. — Et à Pierre et aux autres apôtres. — Et à toi et à moi qui sommes ses disciples et plus fous que Madeleine : que de choses nous lui avons dites ! Puissions-nous ne jamais mourir par le péché ; puisse notre résurrection spirituelle être éternelle. — Et (...) tu as embrassé les blessures de ses pieds..., et moi, plus audacieux — étant plus enfant — j'ai posé les lèvres sur son côté ouvert [8]. »

La Résurrection est un appel à l'apostolat.

Le Pape saint Léon le Grand, au VI° siècle dit, que Jésus s'empresse de ressusciter au plus tôt parce qu'Il est pressé de consoler sa Mère et les disciples [9] : Il reste dans le tombeau le temps strictement nécessaire pour accomplir les trois jours prophétisés. Il ressuscite au troisième jour, mais le plus tôt possible, à l'aube, *alors qu'il faisait encore noir* [10], anticipant l'aube de sa propre lumière.

Le monde était resté dans l'obscurité. Seule la Vierge Marie était un phare au milieu des ténèbres. La Résurrection est la grande lumière pour le monde : *Je suis la lumière* [11], avait dit Jésus, pour le monde, pour chaque époque de l'histoire, chaque société, chaque culture, chaque homme.

Hier soir, en participant, si cela nous a été possible, à la liturgie de la *Veillée pascale*, nous avons vu comment régnait au début dans le temple une obscurité totale, image des ténèbres dans lesquelles se débat l'humanité sans le Christ, sans la Révélation de Dieu. En un instant, le célébrant proclama l'émouvante et heureuse nouvelle :*que la lumière du Christ, ressuscitant dans la gloire, dissipe les ténèbres de notre cœur et de notre esprit* [12]. Et de la lumière du cierge pascal, symbolisant le Christ, tous les fidèles reçurent un à un la lumière qui éclaire le temple et le monde. C'est la lumière que l'Église répand sur toute la terre.

La Résurrection du Christ est le plus puissant appel à l'apostolat, l'appel à être lumière et porter la lumière aux autres. « *Instaurare omnia in Christo*, telle est la devise que saint Paul donne aux chrétiens d'Éphèse (Ep 1, 10) ;

ordonner toutes choses selon l'esprit de Jésus, placer le Christ au sein même de toutes choses. *Si exaltatus fuero a terra, omnia traham ad meipsum* (Jn 12, 32), quand j'aurai été élevé de la terre, j'attirerai tout à moi. Le Christ, par son incarnation, par sa vie de travail à Nazareth, par sa prédication et ses miracles dans les terres de Judée et de Galilée, par sa mort sur la Croix, par sa Résurrection, est le centre de la création, l'Aîné et le Seigneur de toute créature.

« Notre mission de chrétiens est de proclamer cette Royauté du Christ, de l'annoncer par nos paroles et par nos œuvres. Le Seigneur veut que les siens soient présents à tous les carrefours de la terre. Il en appelle certains au désert afin que, se désintéressant des avatars de la société des hommes, ceux-ci témoignent aux autres que Dieu existe. À d'autres Il confie le ministère sacerdotal. Mais Il veut que le plus grand nombre des siens reste au milieu du monde, dans les occupations terrestres. Par conséquent, ces chrétiens-là doivent porter le Christ dans tous les milieux où s'accomplissent les tâches humaines : dans l'usine, dans le laboratoire, dans les champs, dans l'atelier de l'artisan, dans les rues de la grande ville et sur les sentiers des montagnes [13] ».

Les apparitions de Jésus.

La Vierge Marie, accompagnée par les saintes femmes pendant les heures terribles de la crucifixion de son Fils, n'accompagne pas celles-ci dans l'embaumement du Corps mort de Jésus. Marie Madeleine et les autres femmes qui l'avaient suivi depuis la Galilée ont complètement oublié sans doute les paroles du Seigneur au sujet de sa Résurrection au troisième jour. La très Sainte Vierge sait qu'Il ressuscitera. Dans la prière, Elle attend son Fils glorifié.

« Les Évangiles ne nous parlent pas d'une apparition de Jésus à Marie. De toutes manières, comme Elle se trouva particulièrement proche de la Croix de son Fils, Elle dut avoir aussi une expérience privilégiée de sa Résurrection [14] ». Une très ancienne tradition de l'Église assure que Jésus apparut en premier lieu, seul à seule, à sa Mère. Tout d'abord, parce qu'Elle est la première et la principale co-rédemptrice du genre humain, en parfaite union avec son Fils. Seul à seule, puisque cette apparition a une raison d'être très différente des autres. Les disciples, il fallait les réconforter et les gagner définitivement à la foi. La Vierge, déjà Mère du genre humain réconcilié avec Dieu, ne cesse à aucun moment d'être en parfaite union avec la Trinité Bienheureuse. Toute l'espérance en la Résurrection de Jésus qui restait sur la terre s'était logée dans son cœur.

Comment se déroula l'apparition de Jésus à sa Mère ? Nul ne le sait. Il apparut ensuite à Marie Madeleine de telle manière qu'elle ne le reconnut pas d'abord. Il rejoint les deux disciples d'Emmaüs comme un voyageur quelconque. Il apparut aux Apôtres réunis dans le Cénacle toutes portes fermées, avec une inimaginable intimité. Il se montra sûrement à sa Mère de telle manière qu'Elle soit certaine de son état glorieux. Peut-être lui fit-Il comprendre qu'Il ne continuerait plus la même vie qu'Il avait auparavant sur la terre [15]. « L'étoile du matin ne surgit pas aussi étincelante que la splendeur des yeux de la Mère, de ce visage plein de grâces, de ce miroir sans tache de la gloire divine. Elle voit le corps de son Fils ressuscité et glorieux ; les laideurs de la Passion ont disparu, la grâce de ces yeux divins est revenue, sa beauté primitive a ressuscité. Ces plaies, qui étaient pour la Mère comme des couteaux de douleur, les voici devenues sources d'amour ; celui qu'Elle a vu peiner entre des malfaiteurs, le voir accompagné par les anges et les saints ; celui qui l'avait confiée au disciple quand Il était sur la Croix, le voit maintenant, le visage rayonnant d'une douce paix ; celui qu'Elle prit mort dans ses bras, elle le voit maintenant ressuscité. Elle l'a, Elle ne le laisse pas, Elle l'embrasse et Lui demande de ne pas s'en aller ; restée muette de douleur auparavant , Elle ne savait que dire ; restée muette de joie maintenant , Elle ne peut pas parler non plus [16]. »

Saint Thomas d'Aquin, dit-on, conseillait chaque année, en cette fête, de ne pas manquer de féliciter la Vierge pour la Résurrection de son Fils [17]. Pourquoi ne pas suivre cette invitation pleine d'humour et de tendresse ? Il suffit de réciter le *Regina Cœli*, qui occupe la place de l'*Angelus* pendant le temps pascal : *Réjouis-toi, Reine du Ciel, alléluia ! parce que Celui que tu as mérité de porter est ressuscité, comme Il l'avait prédit*... Et nous voulons ressusciter pour toujours de toute laideur, de tout péché, pour ne faire qu'un avec Jésus-Christ, très près de Sainte Marie.

1. 1. *Antienne d'ouverture*. Cf. Lc 24, 34. — 2. Bienheureux Josemaría Escrivá, *Saint Rosaire*, premier mystère glorieux. — 3. Cf. 1 Cor 15, 14-17. — 4. Ep 2, 4-6. — 5. Cf. Ac 1, 22 ; 2, 32 ; 3, 15 ; etc. — 6. Ac 1, 3. — 7. Bienheureux Josemaría Escrivá, *Quand le Christ passe*, 102. — 8. Idem, *Quand le Christ passe*, 102. — 9. Saint Léon le Grand, *Sermon 71*, 2. — 10. Jn 20, 1. — 11. Jn 8, 12. — 12. Missel Romain, *Veillée pascale*. — 13. Bienheureux Josemaría Escrivá, *Quand le Christ passe*, 105. — 14. Jean Paul II, *Discours dans le sanctuaire de Notre Dame de la Alborada*, 31 janvier 1985. — 15. Cf. F. M. Willam, *Vie de Marie*. — 16. Louis de Grenade, *Livre de la prière et de la méditation*, 26, 4, 16. — 17. Cf. *Vie et miséricorde de la Très Sainte Vierge, selon les textes de Saint Thomas d'Aquin*.

Table des matières

**Une méditation
pour chaque jour de l'année :**

PARLER AVEC DIEU

Tome I	**Avent, Noël, Epiphanie.**
Tome II	**Carême, Semaine Sainte**

En préparation :

Tome III	**Pâques**
Tome IV	**Temps ordinaire. Semaines I-IX**
Tome V	**Temps ordinaire. Semaine X-XVIII**
Tome VI	**Temps ordinaire. Semaine XIX-XXVII**
Tome VII	**Temps ordinaire. Semaines XXVIII-XXXIV**
Tome VIII	**Fêtes et saints (janvier-juin)**
Tome IX	**Fêtes et saints (juillet-décembre)**

Imprimé en France. - JOUVE, 18, rue Saint-Denis, 75001 PARIS
N° 208241Z - Dépôt légal : Février 1993